Penser, c'est-à-dire ?

DOMINIQUE LAPLANE

Penser, c'est-à-dire ?

ENQUÊTE NEUROPHILOSOPHIQUE

ARMAND COLIN

COLLECTION « L'INSPIRATION PHILOSOPHIQUE »

Michel BLAY, *L'homme sans repos*, 2002.
André CLAIR, *Sens de l'existence*, 2002.
Denis COLLIN, *Questions de morale*, 2003.
Denis COLLIN, *La matière et l'esprit. Science, philosophie et matérialisme*, 2004.
Olivier DEKENS, *Le devoir de justice*, 2004.
Jean-Pierre FAYE, *La philosophie désormais*, 2003.
Claire MARIN *et al.*, *L'épreuve de soi*, 2003.

Du même auteur :
Le Bonheur est-il pour les Imbéciles ?, Paris, Fayard, 1979.
La Mouche dans le Bocal, Essai sur la liberté de l'homme neuronal, Paris, Plon, 1987.
La pensée d'Outre-Mots . La pensée sans langage et la relation pensée-langage, Paris, Les empêcheurs de penser en rond, 1997.

Ouvrage paru sous la direction de France Farago

Maquette de couverture : Jérôme Lo Monaco.

Document : *Étude d'après une tête de jeune chanteur de Della Robbia*, Edgar Degas (1834-1917), Paris, musée d'Orsay.

Photo RMN/© Hervé Lewandowski.

ISBN 2-200-26552-2
Internet : http://www.armand-colin.com

ARMAND COLIN ÉDITEUR • 21, RUE DU MONTPARNASSE • 75006 PARIS

SOMMAIRE

Introduction

Entre vérité et préjugés

Le but principal de ce travail est d'illustrer cette affirmation de Piaget selon laquelle « l'illusion fondamentale contre laquelle nous cherchons à nous élever consiste à croire que l'on peut trouver la vérité par simple réflexion sans sortir de son cabinet de travail ou de sa bibliothèque »[1]. Mais nous éviterons de laisser croire que les données factuelles recueillies peuvent nous dispenser de philosopher. Nous ne pouvons mieux exprimer cette intention qu'en poursuivant la citation de Piaget :

> « Le système philosophique tend à rendre la totalité de l'expérience vécue, ce qui est fort légitime mais pose un tout autre problème qui peut être moins un problème de connaissance que d'attitude générale et de vie. Il reflétera ainsi tôt ou tard la personnalité de son auteur ainsi que l'idéologie de son groupe social dont cette personnalité est solidaire. En plus des éléments de connaissance objective [...], il comportera donc nécessairement des jugements de valeur traduisant l'engagement du moi dans sa société et son univers. Bref, tendant à embrasser un contenu plus riche que la connaissance scientifique il perdra d'autant en objectivité, d'où cette conséquence de fait d'une impossibilité à réaliser sur le plan philosophique un accord total des esprits. »

Si la philosophie restera donc nécessairement une œuvre de réflexion, il demeure très important qu'elle se base sur des données que les connaissances scientifiques permettent de tenir aujourd'hui pour établies. Nombre de questions s'en trouveront ainsi clarifiées.

Pour mener à bien cette tentative, il faudra être particulièrement attentif à n'utiliser que des données vraiment incontestables. En écrivant ces lignes, je pense particulièrement à Bergson qui

1. PIAGET J., L'épistémologie et ses variétés., in *Logique et connaissance scientifique*, dir. J. PIAGET, Encyclopédie de la Pléiade, Paris, Gallimard, 1967.

s'est tenu très minutieusement informé de l'évolution des sciences neuropsychologiques naissantes en fréquentant particulièrement les aphasiques de Pierre Marie. Il est certain que cette fréquentation a beaucoup influencé une partie essentielle de *Matière et Mémoire* et que bien des faits qu'il avance concernant la mémoire sont devenus actuellement insoutenables. La difficulté est, en effet, de se garder de confondre les faits et leur interprétation. Prenons par exemple l'affirmation de Bergson selon laquelle la mémoire n'est pas localisable. Ce point de vue peut à la rigueur être maintenu, encore qu'il paraîtrait plus raisonnable de dire que les souvenirs sont répartis dans tout le cerveau, ce qui ne correspond pas, bien sûr, à l'idée que l'on se faisait des localisations cérébrales à la fin du XIXe siècle. Mais son erreur principale n'est pas de simplifier la question de la localisation de la mémoire, mais d'en tirer la conclusion que ce qui n'est pas localisable dans le cerveau, encore une fois au sens des localisations du XIXe siècle, est forcément extracorporel et, en quelque sorte, spirituel. Il n'est certainement pas aisé de faire le départ exact entre les faits établis et leur interprétation. Il est clair que dans certaines circonstances nous serons obligés, pour la clarté du propos, d'aller un peu au-delà des faits dûment établis et d'utiliser des hypothèses scientifiques séduisantes, mais gardant un caractère conjectural. Nous nous efforcerons de le faire uniquement pour renforcer la compréhension des faits dûment établis et nous n'omettrons pas d'attirer sur ce point l'attention du lecteur.

La science moderne offre à la réflexion philosophique quantité d'éléments tout à fait nouveaux, et je pense particulièrement à la physique quantique et aux sciences dures, auxquelles je serai amené à faire quelques emprunts, que je devrai essentiellement aux ouvrages très profonds, très documentés et très réfléchis de Bernard d'Espagnat, ainsi qu'aux ouvrages d'Hervé Zwirn et de Michel Bitbol. Dans ce domaine de la physique, les ouvrages surabondent et fournissent tous les éléments nécessaires à qui veut s'efforcer de travailler ce sujet ardu. De nombreux auteurs possédant la double compétence en physique et en philosophie ont produit des livres de semi-vulgarisation d'une grande qualité.

La neuropsychologie elle-même a accompli des progrès aux conséquences d'importance pour la philosophie. Malgré leur portée, ils ne sont guère connus du public. En effet, alors que nombre de scientifiques, mathématiciens ou physiciens, se sont mis à l'étude de la philosophie, les spécialistes du système nerveux ne s'y sont que peu intéressés. Plus exactement, ceux qui se sont penchés sur les questions philosophiques sont surtout des neuroscientifiques de laboratoire qui ignorent presque totalement les problèmes spécifiques posés par une science beaucoup plus globale telle que la neuropsychologie, ou encore s'y sont intéressés en tant que logiciens, persuadés que la logique constitue l'activité intellectuelle principale de l'homme. Il en résulte une simplification abusive des problèmes et une étrange limitation à la question abordée, sans souci des conséquences en cascades, inévitables lorsque l'on parle de l'homme en général. Aucun médecin au sens propre, c'est-à-dire praticien chargé de soigner des patients, ne peut conserver bien longtemps cette attitude limitée. Par ailleurs, les médecins neurologues ou les neuropsychologues se sont dans l'ensemble peu intéressés aux questions philosophiques. Bien que certains de leurs travaux soient d'une portée philosophique très profonde, ils ne s'en rendent pas toujours compte et ne les font pas connaître hors du milieu médical.

Bien que je me sois toujours considéré essentiellement comme un praticien chargé de soigner des malades atteints d'affections neurologiques, je me suis ouvert depuis de nombreuses années aux graves difficultés que soulève la production par une « machine » aux caractéristiques matérielles physico-chimiques évidentes, le cerveau, d'une activité dont la nature semble bien différente et qu'on appelle communément la pensée. Nous aurons à nous arrêter sur la définition de ce terme, mais c'est bientôt toute la question de la conscience qui se trouvera ainsi évoquée. Dans ce domaine, plus qu'ailleurs peut-être, il est indispensable de partir de données factuelles bien assurées. Nombre de prises de position de neuroscientifiques parmi les plus titrés tiennent plus de la profession de foi que de la réflexion fondée sur des faits indiscutables. Parmi ceux-ci, il est de plus en plus en vogue, surtout aux États-Unis, de s'interroger sur une expérience humaine particulière, celle des méditants orientaux qui, grâce à des exercices appropriés, parviennent à des états de conscience vide. Les débats sur ce sujet ressemblent à un dialogue de sourds, certains adoptant en bloc la validité de ces expériences et leurs interprétations mystiques, d'autres rejetant en bloc aussi bien les interprétations que les expériences elles-mêmes : les scientifiques se défient tout naturellement de ces expériences, qualifiées de mystiques. Il n'en reste pas moins que toutes les expériences humaines sont dignes d'intérêt, quelles que soient leurs difficultés d'interprétation. Mais il se trouve que depuis une vingtaine d'années on a montré que certaines lésions cérébrales bien caractérisées étaient susceptibles d'entraîner des états de conscience vide qui paraissent très analogues à ceux éprouvés par les méditants orientaux. Il faut donc faire entrer dans la discussion qui tourne autour du problème de la conscience ces états de conscience vide ou de pure conscience qui permettent de distinguer la conscience elle-même des contenus de conscience. C'est seulement sur cette base factuelle qu'une discussion philosophique sérieuse peut s'instaurer. Mais ces données nouvelles sont particulièrement difficiles à intégrer dans les visions strictement matérialistes de la plupart des scientifiques qui se sont donné la peine d'aborder le sujet de la conscience et qui, pour cette raison, tendent à les négliger.

Avant même d'aborder ce sujet, il nous faudra nous attaquer à celui du langage. La question des rapports du langage et de la pensée, en particulier de la pensée philosophique, a donné lieu à débats depuis les présocratiques. Elle a dominé toute la philosophie occidentale depuis Platon et Aristote et reste à l'heure actuelle l'un de ses problèmes majeurs. Sa difficulté me paraît venir du fait qu'elle n'a pas été abordée sur des bases factuelles satisfaisantes. Si la philosophie du langage est aujourd'hui encore si difficile, si confuse, c'est qu'elle s'est enfermée dans la voie sans issue qui consiste à identifier la pensée en général au langage.

À vrai dire, l'identification complète du langage à la pensée ne s'est pleinement développée que depuis Condillac, mais elle a conquis la presque totalité de la mentalité philosophique et a transformé, *sans qu'on s'en rendît compte,* le langage en un système auto référentiel. Personne ne veut se l'avouer parce que le langage est assez uniformément considéré comme un code et qu'il est bien difficile d'admettre qu'un code ne codifie pas quelque chose. On a simplement masqué la difficulté. De même, la multiplicité des fonctions du langage n'a pas été suffisamment prise en compte ; la fonction logique, qui ne représente en fait qu'une infime fraction de l'activité mentale de l'homme, a obnubilé les esprits.

Notre tâche première consistera à *mettre en valeur la pensée non langagière et à montrer que c'est elle qui gouverne la pensée complète, laquelle utilise nécessairement le langage*. Le dévoilement de la pensée sans langage, qui repose sur des éléments positifs que nous nous efforcerons de développer, ne doit pas conduire à un contresens qui consisterait à considérer cette pensée sans langage comme supérieure à la pensée langagière qui, encore une fois, est la seule complète. Cette promotion de la pensée sans langage aura comme ambition de fournir au langage une référence dont l'absence se fait cruellement sentir et rend insoluble la question de la sémantique qui, pourtant, représente le but même de la linguistique, ou devrait le représenter.

Cette introduction de la pensée sans langage et de la conscience examinées sur des bases positives est susceptible d'amener de sérieuses révisions dans la façon d'aborder la philosophie contemporaine.

Nous y ajouterons un troisième thème sur lequel Varela a beaucoup insisté, à savoir que nous constituons des systèmes auto référentiels, ce qui limite singulièrement nos prétentions à une connaissance universelle et fondamentalement objective de notre univers. Cette constatation, qui fait partie des données positives des neurosciences, oblige à réenvisager la question de l'autonomie de la raison humaine.

Lorsque nous aurons accompli ce parcours, nous serons à même de revenir à la deuxième partie de la citation de Piaget qui introduit notre travail et que j'aime à formuler d'une manière plus provocante : *on ne philosophe jamais que sur ses préjugés*. On m'a suggéré de remplacer le terme « préjugés », considéré comme péjoratif, par « présupposés ». Mais « présupposé » est un terme trop faible lorsqu'il s'agit d'engagement vital. Ce sur quoi nous philosophons en définitive, ce sur quoi nous cherchons à fonder notre existence, c'est ce que nous avons jugé à l'avance comme essentiel. On voit que si débuter la réflexion philosophique sur une base positive constitue un grand progrès, en aucun cas ce fondement solide ne pourra remplacer l'attitude philosophique. La mienne, pourrais-je dire en résumé, consiste à prendre en charge les préjugés[1] en ce qu'ils ont d'inévitable, leurs origines et leurs fondements plus ou moins assurés et surtout leurs conséquences anthropologiques.

1. Au sens que Gadamer donne à ce terme de traditions qui nous précèdent et au sein desquelles nous pensons, quoi que nous voulions, soit pour nous y opposer, soit pour les réassumer dans la clarté de l'intelligence. Mais de toute façon, les civilisations ont été façonnées bien en amont de nous, et nous demeurons tributaires de leurs textes fondateurs.

1

De l'existence d'une pensée sans langage

Du point de vue du neurologue, il existe une pensée sans langage. Que cette pensée sans langage puisse atteindre des niveaux de performance élevés est maintenant bien admis des neuropsychologues. En France, François Lhermitte s'était fait le champion de cette cause. Elle est aussi soutenue par des auteurs étrangers parmi les plus fameux et l'accord est assez vaste pour que S. Pinker[1] ait pu proclamer que : « l'idée selon laquelle le langage serait la même chose que la pensée est un exemple de ce que l'on pourrait appeler une “absurdité de convention” ».

Ce terme polémique a l'avantage de préciser clairement la position des milieux neuropsychologiques, mais il témoigne aussi d'une tendance à la simplification qui pourra causer quelques difficultés lorsqu'on examinera à frais nouveaux les rapports de la pensée et du langage. L'existence d'une pensée sans langage est une évidence, mais elle fait frémir les philosophes qui n'imaginent pas qu'on puisse philosopher sans langage, en quoi ils ont évidemment raison. La philosophie s'est construite sur le dialogue, la discussion, la dialectique et rien de tout cela ne peut se faire sans langage. Je ne me lasserai pas de répéter qu'il n'y a de pensée complète que langagière, mais il ne faut pas s'en faire une idée trop simpliste, car la langue d'Ésope reste la meilleure et la pire des choses. Indispensable à la philosophie, elle constitue en même temps sa plus grande difficulté. Le but de l'étude de la pensée sans langage est précisément d'essayer de la réduire.

1. PINKER S., *L'instinct du Langage*, Paris, Odile Jacob, 1999.

Que faut-il entendre par pensée ?

Avant d'entrer plus avant dans l'étude de cette pensée sans langage, il est indispensable de s'entendre sur le terme de pensée. Francis Kaplan[1] souligne avec beaucoup de pertinence le caractère polysémique du terme. Nous aurons à revenir sur le fait que la polysémie est un trait *inévitable* de tout langage possédant un contenu sémantique. Il lui reconnaît trois acceptions. Je le cite :

> « 1) Il peut signifier tout phénomène psychique conscient. C'est en ce sens que le prend Descartes : "par le nom de pensée je comprends tout ce qui est tellement en nous que nous en sommes immédiatement connaissants". (Réponses aux deuxièmes objections, in *Œuvres*, Bibliothèque de la Pléiade, p. 390).
> 2) Il peut signifier "opération de l'intelligence" (Littré), la pensée en tant que faculté, la pensée pensante.
> 3) Il peut signifier le résultat de cette opération, le produit de cette faculté, la pensée-pensée, par opposition à la pensée pensante se présentant sous forme d'idées, de concepts, d'opinions lorsqu'on dit "ma pensée est que…", lorsqu'on étudie la pensée d'un auteur, lorsqu'"on roule des pensées dans son esprit". »

Francis Kaplan ajoute qu'il ne mentionne le premier sens que par souci d'exhaustivité, car il est vieilli. Ce point mérite discussion, car, s'il est vieilli, n'est-ce pas parce que la philosophie a cru pouvoir devenir de plus en plus abstraite, de plus en plus éloignée de l'expérience ? Descartes fait ainsi état de cette même définition « vieillie » dans sa deuxième *Méditation* :

> « Il est très certain qu'il me semble que je vois de la lumière, que j'entends du bruit, que je sens de la chaleur, cela ne peut être faux et c'est proprement ce qui en moi s'appelle sentir, et cela précisément n'est rien autre chose que penser. »

Ou encore :

> « Mais qu'est-ce donc que je suis ? une chose qui pense : qu'est-ce qu'une chose qui pense ? c'est-à-dire une chose qui doute, qui conçoit, qui affirme, qui nie, qui veut, qui ne veut pas, qui imagine aussi, et qui sent. »

---

1. KAPLAN F., Un problème confus. Un terme équivoque : la pensée, in *Concepts*, mars 2002, p. 56-65. Avant d'entrer en discussion avec Francis Kaplan, je veux d'abord marquer ma reconnaissance à son égard. Il a été le premier philosophe à témoigner de l'intérêt pour la recherche que je poursuivais. Je lui suis très obligé d'avoir bien voulu expliciter les réserves que lui inspiraient certaines de mes positions. Elles ont toutes mérité une réponse précise. Le lecteur, comme le professeur Kaplan, ne doivent y voir que l'écho d'une dialectique socratique.

Descartes part de l'expérience, même si c'est pour en douter ensuite méthodiquement[1] dans sa dimension sensible pour fonder en Dieu ses idées dans la clarté et la distinction requises par la physique mécaniste qu'il veut substituer à la physique aristotélicienne. On voit bien, dès ce préambule, l'influence de cette mode philosophique qui ne veut reconnaître comme pensée que ce qui est abstrait, voire éthéré. Nous aurons l'occasion de revenir sur l'importance qu'il y a à ne pas exclure du champ de nos considérations nos sensations, mais surtout nos sentiments, comme s'ils étaient sans influence sur notre pensée, au sens d'opération intellectuelle, un terme qui resterait à définir, lui aussi. Quant à penser que le résultat de nos opérations intellectuelles, nos opinions plus particulièrement, est en quelque sorte indépendant de nos sensations et sentiments, ce serait proprement une erreur. Concernant nos sensations, nous montrerons, en effet, à titre d'exemple, quels effets cognitifs surprenants peut entraîner la disparition des sensations provenant de notre hémicorps gauche. J'ai averti qu'un des objectifs poursuivis dans ce livre est de montrer que nous ne pouvons philosopher que sur des « préjugés », et l'influence des sentiments sur les préjugés est évidente par elle-même. Les termes « idées » et « concepts » mériteront eux aussi d'être précisés, et si ces deux mots doivent coexister, il faudra dire pourquoi.

Le terme le plus important des définitions citées plus haut est « conscient ». Je ne veux pas nier par là l'importance de l'inconscient. Sa portée est plus grande encore que ne le pensent beaucoup de mes lecteurs qui auraient uniquement à l'esprit l'inconscient freudien qui concerne avant tout la vie affective, car il faut lui adjoindre un inconscient cognitif qui traite la grande masse de nos informations avant qu'elles ne parviennent à notre conscience. Mais de même que notre pensée complète est langagière, elle doit être consciente. Si nous nous bornions à avancer la participation d'une pensée inconsciente à la pensée finale langagière, nous ne

1. Le doute « hyperbolique » que met en œuvre Descartes, « détruisant » tout ce qui fait référence à un quelconque objet d'expérience, ne relève pas, si l'on se place dans l'optique cartésienne, d'une fuite vers l'abstraction : il permet d'atteindre ce qui lui résiste absolument, à savoir la coïncidence dans l'instant de la pensée à elle-même qu'est le *cogito* (je pense, donc je suis), coïncidence de soi à soi qui garantit l'immunité épistémologique de la *res cogitans* et permet ultérieurement d'asseoir son statut ontologique, puisqu'à partir d'elle il est possible de prouver de plusieurs manières l'existence d'un Dieu véracе. L'existence irréfutable de l'être qui pense, en tant que tel et non en tant que pensant ceci ou cela, correspond chez Descartes à l'expérience la plus « concrète » qui soit, si l'on peut dire, même si son résultat est d'établir comme une vérité première la nature parfaitement épurée et consciente de la pensée, ce qui peut nous apparaître comme complètement abstrait. La démonstration cartésienne ne tombe donc pas directement sous le reproche d'abstraction, d'autant que sa visée est de permettre la réappropriation par l'homme de l'ensemble du monde sensible, mais, bien sûr, cette indépendance en soi de la chose pensante est une thèse qui a concentré très vite le feu de toutes les critiques, que ce soit celle de Leibniz ou celles des empiristes.

formulerions qu'une banalité. Il nous faudra donc montrer que *la pensée sans langage consciente existe bel et bien, en dépit de l'évidence que lorsque nous nous mettons à réfléchir, les mots affluent*.

Francis Kaplan reproche à certains de confondre pensée et intelligence. Ces accusés, dont je suis, en la compagnie fort honorable de François Lhermitte, montrent en effet que les pensées des aphasiques, et des animaux, pris en exemple sont des opérations intellectuelles, ou plutôt des activités intellectuelles permettant de mesurer leur niveau d'intelligence, voire leur quotient intellectuel non verbal. Qui nierait, écrit F. Kaplan, qu'il y a intelligence sans langage ? Cette thèse d'une intelligence sans langage enfonce pour lui des portes ouvertes. Pour lui, l'intelligence ainsi démontrée est une intelligence pratique. Pour lui, est intelligence l'adaptation du champion de judo aux prises et ripostes de son adversaire. De même, le bricoleur fait souvent preuve d'intelligence sans rien se dire, et même sans être capable de dire quelque chose à ce sujet. Si cette remarque est, dans une certaine mesure, acceptable pour l'intelligence animale, à laquelle on peut cependant demander bien davantage, comme, par exemple additionner des fractions[1], c'est sous-estimer les tests d'intelligence non verbale d'y voir seulement des épreuves d'intelligence pratique. En effet, ces tests comportent des épreuves de classement d'images pour reconstituer une histoire dont les ressorts sont de complexité croissante, des tests de complètement d'images, de code, de découvertes de lois de série qui, en fin de test sont rien moins qu'évidentes, etc. Le fait est que, par définition même, la moyenne des sujets testés obtient la note de 100, que la plupart des personnes ayant suivi des études supérieures obtiennent des notes de 115 ou 120, et que ceux qui peuvent répondre justement à toutes les questions sont très rares. On s'est beaucoup éloigné de la simple intelligence pratique. Cela dit, je demande au lecteur de ne pas exiger de ma part une définition de l'intelligence. Les fabricants de tests n'ont pas trouvé à cette question de meilleure réponse que la capacité à passer les tests avec succès. On peut aussi ajouter que ces tests sont généralement fortement saturés en facteur G, c'est-à-dire général, et que, dans l'ensemble les personnes qui réussissent bien à ce genre de tests réussissent aussi bien à des tests qu'on estime par conséquent apparentés. Le fait d'obtenir 140 témoigne sans doute de certaines capacités, mais pas forcément de celles que le sens commun désigne sous le nom d'intelligence, c'est-à-dire la capacité à s'adapter aux

1. PREMACK D., *Minds with and without language in Thought without language*, L. Weiskrantz edit., Oxford Science Publication, 1988, p. 46-65.

situations vitales. J'ai ainsi connu un médecin, fier de ses 140 de QI, ce qui constitue déjà au moins un travers, homme instruit, trop instruit peut-être, mais pratiquement inefficace, dans son incapacité à considérer d'abord les solutions les plus plausibles et du fait de sa suffisance… Cet exemple bien particulier ne doit pas être généralisé. Il illustre seulement les risques que présente le découpage des fonctions mentales, qui, certes, demeure nécessaire dans la pratique, mais dont nous devons éviter les pièges, nos propres pièges. Ces précisions sommaires sur les tests d'intelligence non verbale étaient sans doute nécessaires pour faire comprendre qu'un certain nombre d'aphasiques conservent des capacités intellectuelles remarquables en dépit de leurs troubles du langage ou, à tout le moins, sans rapport avec le niveau de détérioration de leur langage.

Mais il faut aussi remarquer que chez Kaplan l'acception du terme d'intelligence est assez personnelle. Lorsqu'un auteur aussi classique que Léon Brunschvicg intitule son essai *Les Âges de l'intelligence*, il est tout à fait évident qu'il pense aux âges de la pensée, à l'évolution de la pensée à travers les âges, de ses méthodes, pour mettre en valeur, il est vrai, la pensée abstraite mathématique et logique. Je serais volontiers d'accord avec Francis Kaplan pour dire que ce qu'il appelle la pensée-pensée, c'est-à-dire, au fond, la pensée discursive, est nécessairement langagière. J'ai en effet insisté dès le départ sur le fait que la pensée n'était complète qu'avec le langage où elle *prend corps,* s'objective et, éventuellement, tente de se communiquer à autrui. En revanche, la distinction entre pensée-pensée et pensée pensante me paraît moins convaincante. La pensée pensante, c'est-à-dire la pensée en train de se construire, devrait toujours coexister avec la pensée-pensée, au moins jusqu'à la mort du penseur. Mais parce que le cerveau travaille globalement, la pensée pensante n'a aucune raison de ne pas participer de la pensée verbale. De même, la verbalisation n'est pas une définition suffisante de la pensée-pensée. Comme l'écrit Francis Kaplan, « si je prononce un texte chinois auquel je ne comprends rien, si sensé que soit ce texte, ce ne sera pas de la pensée de ma part ». Toute la question est là : qu'est-ce ici que comprendre ? Autrement dit, quelle est la référence du langage ?

Pour ces raisons, il nous paraît bien préférable de garder au terme de pensée une portée tout à fait générale, convaincu que nous sommes que tous les éléments de la pensée, y compris le langage, interviennent dans pratiquement tous les types d'opération qui se présentent à notre pensée consciente. J'ai mentionné plus haut le terme « éthéré ». Je crois qu'il faut y insister, car l'une des raisons pour lesquelles certains philosophes paraissent très réticents vis-à-vis d'une pensée sans langage, c'est justement qu'elle pourrait être purement éthérée. Éthérée voudrait dire ici désincarnée, proprement spirituelle, ou ne s'incarnant que grâce au langage. La suite montrera que la pensée sans langage à laquelle je songe est profondément incarnée, et probablement calculable par les réseaux neuronaux si complexes du cerveau.

La pensée sans langage

Lorsque je me suis initié à la neurologie, et à l'aphasie en particulier, on trouvait tout à fait naturel de définir celle-ci comme une rupture entre le signifiant et le signifié. Plus tard, sous l'influence de la linguistique, cette définition a été abandonnée. Cette distinction entre le signifiant et le signifié allait à l'encontre du dogme selon lequel il n'existait pas de pensée sans langage, et la rupture en question ne pouvait être envisagée.

Une meilleure connaissance ou une meilleure réflexion sur l'histoire de la philosophie grecque aurait dû prévenir contre de tels accidents. Elle aurait dû rendre clair que l'absence de distinction entre la pensée et le langage a engendré le sophisme et que c'est la distinction établie entre les deux, grâce au combat de Platon et d'Aristote, qui a permis de sortir de cette grave crise de la philosophie. Si l'on poursuit l'étude de cette philosophie ancienne jusqu'à la grande querelle médiévale des Universaux, on aura fait le tour de la quasi-totalité des hypothèses sur les liens possibles entre le langage, la réalité ambiante, et notre pensée. On retrouvera dans les avatars de la pensée moderne, sous des formulations naturellement nouvelles, les mêmes difficultés auxquelles s'étaient heurtés les Anciens. Ce qui manquait, et manque toujours, c'est une véritable théorie de la pensée sans langage et de ses rapports avec le langage. Ce qui va caractériser une philosophie ancrée sur l'expérience sera justement qu'elle s'appuie sur des observations scientifiques nous permettant de nous forger une opinion fondée sur des faits positifs concernant la pensée sans langage et ses rapports avec le langage.

L'idée d'une pensée sans langage n'a rien en soi de vraiment révolutionnaire. Les arguments positifs sont nombreux, mais dispersés dans la littérature scientifique, sans parler de la littérature philosophique. J'ai recensé la plus grande part des premiers dans mon ouvrage *La Pensée d'Outre-Mots*[1]. Je n'ai pas l'intention de les

1. *La Pensée d'Outre-Mots. La pensée sans langage et la relation pensée-langage*, Les empêcheurs de penser en rond, 1997.

reprendre tous ici en détail. Je me contenterai de revenir sur ceux qui m'ont paru mal compris et d'introduire ceux que je n'ai pas encore utilisés.

APHASIE ET DYSPHASIE

Le point de départ naturel pour un neurologue est l'aphasie. Ce qui frappe toute personne en contact avec un aphasique, c'est qu'il continue à comprendre beaucoup de choses et à se comporter dans bien des circonstances comme un sujet normal. La conséquence naturelle pour le neurologue et pour l'entourage est de conclure que, malgré ses troubles du langage, l'aphasique a conservé des capacités de pensée, parfois difficiles à soupçonner lors d'un examen superficiel. Il est important de rappeler ici que les aphasiques souffrent de troubles du langage intérieur tout autant que du langage extérieur. Ils sont unanimes à affirmer qu'ils n'ont pas davantage de mots à l'intérieur qu'ils n'en ont à l'extérieur, dans la mesure, bien entendu, où ils ont suffisamment récupéré pour pouvoir s'exprimer sur ce point. L'imagerie fonctionnelle cérébrale moderne conforte cette affirmation en montrant que les zones corticales impliquées sont les mêmes lorsqu'un sujet normal en examen formule ses réponses à voix haute ou bien les formule intérieurement.

Bien entendu, la qualité de la conservation intellectuelle des aphasiques dépend en grande partie de l'étendue des lésions, de leur extension à des zones voisines ne concernant pas directement le langage, et de leur bilatéralité éventuelle. Le fait important n'est donc pas d'ordre statistique. Il est vrai que *certains aphasiques, malgré les troubles du langage, conservent des capacités de penser souvent surestimées par l'entourage, mais parfois tout à fait sous-estimées jusqu'à un examen suffisamment précis*. J'ai fourni dans des textes précédents des exemples de conservation des capacités intellectuelles chez des aphasiques gravement atteints. Mais les standards d'examen se perfectionnent, si bien que je vais en citer un nouvel exemple plus récent. (Siegal M. et coll.[1]) Le titre même de l'article résume clairement les intentions de l'auteur : *Mind over Grammar* ! que je puis librement traduire par : *la pensée sans langage supplante la grammaire* ! La mode actuelle est à la théorie de l'esprit (ToM). On entend par là notre capacité à deviner, dans une certaine mesure, les états mentaux d'autrui. Il est couramment admis qu'un raisonnement à ce sujet ne peut exister que dans le

1. SIEGAL M., VALERY R., WANT S.C., Mind over grammar : reasoning in aphasia and development, *Trends in cognitive Sciences*, 2001, vol. 5, n° 7, 296-301.

cadre de phrases explicites du langage courant et que la grammaire est nécessaire pour parvenir à la solution de problèmes de ce type. Les auteurs cités s'élèvent contre une telle affirmation et font la preuve qu'elle est fausse, grâce à une observation très finement étudiée d'un cas d'agrammatisme majeur qui n'empêchait absolument pas des réponses correctes aux tests destinés à l'évaluation de cette capacité. Certains anciens aphasiques, ayant suffisamment récupéré pour pouvoir s'exprimer, mentionnent une conservation remarquable de leur capacité de pensée dans le cours de leur aphasie, et précisent même la conservation de leurs idées les plus abstraites. L'exemple le plus fameux est celui de Jacques Lordat, professeur de médecine à l'université de Montpellier qui, par une coïncidence curieuse, s'était adonné à l'étude des aphasies quelques années avant de connaître lui-même un accident de ce type. Le résultat de ses études avait été assez médiocre et n'avait guère fait évoluer le débat sur le sujet. Il fut donc par la suite atteint d'une aphasie véritable assez sévère dont il publia l'auto-observation en 1843[1]. Comme beaucoup d'aphasiques, laissé à lui-même, il ne se rendait pas compte de son trouble du langage jusqu'au moment où il avait à s'exprimer. Il découvrait en quelque sorte son aphasie, ou plutôt sa perte du langage, lorsque, par exemple, à l'entrée d'un visiteur il était incapable de lui dire : « Bonjour Monsieur, comment allez-vous ? ». Comme il est habituel, il était simultanément atteint d'une alexie et d'une agraphie. Or, il affirme qu'il avait encore en tête tout ce qu'il appelle les « dogmes » de la médecine, mais aussi la capacité de les réarranger en vue de la préparation de cours, de saisir des formules purement abstraites, comme la doxologie chrétienne, « Gloire au Père, au Fils et au Saint-Esprit », qui lui restait familière, mais sans aucun des mots qui servent à l'exprimer. On peut évidemment contester les dires de Lordat, affirmer, comme le faisait d'ailleurs son contemporain Armand Trousseau, très célèbre médecin de l'Hôtel-Dieu, qu'il surestimait ses capacités. Kaplan est aussi particulièrement sceptique sur l'affirmation du philosophe Elwin Alexander qui écrit, parlant de son expérience personnelle, qu'un aphasique connaît les concepts abstraits des Dix Commandements. Kaplan, lui, affirme qu'il n'existe pas de concepts abstraits des Dix Commandements : il n'est pas possible de les connaître sans connaître leur formulation. Voilà qui paraît bien étrange : je suis sûr qu'un sourd-muet, même non rééduqué, sait parfaitement qu'il ne doit pas séduire la femme

1. LORDAT J., Analyse de la parole pour servir à la théorie de divers cas d'alalie et de paralalie (de mutisme et d'imperfection de parler) que les nosologistes ont mal connus, *Journal de la Société de Médecine pratique de Montpellier*, 1843, 7 : 333-353.

de son voisin ni dérober ses biens, etc. La question est plus litigieuse lorsqu'il s'agit d'adorer le Seigneur ton Dieu, et lui seul... Comme pour la doxologie de Lordat, le langage a dû intervenir, mais rien ne prouve qu'une fois qu'il est intervenu, sa perte entraîne nécessairement celle des notions ainsi acquises. Nous verrons ce point un peu plus bas.

Le médecin n'est pas vraiment satisfait par de telles réserves, car la bibliothèque des auto-observations, largement convergente, est maintenant extrêmement fournie, et il sait, d'expérience, qu'il faut toujours prendre en compte les observations des malades. Lorsque l'on prend sur soi de les négliger, on s'expose généralement à de graves erreurs. Il ne s'agit pas, bien entendu, d'adhérer aux *interprétations* des faits proposées par les malades, mais de tenir compte de leurs observations, de leur vécu. Sauf parti pris, l'accumulation d'affirmations allant toutes dans le même sens ne peut laisser indifférent.

Parlant de Lordat, j'ai mentionné en passant qu'il lui fallait essayer de parler, de lire, ou d'écrire pour que son aphasie se rappelle à lui. C'est vrai pour un grand nombre d'aphasiques. Je ne résiste pas à la tentation de relater à nouveau l'exemple d'un de mes patients que j'ai déjà cité dans *La Pensée d'Outre-Mots*. Ce patient travaillait seul sur son ordinateur lorsqu'il se rendit compte que « cela ne marchait plus », sans pouvoir préciser la nature de l'anomalie. Il décida donc d'arrêter son travail, non sans l'avoir enregistré. Il ne voulut pas aller trouver sa femme immédiatement pour lui raconter sa mésaventure, sachant qu'elle accuserait l'ordinateur, qu'elle considérait comme un ennemi personnel. Il alla donc se promener pendant au moins une demi-heure avant de rentrer chez lui. Retrouvant alors sa femme, il voulut tout naturellement échanger quelques mots avec elle, et c'est seulement à cet instant qu'il se rendit compte qu'il était aphasique. Qui pourrait croire que pendant toute cette promenade cet homme est resté sans penser ? Nous savons que s'il avait un langage intérieur, celui-ci était aussi perturbé que le langage extérieur qu'il produisit devant sa femme, mais il n'en avait nulle conscience. Gardons en mémoire cette expérience commune des aphasiques, si heureusement formulée par le Dr Saloz, auteur, célèbre aussi, de la deuxième auto-observation d'aphasique, *Mémoires d'un aphasique*, parue en 1918 : « Je ne suis jamais dans le cas de savoir au préalable si je peux m'exprimer ou non, c'est un sentiment très curieux. Ce n'est qu'après avoir constaté pratiquement que j'ai pu parler, que j'ai alors l'impression d'un effort avantageux et satisfaisant. »

J'ai annoncé plus haut des exemples de pensée *consciente* sans langage. Les aphasiques fournissent le premier. Il serait tout à fait faux d'imaginer que, faute de mots, ces patients gardent l'esprit vide Nous verrons à propos de la question de la conscience que certains patients (non aphasiques) sont susceptibles de rester pendant des heures sans penser à rien, l'esprit véritablement vide. Ils relatent leur état mental d'une manière sans aucun rapport avec celle utilisée par les aphasiques. Il faut bien en conclure que lorsque la fonction linguistique se trouve altérée, comme elle l'est chez les aphasiques, la pensée continue d'exister. Sa qualité est évidemment impossible à évaluer dans un grand nombre de cas, et en particulier lorsque l'aphasie a été transitoire, mais nous savons au moins, grâce à des cas privilégiés, que l'aphasie à elle seule n'entraîne pas *obligatoirement* une détérioration de la pensée sans langage.

Le contre argument qui consiste à faire remarquer que ces aphasiques n'ont jamais complètement perdu le langage est bien compréhensible, et d'ailleurs très répandu, mais il me semble assez fallacieux. Fallacieux parce qu'il néglige le hiatus parfois considérable qui existe entre la conservation de l'intelligence non verbale et la perturbation souvent importante de la fonction verbale. Si vraiment l'intelligence, prise au sens général que nous avons précisé plus haut, était fonction de la capacité langagière de l'individu, à tout le moins devrait-elle être perturbée en proportion de sa détérioration. Le fait est que certains de ces aphasiques, demeurés très intelligents, confondent les mots les uns avec les autres et sont, de ce fait, très difficiles à comprendre. Il est essentiel de faire remarquer ici que l'aphasie n'est pas généralement une perte du langage, mais est une *distorsion* du langage. Certaines aphasies correspondent à une perte du vocabulaire ; ce sont des aphasies amnésiques que l'on rencontre essentiellement dans les syndromes démentiels. Mais les aphasies communes comportent des paraphasies, c'est-à-dire l'utilisation d'un mot pour un autre. Ces paraphasies ne relèvent pas habituellement du complet hasard : elles utilisent des mots qui par certains côtés se rapprochent de ceux qui devraient normalement être utilisés : paraphasies phonémiques, lorsque seule est anormale la forme du mot, par exemple dans l'emploi de chapeau pour château ; paraphasie sémantique, lorsque le mot utilisé appartient bien à la même catégorie sémantique que celui qui aurait dû être émis, par exemple fourchette pour cuillère. Toutefois, les paraphasies sont souvent variées et variables, parfois reconnues comme des erreurs par le patient, ou parfois complètement ignorées de lui. La perturbation des mots peut devenir « jargonaphasique », sabir méconnaissable et incompréhensible, alors même que les intonations rendent plus ou moins compte de l'intentionnalité du discours. Si la liaison entre pensée et langage était telle qu'ils fussent indissociables, de tels troubles qui, encore une fois, sont de véritables distorsions du langage dont le patient ne se rend pas forcément compte, devraient *nécessairement* perturber gravement le fonctionnement de la pensée. Lorsque nous-mêmes nous commettons des paraphasies, particulièrement sur les noms propres, mais parfois aussi sur les noms communs ou les qualificatifs, il nous arrive de dire le contraire de ce que nous voulions dire. Le plus souvent, nous corrigeons de nous-mêmes, mais il est aussi commun que nous ne nous en apercevions même pas. Dans ce cas, l'interlocuteur comprend néanmoins et ne fait pas connaître le lapsus, mais nous avons tous assisté à des conférences où l'orateur se faisait reprendre par le public. Il arrive même qu'il faille lui répéter son lapsus pour qu'il devienne conscient de son erreur. Son excuse est qu'il savait si bien *ce qu'il voulait dire*, qu'il ne faisait plus attention à la manière dont il le disait. L'intentionnalité sémantique précède son articulation symbolique dans l'acte de verbalisation. Plus encore, elle la néglige, au moins dans une certaine mesure. Dans tous ces cas, la dissociation entre le mot et la pensée est évidente pour le locuteur comme pour l'auditeur. Ceci veut dire que la pensée d'un locuteur normal est au moins partiellement indépendante du langage, ou, si l'on préfère, que cette insensibilité relative à la paraphasie est comme un affleurement de la pensée sans langage au travers d'un discours. Elle est en miniature ce dont témoignent certains aphasiques qui tiennent un discours entièrement jargonnant et qui sont très étonnés qu'on ne les ait pas compris. Comme chez le conférencier de tout à l'heure, c'est bien le témoignage d'une pensée non verbale consciente, d'un vouloir-dire très précis dont l'échec ne tient pas à la pensée, qui est bel et bien là, mais à la mobilisation entravée des moyens de la verbaliser : les mots sont indisponibles, indisponibilité qui laisse la pensée intacte.

C'est avec plus de pertinence que l'on fait remarquer que le cerveau de ces aphasiques a été préalablement imprégné par le langage. L'argument est faible si on prend comme exemple : « ma pauvre Jacqueline, voici que je ne me souviens même plus de ton nom ». Ce qu'on montre, en réalité, c'est que si le mot n'a pas disparu, il n'est plus à disposition et à sa juste valeur, ce qui revient presque à sa disparition. Il ne fait que confirmer la très primitive observation de la dissociation automatico-volontaire. Les mots stéréotypés, souvent grossiers, marquant la désapprobation, la colère, l'agacement surgissent de façon spontanée et incontrôlée si le patient se trouve dans l'une des situations qui les génèrent, mais ne viennent pas sur commande. En tant qu'argument général, l'imprégnation du cerveau par le langage est une hypothèse digne d'intérêt. Face à elle, pour faire droit à la préexistence de la pensée sans langage, on ne manque pas d'arguments : par exemple, le développement de l'enfant, l'exemple des sourds-muets non rééduqués, mais intelligents. Mais le meilleur de ces arguments utilise les observations portant sur les hémisphères droits isolés qui sont capables de performances intellectuelles élevées, supérieures dans certains domaines à celle de l'hémisphère parlant, alors que l'hémisphère droit est dépourvu de langage de façon quasi complète et depuis la naissance, comme on le verra plus loin. Mais on peut mieux répondre, et avec plus de précision, en prenant l'exemple des dysphasies de développement encore dites SLI (*specific language impaiment*) qu'on appelait autrefois des aphasies congénitales, ce qui est plus facile à comprendre, évite de longues définitions et spécifie bien le début des troubles dès avant toute imprégnation du cerveau par les mots.

Ce diagnostic est porté chez des enfants dont le développement au niveau du langage n'est pas en rapport avec leur âge, mais qui sont apparemment normaux sous les autres aspects, intellectuels très particulièrement. À nouveau c'est une manière de dire l'existence d'une pensée sans langage. Toutefois, ce n'est pas pour démontrer encore davantage l'existence de ce type de pensée que nous utiliserons cette affection. En effet, dans ce cas, les troubles du langage sont généralement moins massifs qu'au cours des aphasies acquises de l'adulte. De ce fait, la démonstration ne peut pas être plus convaincante que par l'aphasie elle-même. En revanche, du fait du caractère congénital de l'affection, c'est-à-dire de son apparition dès la naissance, nous pouvons trouver dans l'étude de la dysphasie des éléments permettant de répondre à l'interrogation sur l'effet de l'imprégnation du cerveau par le langage.

On s'accorde en général sur l'existence chez les enfants dysphasiques de troubles de la généralisation des concepts et l'on prend comme exemple leurs difficultés à classer les objets dans des groupes du type fruits, fleurs, etc. Il faut alors comprendre la somme de connaissances nécessaire pour savoir *ce qu'est* un fruit. Ce n'est là qu'un premier exemple de la question dite du *frame problem* sur lequel reposent effectivement toute la compréhension et la composition du langage. Un enfant de la ville n'a pratiquement jamais vu de poirier, pommier, cerisier. Il ne connaît pas suffisamment la botanique pour savoir que le fruit est le réceptacle de la graine. L'enfant parlant et entendant ne le sait peut-être pas davantage au départ. Du moins sait-il que les pommes et les cerises sont appelées « fruits » par ses parents. L'enfant aphasique, comme le sourd-muet, n'a pas ces notions. Il lui serait d'ailleurs difficile de comprendre pourquoi le haricot ou la tomate, qui sont de véritables fruits, sont considérés comme des « légumes ». Cet exemple nous permet de saisir l'avantage considérable de l'enfant entendant et parlant, susceptible de poser des questions, d'émettre ses innombrables pourquoi et de recevoir en retour des réponses, bref, de profiter de la transmission d'une expérience à la fois culinaire et botanique. Il est bien loin de mes intentions, comme je l'ai précisé dès le départ, de minimiser le rôle du langage dans la pensée, mais il est important de le préciser et les exemples que je viens de fournir me paraissent particulièrement aptes à en faire comprendre un aspect. Il est clair que le langage apporte à l'enfant une infinité d'informations ; cela ne signifie en aucun cas que seul le langage lui fournit les fondements théoriques d'une classification. Au contraire, tous les psychologues cognitivistes qui se sont intéressés au développement de la classification chez l'enfant « infant », c'est-à-dire avant le développement du langage, s'accordent sur ses capacités à classifier à partir d'éléments perceptifs. Ce qui est plus surprenant, et donc plus intéressant, c'est que, d'après J.M. Maundler, les enfants de 7 à 11 mois cernent plus facilement les catégories générales que les concepts plus étroits. Ils ne distinguent pas les chiens des poissons ou des lapins, mais ils séparent nettement les animaux des véhicules et, de façon très impressionnante, les oiseaux des avions[1]. Un tel exercice paraît pourtant de prime abord nécessiter de plus grands moyens d'abstraction. Il est difficile de comprendre comment le cerveau parvient à la notion d'être vivants avant de pouvoir distinguer un chien d'un poisson. Cela nécessite l'intervention de concepts allant bien au-delà de la simple perception. D'autres chercheurs ont apporté des observations qui laissent à penser que si l'enfant qui apprend à parler classifie bien en fonction de deux variables, l'étiquette verbale attribuée aux choses et leurs similitudes, le poids de ces dernières l'emporte initialement sur l'étiquette linguistique qui apparaît comme un simple attribut de l'entité[2]. On comprend facilement que ces recherches sont très difficiles et que nous sommes loin de tout savoir et comprendre en ce domaine. L'important est que *l'activité de classification soit antérieure au langage et que des données conceptuelles non verbales*

1. MAUNDLER J.M., Development of categorization : Perceptual and conceptual categories, in G. BREMER, A. STAR, G. BUTTERWORTH (eds), *Infant development. Recent advances* (p. 163-189), Howe, England UK, Psychology Press, 1997.

2. SLOUTZKY V.M. et FISHER A.V., Effects of linguistic and perceptual information on categorization in young people, *in* J. MOORE & K. STENNING (eds), *Proceedings of the XXIII Annual Conference of the Cognitive Science Society*, 946-951, Mahwah, NJ : Erlbaum.

semblent intervenir très tôt. On comprend aussi que, malgré l'importance que prendra le langage dans la classification des objets, une aphasie postérieure à ces acquisitions n'entraîne pas nécessairement la disparition des catégorisations acquises du fait du langage.

De la même manière, Siegal et coll., déjà cités, ont comparé les capacités de deviner la pensée d'autrui chez des sourds-muets issus d'une famille de sourds-muets et ayant donc appris la langue des signes dès le berceau avec celles d'un groupe de sourds-muets nés dans des familles entendant normalement, ignorant donc la langue des signes, si bien que ces enfants ne l'ont apprise que tardivement. Bien que les enfants de ce dernier groupe possèdent des capacités grammaticales (en langue des signes) égales à celle des autres enfants, leur capacité à deviner les pensées d'autrui est beaucoup plus faible (du même niveau que chez les autistes). Dès lors, il est clair que ce n'est pas la capacité grammaticale elle-même qui fait la différence entre les groupes, comme on l'a affirmé, mais les connaissances acquises par le premier groupe grâce au langage. Signalons encore, avant de quitter le domaine des dysphasies, le travail de Dockrell[1] et collaborateurs qui étudient un groupe particulier d'enfants dysphasiques, présentant plus spécifiquement une difficulté à trouver les mots et à les définir. Au terme d'une étude soigneuse, ils concluent que ces difficultés portant sur les mots ne sont probablement pas de nature proprement lexicale, mais peuvent provenir d'une difficulté sémantique, métalinguistique, et de ce fait, pourrait-on dire, en adoptant mon vocabulaire, touchant à la pensée non verbale. La démonstration ne peut être tenue pour établie dans l'état actuel du travail, mais il m'a paru intéressant de signaler comment s'orientent aujourd'hui les recherches.

UN HÉMISPHÈRE DROIT ISOLÉ

Certains épileptiques, à vrai dire assez rares, peuvent bénéficier d'une intervention chirurgicale appelée « commissurotomie ». Elle consiste en une section des fibres dites commissurales qui relient les deux hémisphères cérébraux entre eux, ou du moins de la principale de ces commissures, qu'on nomme corps calleux. Le cerveau est « dédoublé » (*split brain*).

Après quelques mois d'adaptation, ces opérés paraissent récupérer complètement et ne souffrir d'aucun trouble. Ils ne présentent aucune apparence de dédoublement de la personnalité,

1. DOCKRELL J.E., MESSER D., GEORGE R., RALLI A., Beyond naming patterns in children with WFDS – definitions for nouns and verbs, *Journal of neurolinguistics*, 2003, 16, 191-211.

aucune anomalie comportementale ni de leur vécu, tel qu'ils le racontent, rien qui puisse témoigner d'un conflit entre les deux hémisphères. Cependant, des méthodes fines d'analyse permettent de montrer que chacun des deux hémisphères « mène sa vie » de façon relativement autonome, et se montre capable de traiter de nombreux problèmes sans le secours de l'autre.

Chacun sait, depuis 1861, après les observations de Dax et de Broca, que l'hémisphère gauche est celui du langage. Cette exclusivité a largement été confirmée par les études sur le cerveau dédoublé. C'est donc le seul qui parle, le seul qu'on puisse interroger sur sa vie intérieure, le seul avec lequel on puisse entrer en conversation. Le cerveau droit ne peut au contraire être interrogé que sur des performances de type comportemental, mais nullement sur sa vie intérieure, sur sa « subjectivité ». Le comportement qu'il induit montre cependant sa richesse. Ce silence de l'hémisphère droit, de l'hémisphère muet, laisse ouverte la controverse entre ceux qui, au vu de ses performances élevées, estiment qu'on doit le créditer d'une conscience, au même titre que les animaux dépourvus de langage, et ceux qui, au nom de l'unité de l'esprit, ne veulent voir en lui qu'une sorte d'automate, dont le rôle, en temps ordinaire, est de traiter dans l'inconscient des informations qu'il transmettra ensuite à l'hémisphère majeur, l'hémisphère parlant, seul capable de porter une conscience. Pour l'instant, limitons-nous à la pensée, nécessairement sans langage, de l'hémisphère droit.

R.W. Sperry, à qui ses études sur les cerveaux dédoublés ont valu le prix Nobel de Médecine en 1981, affirme :

> « Tout ce que nous avons observé dans toutes sortes d'expériences pendant des années de tests renforce la conclusion que l'hémisphère muet possède une expérience intérieure largement du même ordre que celle de l'hémisphère parlant, bien qu'elle diffère par la qualité et par la nature des facultés cognitives. Clairement, l'hémisphère droit perçoit, pense, apprend, et se souvient, à un niveau tout à fait humain. Sans le recours du langage, il raisonne, prend des décisions "cognitives", et met en œuvre des actions volontaires nouvelles. Il peut même engendrer des réponses émotionnelles typiquement humaines lorsqu'il est confronté à des situations chargées d'affect. »[1]

Pour convaincre davantage, Sperry montre que l'hémisphère droit n'est pas aussi étranger au langage qu'on a bien voulu le dire. Ses performances concernant l'usage de mots énoncés les uns après les autres ne sont inférieures que de peu à celles de l'hémisphère

---

1. Sperry R.W., Consciousness personal identity and the divided brain, *Neuropsychologia*, 1984, 22, 661-673.

gauche. Dans le domaine non verbal, lorsque la manipulation d'images spatiales est requise, elles sont même supérieures à celles de l'hémisphère parlant. La copie des dessins, la compréhension des mimiques, la mise en rapport de formes entre elles, la discrimination de formes visuelles et tactiles, les transformations et transpositions de formes, l'évaluation de la taille d'un cercle à partir d'un arc de petite ouverture, la catégorisation d'ensembles de différentes formes ou tailles, la perception d'un ensemble à partir de ses éléments, l'appréhension intuitive de propriétés géométriques, etc., en tout cela, l'hémisphère droit surclasse son homologue gauche. En un mot, la notion d'une activité complémentaire des deux hémisphères a supplanté celle de dominance.

La conclusion de Sperry vaut d'être citée *in extenso :*

> « En tout état de cause, après avoir considéré la supériorité de l'hémisphère droit dans les tests décrits plus haut, il est extrêmement difficile de penser que cette moitié du cerveau agit seulement comme un automate dépourvu de conscience (*conscious awareness*). C'est particulièrement difficile lorsqu'il est démontré que l'hémisphère droit est supérieur dans des tâches nouvelles qui impliquent un raisonnement logique et aussi lorsqu'il déclenche des expressions faciales caractéristiques de satisfaction pour des tâches réussies ou d'ennui à propos de ses erreurs propres ou de celles de son partenaire gauche mal informé. La capacité de l'hémisphère droit à apprendre par expérience, en mémorisant des tests passés quelques jours ou quelques semaines auparavant est aussi difficile à concilier avec le concept de simple automatisme. »

On aura noté, en passant, ce nouvel exemple de pensée *consciente* sans langage.

Un aspect particulièrement important aux yeux de Sperry réside dans le comportement émotionnel du sujet lorsqu'on propose à son hémisphère droit des photographies chargées d'affects : personnages publics sympathiques ou antipathiques, tableaux de famille, scènes osées, par exemple. Les résultats sont tout à fait comparables à ceux obtenus en interrogeant l'hémisphère gauche ou en vision libre. Interrogé sur l'avenir, l'hémisphère droit répond avec les mêmes soucis, la même mesure du temps.

Telle était l'état de la question il y a environ une vingtaine d'années. On a noté que déjà, à l'époque, on avait reconnu des capacités langagières à l'hémisphère droit. Depuis, les recherches sur ce thème se sont intensifiées et on a cherché à préciser ce que pourrait être la fonction de l'hémisphère droit dans le traitement du langage. *Grosso modo*, le traitement du langage par l'hémisphère droit a été décrit comme diffus, grossier, non catégoriel, global, peu sensible au contexte, et il serait plutôt implicite qu'explicite :

« Cependant, la signification extensive que l'hémisphère droit active à chaque mot pourrait être analysée comme globale au niveau du mot et pourrait aider à percevoir la teneur générale d'un discours comprenant plusieurs mots et, peut-être, être particulièrement utile pour certains types de discours ambigu. La capacité de l'hémisphère droit à activer et mettre en œuvre des inférences qui maintiennent la cohérence du discours semble correspondre à un processus global, alors que la capacité de l'hémisphère gauche à sélectionner et à utiliser les inférences les mieux appropriées pourrait être analysée comme un processus plus local. »[1]

Le sens véritable de cette recherche me paraît bien résumé dans le passage suivant[2] :

« La compréhension implique la *découverte* [*c'est moi qui souligne*] du sens à partir de systèmes de symboles, qu'ils soient écrits ou parlés, gestes, images, ou autres représentations visuelles. *Les significations sont indépendantes de ces systèmes de symbole* [*idem*] bien que la communication implique une maîtrise des conventions variées utilisées pour appliquer des formes sur le contenu sémantique. Lorsque la compréhension est entendue dans ce sens large, il est difficile de contester que l'hémisphère droit aussi bien que le gauche est impliqué dans le processus de compréhension. Pour comprendre comment le cerveau humain forge la compréhension, il devient nécessaire de spécifier la différence et les ressemblances du mode propre à chaque hémisphère d'accéder au sens et de le rapporter. »

L'article d'où provient cette citation porte sur les codes de significations et la signification des codes. Il est clair qu'à ce niveau on n'est plus tout à fait dans le langage lui-même, mais dans ce que j'ai appelé la pensée langagière ou la pensée complète qui comporte, certes, du langage, mais aussi de la pensée sans langage[3]. Que peut bien vouloir dire, en effet, cette phrase : « les significations sont indépendantes de ces systèmes de symboles » (incluant les symboles linguistiques), si ce n'est qu'elles font partie de la pensée indépendante du langage, de la pensée sans langage ? C'est faute de faire appel explicitement à cette notion que les explications sont embarrassées et les phrases obscures. Si au contraire on la mentionne clairement, la place de l'hémisphère droit est largement nécessaire : on n'imagine pas que toutes les informations contenues

---

1. BEEMAN M. & CHIARELLO CH., Concluding remarks : getting the whole story right, in Right hemisphere language comprehension, *Perspectives from neuroscience*, BEEMAN M. and CHIARELLO CH. editors, Mahwah, New Jersey & London, Lawrence Erlbaum assocates publishers, p. 382.

2. CHIARELLO CH., On codes of meanings and the meaning of codes. Semantic access within and between hemispheres, in Right hemisphere language comprehension, *Perspectives from neuroscience*, BEEMAN M. & CHIARELLO CH. editors, Mahwah, New Jersey & London, Lawrence Erlbaum assocates publishers, p. 141.

3. Platon appelait cela *théoria*, la pensée intuitive, contemplative, compréhensive, qu'il distinguait de la pensée discursive, explicative ; il savait que l'acte compréhensif était supérieur à la besogne explicative.

dans l'hémisphère droit soient sans effet sur le comportement de l'hémisphère parlant, ici, le langage. La mesure dans laquelle ce stock d'informations est directement activé par le langage à l'intérieur de l'hémisphère muet demeure encore un objet de débat, mais ce n'est pas ici le sujet.

Ce qui reste unanimement reconnu, c'est que l'hémisphère droit est rigoureusement incapable de produire du langage. Comme il existe une relation étroite entre le langage intérieur et le langage exprimé, ainsi qu'on l'a signalé plus haut, cela revient à dire que l'hémisphère droit demeure sans pensée langagière, mais est un lieu important de formation de la pensée sans langage, de la pensée intuitive. C'est le seul point qui nous importe ici.

Arguments tirés du sujet normal

Les arguments tirés du sujet normal ne me paraissent pas non plus sans intérêt. Si je ne fais que les mentionner, c'est parce qu'ils sont parfaitement connus, mais cependant négligés des philosophes et des linguistes, qui esquivent tout examen approfondi pour ne pas avoir à remettre en cause des principes qu'ils admettent aveuglément.

J'ai déjà parlé plus haut des lapsus qui restent inconscients. Je mets quiconque au défi de fournir une explication évitant de passer par la pensée sans langage remontant jusqu'à la conscience pour résoudre les énigmes constituées par la recherche du mot juste, quelquefois laborieuse, la compréhension de toutes les figures de style, la nécessité, lorsque l'on passe d'une langue à une autre, de transposer complètement la pensée dans la mentalité de la langue dans laquelle on veut traduire la première, en évitant absolument toute traduction littérale. C'est bien la raison pour laquelle le traducteur doit préférablement avoir pour langue maternelle celle dans laquelle il doit traduire. Le sens commun ne voit là que des banalités. Il a fallu cependant beaucoup d'intuition, beaucoup d'expériences, beaucoup d'audace, et surtout beaucoup de ténacité pour permettre à D. Seleskovitch d'imposer cette idée simple que pour traduire correctement il fallait d'abord déverbaliser le discours que l'on doit traduire. Une telle audace, dans un milieu touchant à la linguistique, ne pouvait avoir que beaucoup de mal à percer. On trouvera dans *La Pensée d'Outre-Mots* des exemples caractéristiques tirés de cet auteur, mais rien ne vaut sur ce sujet les ouvrages de l'auteur elle-même[1].

---

1. Seleskovitch D., De l'expérience aux concepts, *in* D. Seleskovitch et M. Lederer, *Interpréter pour traduire*, Paris, Didier Érudition, 2e éd., 1986.

Mais les banalités sont rarement convaincantes, aussi allons plus avant. Je demande une véritable réflexion sur un point que j'ai également mentionné dans *La Pensée d'Outre-Mots,* mais qui me paraît d'une exceptionnelle importance : l'effort constant des mathématiciens depuis l'Antiquité, mais surtout depuis la fin du XIXe siècle, a été de minimiser la part d'intuition du raisonnement mathématique pour la remplacer par l'automatisme que constitue la logique formelle. Nous aurons le temps de revenir sur le fait bien admis qu'elle n'est qu'une syntaxe sans sémantique. Il s'agit très exactement de substituer à une pensée sans langage ce qu'on pourrait appeler, sans exagération, un langage sans pensée.

LA PREUVE MATHÉMATIQUE

Je crois qu'une des meilleures démonstrations de la pensée sans langage chez le sujet normal se trouve dans la démonstration mathématique traditionnelle, en opposition avec sa logicisation contemporaine. On sait d'ailleurs qu'on a dû en rabattre sur ce thème depuis que Gödel a montré que la totalité des vérités arithmétiques n'était pas démontrable à l'intérieur d'un système logique assez puissant pour englober cette discipline. Indécidables à l'intérieur du système discursif rigoureux de la logique, elles n'en restent pas moins vraies, d'évidence intuitive. Mais mieux vaut prendre un exemple concret pour les lecteurs non mathématiciens. La démonstration suivante, tirée d'Euclide, prouve qu'il n'existe pas de plus grand nombre premier. Elle est d'une très grande facilité. Euclide procède par l'absurde, feignant de chercher à démontrer que ce plus grand nombre premier existe (il est intéressant de noter cette dissociation entre le discours et l'intention).

Appelons le « X ».

1. X est le plus grand des nombres premiers[1].
2. Soit Y le produit de tous les nombres premiers inférieurs ou égaux à X auquel nous ajoutons 1 :
Y = (2 x 3 x 5 x 7 x… x X) + 1
3. Si Y est un nombre premier, alors X n'est pas le plus grand des nombres premiers.
4. Si Y est un entier divisible, alors, X n'est pas non plus le plus grand des nombres premiers. En effet, dans ce cas, Y doit être divisible par un nombre premier Z et celui-ci doit être

1. Dans *La Pensée d'Outre-Mots*, j'ai écrit « X est le plus grand de nombres entiers ». J'ai dû relire un certain nombre de fois ce texte sans me rendre compte de mon erreur. C'est, parmi d'autres, une démonstration de la dissociation entre la pensée et son expression verbale.

différent de tous les nombres premiers 2, 3, 5, 7, ... X, inférieurs ou égaux à X (qui ne peuvent pas être des sous-multiples de Y) ; par conséquent, Z est un nombre premier supérieur à X.

5. Or, ou bien Y est un nombre premier ou bien il n'en est pas un.
6. Par conséquent X n'est pas le plus grand des nombres premiers
7. Donc, le plus grand des nombres premiers n'existe pas.

Tout le monde peut comprendre un raisonnement aussi simple et personne n'a jamais émis d'objection. C'est seulement depuis le développement de la logique formelle, disons depuis le début du XXe siècle, qu'on s'est aperçu que cette démonstration faisait appel tacitement à des théorèmes logiques théoriquement nécessaires. Certains font appel à des notions élémentaires. Avec Nagel et Newman[1], examinons la ligne 5 de la démonstration.

> « De quoi découle-t-elle ? La réponse est la suivante : du théorème logique (ou de la vérité nécessaire) : "ou p ou non p", "p" étant une variable propositionnelle. Et comment passe-t-on de là à la ligne 5 ? Grâce à la règle d'inférence connue sous le nom de "Règle de substitution des variables propositionnelles", selon laquelle on peut déduire une phrase d'une autre phrase contenant des variables propositionnelles en remplaçant chaque occurrence distincte de ces variables (ici "p") par n'importe quelle proposition (ici, "y est un nombre premier"). »

En fait, des théorèmes bien plus complexes touchant à la théorie de la quantification sont également employés.

Mais revenons-en au texte de Nagel et Newman, remarquablement précis :

> « L'utilisation de ces règles et de ces théorèmes logiques est souvent [...] une action presque inconsciente. L'analyse qui permet et de les faire ressortir, même dans des démonstrations relativement simples comme celle d'Euclide repose sur des développements en logique qui n'ont été acquis qu'au cours des cent dernières années. Comme Monsieur Jourdain qui toute sa vie fit de la prose sans le savoir, les mathématiciens depuis plus de deux mille ans ont raisonné sans avoir une claire conscience de tous les théorèmes qui sous-tendaient ce qu'ils faisaient. C'est récemment seulement que la nature véritable des outils de leurs pratiques est apparue nettement. »

En d'autres termes, les mathématiciens raisonnaient intuitivement, mais juste. L'évidence se manifestait à eux au point qu'ils n'éprouvaient aucune nécessité de justifier leur raisonnement là où le discours logique moderne apporte des démonstrations qui, cette

---

1. NAGEL E. & NEWMAN J.R., *Gödel's proof*, New York University Press, 1958, trad. française J.B. Scherrer, Paris, Seuil, 1989.

fois-ci, ne sont plus intuitives, mais rigoureusement verbalisées sous forme de logique. C'est là, je pense, une démonstration elle aussi particulièrement rigoureuse de l'existence d'une pensée sans le langage, intuitive, mais capable d'aboutir à un excellent résultat, que le discours logique vient simplement confirmer. La conscience de ce type d'intuition, nous la connaissons tous ! La découverte n'en est certes pas récente. La connaissance intuitive était identifiée comme la plus haute par les Anciens. Le développement du langage ne faisait que la passer de l'état de pensée à celui d'« image, la reflétant comme en un miroir » (Plotin), permettant de la transmettre, de la fixer et de la rappeler. Platon, déjà, prévenait que « la science ne réside ni dans les sons proférés, ni dans les formes matérielles, mais dans les âmes » (Lettre VII, 342c). Car, d'un certain point de vue, les mots, déjà indices imparfaits de la réalité, sont figés, surtout lorsqu'ils sont écrits. Si la vérité peut se dire, elle n'est jamais tout entière dans le discours dans lequel elle s'exprime. Elle doit aussi se vivre dans l'intériorité de l'âme. Aucun discours, quel qu'il soit, ne saurait s'y substituer. C'est pourquoi on ne comprend que ce que l'on sait déjà par cette pensée sans langage qu'est l'intuition. Pour l'expliquer, Platon invoquait la réminiscence de connaissances acquises au cours de vies antérieures « lorsque l'âme cheminait en compagnie d'un Dieu, quand elle regardait de haut ces choses dont à présent nous disons qu'elles existent »[1]. Si le langage permet l'analyse, il a vocation chez les platoniciens, à se dépasser dans la vision synthétique et intuitive, dans le silence de la contemplation compréhensive. De même, en plein XXe siècle, un Wittgenstein retrouve l'alliance du silence et de la compréhension suprême, incommunicable et indicible. Seul le silence est adéquat à la plénitude du sens ontologique existentiellement éprouvé (*Tractatus logico-philosophicus*, 7, 1921).

L'intuition, selon Varela[2], est une capacité humaine qui intervient sans cesse dans la vie quotidienne : « en définitive, écrit-il, le poids d'une preuve est son caractère convaincant, l'immédiateté de l'évidence qui s'impose à nous, au-delà de la chaîne du raisonnement symbolique », et il cite Piet et Shepard, selon lesquels :

> « Une analogie avec la géométrie euclidienne peut être éclairante : une fois que nous avons spécifié la longueur de deux côtés d'un triangle, et la valeur de leur angle, la longueur du troisième côté et la valeur des deux autres angles se trouvent déterminées. Pourquoi cela ? Où réside le pouvoir

1. PLATON, *Phèdre*, 249 c.

2. VARELA F., Neurophenomenolgy : a methodological remedy for the hard problem, *J. Consc. Studies, Special issue on the hard problem*, 1996.

> magique de l'espace ? Comment l'espace peut-il imposer les lois de la géométrie, les lois auxquelles les objets physiques obéissent aussi bien, avec une exactitude très précise ? »[1]

Il ajoute :

> « De même, nous admettons que l'expérience humaine suit des principes structurels qui, comme l'espace, s'imposent à ce qui nous est donné comme contenus de l'expérience… »

Pascal, déjà, dans *De l'esprit géométrique et de l'art de persuader*, soulignait que nous ne pensons qu'à partir d'évidences indémontrables :

> « C'est ce que la géométrie enseigne parfaitement. Elle ne définit aucune de ces choses, espace, temps, mouvement, nombre, égalité, ni les semblables qui sont en grand nombre […]. On trouvera peut-être étrange que la géométrie ne puisse définir aucune des choses qu'elle a pour principaux objets. […] Mais […] le manque de définition est plutôt une perfection qu'un défaut, parce qu'il ne vient pas de leur obscurité, mais au contraire de leur extrême évidence, qui est telle qu'encore qu'elle n'ait pas la conviction des démonstrations, elle en a toute la certitude. »

La double voie de traitement des mathématiques. Le premier temps de la démonstration suivante repose à nouveau sur des données cliniques neuropsychologiques. Des troubles du calcul peuvent être causés par des troubles *non verbaux* : troubles visuo-spatiaux empêchant d'aligner convenablement les chiffres (lésions pariéto-occipitales droites) ; troubles de la planification des opérations successives nécessaires à la solution de problèmes arithmétiques[2] (par lésions frontales, vide infra) ou, au contraire, troubles proprement langagiers comme l'identification visuo-verbale des chiffres et des chaînes de lettres lorsque les données sont fournies par écrit, avec conservation des capacités de calcul si la présentation des chiffres est orale. Les acalculies classiques proprement dites se subdivisent maintenant en deux variétés que l'on pourrait appeler verbales et sémantiques. Dans la première, c'est essentiellement la manipulation des chiffres qui est perturbée, avec celle des automatismes verbaux qui s'y attachent, comme les tables de multiplication. En revanche, la compréhension globale des nombres est préservée, comme le montrent des épreuves comme la comparaison de deux nombres (quel est le plus grand ?), l'évaluation de la proximité de deux nombres (de 2 et de 6, quel est le plus proche de 5 ?), de bissection (quel chiffre est situé juste au milieu entre 5 et 9 ?), en étudiant la production spontanée ou des épreuves à choix multiples.

---

1. PIET P., SHEPARD R., Tuning the hard problems upside down and sideaway too, *J. Consc. studies*, 1996.
2. LURIA A.R., *The higher cortical functions in Man*, New York, Basic Books, 1966.

D'autres épreuves encore permettent de confirmer que le « sens » des chiffres n'est pas nécessairement perdu, même si les productions verbales ou écrites sont profondément perturbées[1]. La situation inverse existe dans laquelle la manipulation de chiffres et les voies automatiques de leur traitement sont relativement conservées, mais où les épreuves mentionnées ci-dessus sont très perturbées[2]. Certains patients reconnaissent eux-mêmes que les chiffres qu'ils manipulent n'ont plus aucun sens pour eux. Les données lésionnelles et fonctionnelles (IRM ou magnéto-encéphalographie) chez ces patients suggèrent que les zones qui jouent un rôle critique dans la compréhension du « sens » des nombres sont les deux régions pariétales inférieures (droite et gauche), tandis que la zone intéressée par le traitement langagier est située dans le sillon pariéto-temporal, très proche des zones du langage. Bien plus, des études menées sur des mathématiciens bilingues ont montré que si les calculs à proprement parler étaient liés au langage, les évaluations approximatives ne l'étaient pas. D'ailleurs, l'imagerie fonctionnelle chez ces mêmes sujets montre que les calculs activent préférentiellement une zone frontale inférieure gauche, tandis que les évaluations activent les deux régions pariétales[3]. La dissociation entre une pensée mathématique non verbale et les mécanismes mathématiques verbaux est donc dûment démontrée. Lorsqu'un enfant peu doué en mathématiques fait une soustraction et obtient un nombre plus grand que celui qui a subi la soustraction, c'est évidemment qu'il n'a pas bien assimilé la part de calcul que comporte cette opération, mais si, en outre, il n'en est pas étonné, c'est qu'il n'a pas suffisamment acquis le sens des nombres.

Dans les articles consacrés à ces observations, Dehaene et ses collaborateurs ne concluent pas que la voie sémantique non verbale est directrice, mais ce qui en est dit plus haut le laisse supposer. En revanche, Dehaene, dans son livre, *The number sense*, l'affirme très clairement. Les expériences ne portent que sur des opérations relativement élémentaires et sur des calculs approximatifs simples, mais il y a sûrement lieu d'en étendre la portée aux problèmes complexes. Une des particularités du langage mathématique est de créer des objets qui possèdent, comme tous les objets, leurs spécificités. Le langage courant en crée aussi, comme par exemple la nature ou

1. Cohen L., Dehaene S., Chochon F., Lehéricy S., Naccache L., Language and calcuation within the parietal lobe : a combined cognitive, anatomical and MRI study, *Neuropsychologia*, 2000, 38, 1426-40.

2. Dehaene S., Cohen L., Cerebral pathways for calculation : double dissociation between rote verbal and quantitative knowledge of arithmetic, *Cortex*, 1997, 33, 219-250.

3. Dehaene S., Spalke E., Pinel P., Stanescu R., Tsivkin S., Sources of mathematical thinking : behavioraland brain imaging evidence, *Science*, 1999, 284, 970-974.

Dieu, vous diront les athées ; mais les mathématiques en créent bien davantage. C'est leur existence qui permet de noter leurs ressemblances ou leurs différences. On devait s'attendre à ce que de tels objets, une fois créés se trouvent manipulés en partie en dehors de la zone langagière. Un exemple relativement clair pour un non-mathématicien se trouve dans la représentation géométrique des nombres complexes.

Mais, plus importante que tout, est la démonstration que la pensée globale, langagière, est sous la dépendance d'une pensée non verbale et non du langage lui-même. La psychopathologie fournit des exemples de détérioration du fonctionnement mental alors même que le langage est totalement respecté, et l'observation commune des sujets normaux en fournit des preuves, si banales qu'elles ne sont plus remarquées.

Le gouvernement de la pensée

La pensée sans langage gouverne la pensée complète. Cette affirmation tombe presque sous le sens de qui veut bien y réfléchir. En contraste remarquable avec la conservation *possible* de toutes les fonctions autres que le langage chez les aphasiques, tous les syndromes neuropsychologiques intéressant les aires non linguistiques se traduisent par des troubles du comportement, variables selon la région intéressée, mais que l'intégrité du langage ne permet pas de compenser, sinon on ne les verrait pas. On ne veut parler ici que des troubles de fonctions dites supérieures.

LES DÉLIRES

Il est proprement sidérant de voir des patients atteints de lésions pariétales droites ignorer tout leur hémi-espace gauche et ce qui s'y passe, se comporter conformément à ce manque (au point, par exemple, de risquer leur vie en traversant la rue), l'intégrité du langage ne les aidant en rien. Plus étonnants encore ces patients atteints d'« asomatognosie », qui ignorent la paralysie et l'insensibilité de la moitié gauche de leur corps et « oublient » en outre son existence même.

Certains de ces malades présentent à ce sujet un véritable délire, accusant, par exemple, le personnel d'avoir volé leur main gauche et de l'avoir cachée dans un tiroir. Bisiach[1] rapporte le cas de ce patient auquel on présente dans le champ visuel non négligé sa main gauche qu'il ne reconnaît pas comme telle. Il en tire la conclusion saugrenue que le médecin qui tient cette main entre les deux siennes a trois mains. Devant l'étonnement du médecin, il ne sait que rajouter : « si vous avez trois mains, c'est que vous avez trois bras ». La logique de cette formulation témoigne bien de l'intégrité du langage, par ailleurs entièrement respecté, mais celle-ci n'empêche pas le patient de délirer ! D'une manière générale, les délires ne s'accompagnent pas de troubles du langage de type aphasique. Les troubles dits schizophasiques de certains schizophrènes paraissent bien plus en rapport avec des troubles conceptuels qu'avec des troubles aphasiques. D'où l'utilisation d'un terme particulier pour désigner cette anomalie. Hors ce cas particulier, tous les délirants ont un langage intact qui ne les préserve pas du délire ![1] Est-ce suffisant pour affirmer que la pensée ne réside pas dans le seul langage ?

Les lésions frontales antérieures

Les lésions frontales antérieures, sans entraîner de troubles aphasiques, sont susceptibles de causer des troubles du comportement logique extrêmement surprenants chez des sujets sans anomalie apparente lors d'un examen superficiel. Ces troubles ont été décrits principalement par Luria dans les années 1960 et font partie de la littérature classique, confirmée par tous ceux qui ont une expérience en ce domaine. Pourtant, pas plus que les délires mentionnés plus haut, ils n'ont été utilisés pour montrer la prévalence de la pensée sans langage et l'incapacité du module linguistique intact à compenser le déficit. Une des épreuves les plus classiques consiste à faire raconter par le patient une histoire bien connue, *Le Petit Chaperon Rouge*, par exemple, ce qui aboutira à un récit incohérent dont les rapports au conte sont seulement de détails, de vocabulaire, « tire la chevillette et la bobinette cherra », où la mère-grand finit parfois par manger le loup ! Les tests à la Luria consistent à demander, après vérification des capacités élémentaires de calcul : « douze livres sont répartis sur deux étagères, il y en a deux fois plus sur l'étagère du bas que sur celle du haut. Combien cela fait-il sur chacune d'elles ? ». Ou encore, « Pierre est plus grand que Jacques, mais plus petit que Paul, quel est le plus grand des trois ? ». Là aussi, le malade échoue. L'intégrité du module langagier ne compense pas le trouble profond de la pensée logique. Lorsque

1. BISIACH E., Language without thought, in *Thought without language*, L. WEISKRANTZ edit., Oxford Science Publication, 1988, 464-483.

1. Hormis, bien sûr, les délirants devenus aphasiques et d'ailleurs le restant !

nous chercherons à évaluer le rôle du langage dans la pensée, il nous faudra bien tenir compte de cette dépendance du langage par rapport à une pensée non verbale.

Ce ne sont là que les arguments les plus spectaculaires. Les asémanties[1] que l'on observe au cours de certaines maladies d'Alzheimer entraînent un trouble notionnel sans trouble proprement aphasique, la maladie de Williams est une forme de débilité mentale avec hypertrophie du langage, etc. etc.

Quand on dit que la pensée non verbale gouverne l'ensemble de la pensée qui comporte normalement du langage, on n'entend pas établir une hiérarchie de valeur entre les fonctions cérébrales. La pensée langagière est la seule complète. Ce qui se dégage, c'est que le module langagier ne peut que mettre en forme une pensée déjà en grande partie formée. Cela ne veut pas dire que, d'une certaine manière, chez le sujet normal, le langage ne participe pas à la formation de la pensée, nous le verrons plus loin.

La référence du langage ou le signifié

La simple observation de faits à la portée de tous, qui tous ont été publiés dans la littérature scientifique reconnue et ont subi l'examen de comités de lecture, qui peuvent donc tous être considérés comme des faits scientifiques avérés, nous conduit à la conclusion que, s'il est indiscutable que de la pensée complète comporte nécessairement le langage, la pensée sans langage n'en existe pas moins. C'est l'étude de la psychopathologie qui révèle le plus aisément son existence, mais son importance chez le sujet normal doit aussi être reconnue.

Elle doit l'être parce que c'est le seul moyen de fournir une référence à l'analyse fonctionnelle et à la mobilisation intentionnelle du langage.

Tout le monde s'accorde à considérer que la langue est un code et que le langage est la fonction appelée à en user pour désigner les choses, visibles et invisibles (pensées, sentiments, etc.). Mais un code est fait pour encoder, c'est-à-dire pour inscrire dans une forme conventionnelle des éléments autour desquels une communauté veut communiquer. Or, à quoi peut se référer le langage ? Ou bien directement au monde extérieur, ou bien à nos pensées, qui incluent, bien sûr, notre façon de voir le monde extérieur.

1. SABOURAUD O., *Le langage et ses maux*, Odile Jacob, 1995.

La référence directe

Le débat débute avec la philosophie elle-même. Mon rôle n'est pas de retracer une histoire maintes fois contée par les meilleures compétences. Je me bornerai à faire remarquer qu'il n'est pas étonnant que les premiers penseurs, du moins ceux que nous considérons comme tels dans notre monde occidental, aient opté pour la thèse naïve de la transparence parfaite du langage. En effet, dans la plus haute Antiquité, lorsqu'on prenait la parole, on invoquait les muses ou la déesse, comme on le voit chez Homère, et encore chez Parménide, pour qui « penser et être sont une seule et même chose », pour qui « la pensée et son objet sont identiques ». Parménide ne soupçonnait pas « qu'il puisse exister un écart entre notre pensée et le réel (assimilé à l'être exempt de tout changement), entre l'intelligible pour nous et l'intelligible en soi », écrit Jacques Chevalier[1]. La verbalisation ordinaire de l'apparence, des phénomènes était reléguée par lui au rang d'opinion (*doxa*), opposée à la vérité, à savoir que seul l'Un est l'être, que seul l'Être est, et que le non-être (et par conséquent le devenir) n'est pas. « Seule est intelligible pour nous l'infinité de l'être, son unité, son homogénéité. »

Les premiers sages et les poètes pensaient que le langage était un don des dieux, destiné à dire l'être et les choses telles qu'elles sont. Parler, c'était dire ce qui est, refléter le *cosmos*, ce dont était incapable l'animal, privé de parole (*alogos*). Toutefois, on en vint assez rapidement à identifier dans le *logos* une part d'ambiguïté, d'opacité irréductible à l'image de l'oracle de Delphes dont Héraclite disait : « Il ne dit ni ne cache ; il *signifie* ». Bien plus, très tôt, le langage a manifesté son pouvoir d'inadéquation et de mensonge, écart qui oblige à penser le rapport du signe à la référence. Face aux dérives des sophistes qui manipulaient le langage pour séduire fallacieusement leur auditoire à des fins vénales, les philosophes ont été soucieux d'en assujettir l'emploi à une discipline rigoureuse. C'est ainsi que Socrate cherche les « définitions », c'est-à-dire le sens stable des mots : qu'est-ce que la beauté, le courage, la piété ? C'est aussi de la sorte que Platon met en évidence que c'est la structure complexe de la phrase et de l'attribution qui permet de dire faux, de dire ce qui n'est pas. Le mensonge montre bien la dissociation possible entre les mots et l'état de choses ou la pensée intérieure : le langage peut ne renvoyer à rien ; on peut parler pour ne rien dire ou pour dire ce qui n'est pas. On peut penser quelque chose et dire le contraire. À la suite de Platon, Aristote voit dans le langage un

1. Chevalier J., *Histoire de la Pensée. Des présocratiques à Platon*, éditions. Universitaires, 1991, p. 77.

outil fonctionnel pour véhiculer la pensée, dont les éléments sont conventionnels et varient d'un peuple à l'autre.

Les philosophies de la nature (Empédocle, Anaxagore, etc.) partaient aussi du postulat de « l'identité de l'être avec la pensée ou plutôt avec l'énonciation de la pensée, le *logos*, conçue comme absolument une et immuable, donc se suffisant à elle-même. »[1] Ce postulat, identifiant le vrai et ce que nous concevons comme tel, donc en fin de compte, l'apparence, engendrait « un jeu de contradictions insolubles »[2], d'autant plus qu'il provenait de physiciens confrontés au devenir sans cesse changeant ; il ne pouvait que déboucher sur le scepticisme. Il devenait possible, en effet, de soutenir la thèse et l'antithèse. C'est dans ce contexte que les sophistes firent leur apparition, mais, loin de vouloir cerner la véritable nature des choses, il ne s'est vite agi pour eux que d'être le plus persuasif, le plus habile pour entraîner l'adhésion des auditeurs. Abandonnant toute recherche de vérité, ils se consacrèrent à celle du profit, les meilleurs professeurs de rhétorique pouvant espérer des honoraires confortables de la part des jeunes ambitieux et de leur famille qui cherchaient à prospérer en politique. Contre ces sophistes, Platon et Aristote ont invoqué la réalité des idées et la rigueur des catégories et de la logique sous-jacentes au discours, rappelant que la philosophie ne peut pas être réduite à une joute purement oratoire, à un raisonnement purement verbal.

LE RETOUR AU LANGAGE AUTO RÉFÉRENTIEL

Depuis lors, conformément à la définition de la vérité comme *adaequatio rei et intellectus*, c'est dans le domaine scientifique que l'on a demandé au langage d'être une « langue bien faite », c'est-à-dire capable d'exprimer adéquatement le monde extérieur, tout du moins dans l'ordre du quantifiable car la révolution galiléenne substitua au monde naturel, perçu qualitativement dans la vie quotidienne des hommes, un ordre des choses organisé en un réseau autonome de relations exprimables mathématiquement. Dans le domaine nouveau des sciences naissantes, l'observation et l'expérience furent subordonnées à la nécessité d'être transcrites en langage mathématique.

> « La philosophie est écrite dans cet immense livre qui se tient toujours ouvert devant nos yeux, je veux dire l'Univers, mais on ne peut le comprendre si l'on ne s'applique d'abord à en comprendre la langue et à connaître les caractères

1. CHEVALIER J., loc. cit. p. 93.
2. CHEVALIER J., loc. cit.

avec lesquels il est écrit. Il est écrit dans la langue mathématique et ses caractères sont des triangles, des cercles et autres figures géométriques, sans le moyen desquels il est humainement impossible d'en comprendre un mot. Sans eux, c'est une errance vaine dans un labyrinthe obscur. »[1]

Toutefois, Galilée avait conscience de l'extrême complexité de l'Univers et, contrairement à la thèse de Koyré, qui voit, avec toute la tradition occidentale, dans la physique galiléenne l'inauguration de l'exactitude dans les sciences, la tendance contemporaine serait plutôt d'insister non pas sur la rupture inaugurée par Galilée, mais sur une certaine continuité dans la façon de penser l'exactitude avec ce qui l'avait précédée. Au XIVᵉ siècle, les calculateurs d'Oxford, école platonicienne, avaient eu l'idée de mathématiser la description de la nature, mais y avaient renoncé (malgré quelques travaux remarquables, comme ceux de Bradwardine) : la quantification de la qualité leur semblant impossible, ils pensaient ne pas pouvoir atteindre par les mathématiques l'exactitude requise pour décrire la création. « Au lieu du passage du monde de l'à-peu-près à l'univers de la précision, la révolution scientifique se présente en un sens comme le passage du monde de l'impossible précision divine à l'univers accessible et plus humain de l'approximation », écrit Luca Bianchi dans « L'impossible exactitude »[2], insistant sur le fait que Galilée était parfaitement conscient que « la physique mathématique n'était possible qu'à condition qu'on laisse de côté les innombrables variables accidentelles que présentent les phénomènes, qu'on néglige les écarts non appréciables, qu'on renonce à un accord complet entre le résultat des démonstrations et le résultat des mesures, entre les valeurs théoriques et les valeurs d'observation » (*ibid.*).

Dans le domaine plus « profane », celui du « monde de la vie », pour emprunter une expression chère à Husserl, qui, le premier, a tenté d'arracher l'esprit européen au réductionnisme scientiste, on vivait de façon plus ou moins explicite sur cette pensée qu'exprime bien Locke :

> « Les mots ne signifient autre chose dans leur première et immédiate signification que les idées qui sont dans l'esprit de celui qui s'en sert. »[3]

Berkeley, pour qui la perception est spontanément idéation, parle du « voile des mots », inaugurant une philosophie des sciences

1. GALILÉE, *L'essayeur*, in Christiane CHAUVIRÉ, *L'essayeur de Galilée*, Paris, PUF, 1989, p. 27.
2. *Vérités dissonantes. Aristote à la fin du Moyen Âge*, Le Cerf, 1993, p. 194.
3. LOCKE J., *Essai Philosophique concernant l'Entendement Humain*, trad. COSTE 5ᵉ éd. ; 1755 ; rééd. E. NAERT, Paris, Vrin, 1972.

extrêmement moderne, saluée par Ernst Mach lui-même. C'est que Berkeley est le premier à avoir désubstantialisé la matière, voyant dans les mathématiques un symbolisme commode qui ne vaut que pour ses applications pratiques, art combinatoire qui ne saurait livrer l'essence des choses où l'incommensurable et le qualitatif défient la mesure et la quantité. Berkeley réactualisait ainsi au XVIIIe siècle les lointaines discussions, au XIVe siècle, des *calculatores* d'Oxford sur l'impossible exactitude, conscients qu'ils étaient de travailler sur des symboles fictivement substitutifs des réalités considérées. La crise du sens sévit en Occident parce qu'on a pris la modélisation pour la chose modélisée. Tout y est devenu l'ombre de soi-même, à commencer par l'homme. Pourtant, dès le départ, Platon, dans la *République,* avait dit que les sciences ne sont qu'hypothético-déductives et qu'au-dessus de la pensée scientifique (astronomie, physique) existent la contemplation, la saisie intuitive de Dieu et de soi-même à son image, l'homme qui atteint ces hauteurs ayant laissé derrière lui ceux qui se contentent de n'être que l'ombre d'eux-mêmes. Platon, il est vrai, lui demandait de redescendre à des fins d'enseignement, c'est-à-dire de libération de la servitude qu'engendrent les illusions de toutes sortes, y compris les illusions « savantes ». Mais chaque époque n'a-t-elle pas ses sophistes ?

C'est Condillac semble-t-il, qui, pour se dépêtrer des difficultés que rencontraient les sensualistes, eut l'idée d'assimiler pratiquement langage et pensée. Depuis, l'indissociabilité du langage et de la pensée est devenue une sorte d'évidence, à peine remise en cause par quelques penseurs isolés, tel Bergson. Cette idée aura encore été renforcée par la linguistique, à partir d'une affirmation de Saussure selon laquelle le rapport du langage et de la pensée est identique à celui des deux faces d'une même feuille de papier. On ne peut découper l'un sans découper l'autre, affirmation aujourd'hui absolument contredite par les faits rappelés plus haut. Comme la référence directe au monde extérieur n'est nullement reprise, sauf dans le cas particulier de la science, la doctrine insidieusement avancée constituait un retour à l'auto-référence.

Dans de telles conditions, il n'est pas étonnant que l'on ait vu fleurir les philosophies les plus abstraites, presque totalement désinsérées de la réalité concrète, préoccupées seulement de leur logique interne, et que cela ait conduit finalement à une mise en doute systématique de la valeur du langage jusqu'à sa déconstruction et une à stérilisation spirituelle inégalée dans l'histoire.

LE CADRE VITAL (*FRAME*)

Le hasard d'un voyage en Ombrie au cours duquel j'ai été amené à visiter quelques sites étrusques m'a été l'occasion de me remémorer que nous étions encore tout à fait incapables de déchiffrer le moindre texte de cette langue. Quelques correspondances de noms propres en latin et en étrusque nous donnent une vague idée de la prononciation, mais on n'a jamais encore trouvé la pierre de Rosette qui nous rendrait le même service qu'à Champollion pour le déchiffrement des hiéroglyphes. Il est frappant de constater que ces textes, sans doute bien formés, nous sont totalement imperméables faute de référence. Imaginons que nous remontions le temps et que nous nous trouvions chez les Étrusques eux-mêmes. Même sans connaître un seul mot de leur langue, même sans avoir le moindre don linguistique, même sans interprète, en quelques mois nous comprendrions leur langue parce que nous vivrions avec eux et qu'il existerait une correspondance interprétable entre leurs paroles et leur comportement. C'est cet ensemble vital qui est réellement le référentiel du langage. Pour comprendre la langue des Étrusques, il nous faudrait travailler avec eux, chasser avec eux, manger avec eux, comprendre leurs croyances, partager leurs sentiments. Enfant, je me suis souvent demandé comment les conquérants, les missionnaires, étaient parvenus à comprendre la langue des populations chez lesquelles ils arrivaient. Les récits font souvent état d'interprètes, mais ces interprètes, souvent des indigènes, comment avaient-ils eux-mêmes appris la langue du conquérant ? Dans un autre contexte, comment l'abbé de l'Épée put-il apprendre la langue des signes qu'utilisait la communauté des sourds-muets de Paris ? Simplement en s'intéressant à eux, en vivant avec eux et en saisissant que leur gesticulation était véritablement un langage. Sauf par le truchement de traducteurs, de professeurs qui permettent d'économiser une partie de cette démarche, on ne peut apprendre une langue sans « vivre avec » elle : la communication est autant affaire de cœur que question technique.

Déjà, saint Augustin montrait que les mots n'ont de sens pour nous que si nous connaissons par avance les choses qui leur correspondent. Pour lui, c'est d'ailleurs dans cette correspondance que réside l'apprentissage du langage :

> « J'ai le souvenir, et depuis j'ai compris comment j'avais appris à parler. Rien d'un enseignement où les grandes personnes m'auraient instruit des mots avec ordre et méthode, comme plus tard on fit des lettres de l'alphabet… Je captais par la mémoire les noms que j'entendais donner aux choses… je retenais que l'objet avait pour nom le mot qu'on proférait quand on voulait le désigner. »
>
> *Confessions*, I, 8.

Ce texte montre bien l'antériorité de la présence pensante à soi-même avant l'apprentissage du langage. Ce qui est vrai de l'apprentissage de la parole est vrai de son usage général : les mots ne nous apprennent rien. En eux-mêmes, ils ne sont que des signaux permettant à ceux qui connaissent déjà les choses qui y correspondent de communiquer entre eux. De même, pour que l'auditeur d'un discours plus abstrait le comprenne, il faut que son sens, la réalité conceptuelle qu'il signifie, soit déjà connu de lui. Les signes qui servent à désigner des idées ou des choses présupposent une connaissance préalable, une notion première qui n'est pas apportée par le signe, mais au contraire sert de référence à ce signe. Il n'est de contact possible entre les hommes que parce qu'ils jugent des signes en fonction d'un monde commun, auquel ils participent mutuellement. Le discours de quiconque est toujours mesuré à l'aune de notre propre expérience, que ce discours porte sur des réalités sensibles ou sur des réalités intelligibles. Privé de l'expérience à laquelle il réfère, je ne saurai comprendre un discours. Tel fut le cas d'Augustin dans sa première approche de la narrativité biblique qu'il assimila à une littérature juste bonne pour les simples et les « vieilles femmes » avant que ne lui en soit révélé le sens profond. *Tolle ! Lege !*, « Tiens et lis ! », lui dit dans son hallucination l'enfant qu'il avait été et qui n'avait pas compris. Pour comprendre, il faut au moins une précompréhension, une confiance, c'est-à-dire une foi. Il faut croire au sens délivré par des signes que l'on ne comprend pas encore, le but étant l'intelligence de ces signes. « Aime fortement l'intelligence, écrit Augustin à Consentius, car les Écritures ne peuvent pas nous être utiles si on ne les comprend pas. »

À ceux qui ne seraient pas convaincus, j'offre ce petit bouquet d'histoires vraies, ou au moins vraisemblables, qui ne nous sortent pas de la banalité de la vie courante, mais nous montrent clairement l'interdépendance du langage et des circonstances vitales dans lesquelles n'importe quel discours est prononcé. J'emprunte le premier exemple à Claude Duneton, l'amusant auteur de *La Puce à l'oreille*[1] que j'ai déjà cité dans *La Mouche dans le Bocal*[2]. Il nous suggère que tout propos peut devenir égrillard :

> « J'ai devant moi une fenêtre. Je pourrais par exemple, en y mettant le ton, l'intention, la langueur et le regard qu'il faut, proposer de "faire espagnolette", de "tripoter le tasseau, caresser la persienne, huiler les gonds, éventer

---

1. DUNETON C., *La Puce à l'oreille*, Paris, Stock, 1978.
2. LAPLANE D., *La Mouche dans le Bocal. Essai sur la liberté de l'homme neuronal*, Paris, Plon, 1987.

l'embrasure, mouiller le carreau, taper la barre d'appui, palper la tringle et, pourquoi pas, tirer les rideaux, en y mettant du sien" ! En fait, ce sont tous les éléments de la pièce qui peuvent ainsi entrer dans le champ érotique au moindre clin d'œil, depuis "ramoner la cheminée", jusqu'à "mettre une fleur dans un vase". »

Dans le même ordre d'idées, récemment encore, au cours d'un dîner, je prêtais une oreille distraite à une conversation que tenaient près de moi deux éditeurs qui se rappelaient avoir publié un livre intitulé *L'anatomie palpatoire*. Sans doute ai-je un esprit mal tourné, mais je me suis imaginé qu'il s'agissait d'un livre érotique. En réalité, il s'agissait d'un manuel à l'usage des kinésithérapeutes, tout banalement de la description des reliefs osseux, musculaires, etc., dont la connaissance est indispensable à la pratique de ce métier.

Plus instructive encore, cette histoire, personnellement vécue et déjà racontée dans *La Pensée d'Outre-Mots* : « Celui-là aussi, il a eu soif » est une phrase qui en elle-même ne dit pas grand-chose, ou plutôt des choses un peu différentes selon que vous vous situez devant la gamelle vide de votre chien, devant un jeune arbuste qui baisse la tête ou un plancher disjoint. Le sens général reste le même : le manque d'eau (et non la soif que seul le chien peut avoir éprouvée). Mais si la phrase est prononcée un jour d'été torride dans une automobile qui double difficilement un motocycliste zigzaguant sur la route, vous saurez qu'il a bu trop de vin. L'étonnant est qu'un enfant de trois ans et demi, au langage à peine ébauché, est capable de saisir cette simple allusion et de commenter : « c'est pas bien de boire trop de vin ». Cette petite phrase renvoie à une masse prodigieuse de connaissances. Quelques-unes sont d'origine probablement verbale (le jugement moral), les autres de l'ordre de l'expérience. Le langage est à peine formé qu'une phrase aussi laconique renvoie ce jeune enfant à une foule surprenante d'éléments qui vont du sentiment biologique élémentaire à l'éthique. Les exemples pourraient être multipliés à l'infini, ils aboutiraient tous à la conclusion que le langage renvoie nécessairement à la totalité du vécu antérieurement emmagasiné par le cerveau. Il est évidemment exclu que le cerveau ait stocké tout cela sous forme de langage et le récupère instantanément de manière discursive. Il n'est pas nécessaire d'insister à nouveau sur la part essentielle que joue l'affectivité dans nos modalités de penser et sur les difficultés du langage à la traduire en mots.

Somme toute, parler ou écrire, c'est essayer de traduire dans un code convenu un secteur très étroit des pensées qui habitent notre cerveau, délimité en raison d'une intentionnalité et des capacités du code dont chacun connaît l'inaptitude à exprimer fidèlement les sentiments, mais jamais indépendant de la masse des connaissances et affects accumulés depuis notre naissance. Comprendre, c'est faire l'exercice inverse, à savoir saisir dans le discours ou le texte codé qui nous parvient, la pensée que l'interlocuteur a voulu nous transmettre. Mais cette tentative de traduction renvoie nécessairement elle-même à l'ensemble du vécu du récepteur. La compréhension entre les deux interlocuteurs n'est possible que dans la mesure où les expériences humaines se ressemblent au moins quelque peu. Il est évident aussi que la compréhension entre eux est considérablement facilitée par une connaissance réciproque. Le discours que vous allez adopter est nécessairement fonction de ce que vous supposez de la mentalité de ceux auxquels il est destiné. Inversement, plus l'auditeur ou le lecteur possède de connaissances sur la mentalité de son interlocuteur ou de l'auteur, plus il a de chances de comprendre. C'est cette constatation d'une extrême banalité que depuis toujours les professeurs de lettres mettent en pratique. Lorsqu'on aborde un texte, on cherche à retracer la biographie de l'auteur et à la situer dans son époque. Meilleure sera la connaissance, meilleure sera la compréhension, c'est-à-dire la saisie de la pensée de l'auteur. Si on laisse de côté les textes scientifiques et surtout mathématiques, et encore, on ne peut pas espérer la restitution à l'identique la pensée de l'auteur. L'auditeur, le lecteur intégreront ce qu'ils croiront avoir compris dans leur contexte personnel. Si précis que puisse être un texte, il restera sujet à l'interprétation individuelle de l'auditeur ou du lecteur.

En résumé, tout acte de parole, toute réception de discours suppose au préalable une pensée non verbale, non discursive qui mobilise évidemment un énorme matériel affectif et cognitif inconscient, mais débouche sur une partie consciente. Chez le sujet normal, parlant, cette pensée non verbale est masquée par l'afflux de langage qui l'accompagne normalement et interfère avec elle, comme on le verra au chapitre 3. Elle n'en existe pas moins et se manifeste clairement lorsque nous cherchons le mot juste pour l'exprimer, lorsqu'elle oriente la solution d'un problème, lorsque nous acceptons des évidences *intuitivement* indiscutables (*verum index,* disait Spinoza, dont l'*Éthique* est pourtant écrite *de more geometrico !*) ou refusons, là encore intuitivement, une argumentation, etc. Paradoxalement, il s'agit d'une activité consciente, mais méconnue ! La psychopathologie, l'étude des aphasies, des sourds-muets non rééduqués, des fonctions de l'hémisphère droit, démontre l'autonomie de cette pensée consciente, clairement manifestée, puisque non « parasitée » par le langage. Mieux que cela, c'est cette pensée sans langage qui gouverne la pensée complète, c'est-à-dire langagière. Des fonctions langagières normales ne peuvent empêcher la manifestation des anomalies de la pensée non verbale qui apparaît ainsi comme la matrice et la référence du langage.

2

Quelques hypothèses sur les mécanismes de la pensée sans langage

D'avoir établi l'existence de la pensée sans langage nous a permis simultanément d'en dessiner les caractères. En effet, si la pensée sans langage couvre tous les éléments de la pensée consciente, la pensée logique qui préoccupe presque exclusivement les cognitivistes n'est rien de plus qu'une toute petite province de la pensée. Ce n'est pas elle qui gouverne la pensée puisqu'elle est l'un des aspects du langage qui peut venir en appui à la pensée, mais dont le fonctionnement peut être complètement détruit par des lésions ne touchant en rien le module langagier. Tant s'en faut, Dieu merci, que nous passions notre temps à faire de la logique ni même à penser logiquement. Une partie importante de notre temps de pensée est consacrée aux questions matérielles, mais la grande affaire des humains reste leur vie affective, étroitement liée, bien sûr, à leur comportement ordinaire. Je tiens que cette affirmation, assez évidente au niveau de l'observation des comportements que j'appellerais volontiers, pour faire image, le niveau macroscopique, est compatible avec l'affirmation que nos contenus de pensée sont calculables, au niveau neuronal, microscopique, pour poursuivre la comparaison, niveau qui comporte évidemment sa logique propre. Ce chapitre est au moins pour une bonne part une tentative de démonstration du bien-fondé de ce point de vue.

Importance de la vie affective

Que la vie affective tienne une grande place dans notre vie mentale est d'une telle évidence qu'il est à peine besoin de le souligner, mais la hisser au premier rang, au rôle de leader comme il apparaît nécessaire de le faire, est un tel scandale pour bien des philosophes férus de logique[1] qu'il est nécessaire d'insister et de rappeler que c'est non pas seulement une vérité intuitive, mais bien une vérité existentielle, expérimentale et, de fait, expérimentée par chacun, du moins nous pouvons l'espérer. C'est le très grand mérite d'Antonio Damasio de l'avoir démontré. Je n'hésite pas à citer la quatrième de couverture son livre bien connu *L'Erreur de Descartes*[2] :

> « Être rationnel, ce n'est pas se couper de ses émotions. Le cerveau qui pense, qui calcule, qui décide n'est pas autre chose que celui qui rit, qui pleure, qui aime, qui éprouve du plaisir et du déplaisir. Le cœur a ses raisons que la raison… est loin d'ignorer. […] Contre tous ceux qui voudraient réduire le fonctionnement de l'esprit humain à de froids calculs dignes d'un superordinateur, c'est en tout cas ce que révèlent les acquis récents de la neurologie : l'absence d'émotions et de sentiments empêche d'être vraiment rationnel. »

Cette affirmation repose en grande partie sur l'étude des patients atteints de lésions frontales et particulièrement sur l'observation célèbre du patient EVR[3]. C'est celle d'un Américain moyen, bon père de famille, bon paroissien, menant une vie harmonieuse et socialement efficace jusqu'à ce qu'il subisse l'opération d'une tumeur cérébrale qui entraîna de larges lésions bifrontales. Le comportement de cet homme en fut complètement bouleversé. Il se désintéressa de sa famille, divorça, devint professionnellement instable, se lança dans des affaires frauduleuses, etc. Son trouble apparaissait essentiellement comme moral. La célébrité du cas provient du fait que tous les tests étaient absolument normaux et que le jugement moral théorique n'était nullement altéré. Il était parfaitement capable de résoudre selon le sens commun les problèmes moraux qui lui étaient posés. Une analyse clinique fine de ce cas et d'autres plus ou moins semblables, couplée à l'utilisation des tests physiologiques mesurant la réaction émotionnelle du

1. C'est le cas, notamment, des philosophes du Cercle de Vienne et de la philosophie analytique. Mais, à vrai dire, la grande tradition issue de Platon savait bien que c'est l'*éros* qui meut l'âme du vrai philosophe, état perpétuellement ivre, amoureux et artiste, qui permet de revenir du familier à l'étrange et, dans l'étrange, d'affronter le réel, de le voir enfin au lieu de projeter sur lui ce que nous désirons qu'il soit. C'est l'amour du bonheur, de la délectation, de la béatitude qui a toujours guidé la quête des philosophes occidentaux. Spinoza, dans le *Court Traité*, montre que c'est l'Amour qui seul fournit à la Raison l'objet capable de la satisfaire, à savoir Dieu.

   Cf. aussi ALQUIÉ F., *La conscience affective*, Vrin ; GUÉRIN M., *L'affectivité de la pensée*, Actes Sud. N'oublions pas non plus que Descartes disait des passions qu'« elles sont toutes bonnes » et qu'un excès passionnel, c'est-à-dire pour l'époque, émotionnel, ne saurait être corrigé par la raison, mais par une passion contraire.
2. DAMASIO A.R., *L'erreur de Descartes. La raison et les émotions*, Odile Jacob, 1995.
3. ESLINGER P.J., DAMASIO A.R., Severe disturbance of higher cognition after bilateral frontal lobe ablation : Patient E.V.R, *Neurology*, 1985, 35, 1731-1741.

sujet, a permis de montrer que le trouble fondamental consistait non en la disparition de ces réactions, mais en leur absence de durée, de « résonance »[1]. Certains, qui se seront penchés avec attention sur le détail de cette observation, feront peut-être remarquer que les capacités de raisonnement logique de cet homme étaient parfaitement conservées et que, de ce fait, la logique et la philosophie qui s'en inspire n'ont effectivement pas à se préoccuper des sentiments[2]. Cette objection trouve cependant vite ses limites, d'une part, si l'on réalise que la motivation n'appartient pas à la logique elle-même, d'autre part et surtout, si l'on se laisse convaincre par l'affirmation que je poserai et argumenterai au chapitre 8 qu'on ne peut philosopher que selon ses préjugés, une autre manière de dire selon ses sentiments.

Si nous voulions rester délibérément dans le domaine de la philosophie « ancrée dans l'expérience », nous devrions nous en tenir à ces caractéristiques générales de la pensée. Malheureusement, en effet, nos connaissances sur le fonctionnement de la pensée, surtout dans le sens très global que nous lui donnons, sont extrêmement limitées.

Le mentalais ne peut exister

Nous pouvons, en tout cas, éliminer l'hypothèse émise par Fodor de l'existence d'une langue cérébrale universelle, mais entièrement cachée, qui se retrouverait en quelque sorte transcrite dans chacune des innombrables langues dont se servent les hommes. Somme toute, le langage explicite serait là pour traduire un langage implicite, celui de la pensée. Cette façon de voir a été rigoureusement reprise par Pinker dans *L'instinct du langage*[3]. Il est extrêmement intéressant de commenter les thèses de ce dernier, car il est le représentant aussi exact que possible de l'antithèse de ce qui est ici défendu.

Il n'existe naturellement aucun argument direct en faveur de l'existence de ce « mentalais ». Le seul avancé est que le cerveau « doit » fonctionner comme une machine de Turing et combiner des symboles, condition supposée nécessaire à toute pensée (« logique » est sous-entendu, car il ne semble pas en exister d'autre

1. DAMASIO A.R., *L'erreur de Descartes*, p. 264 et suivantes.
2. Thèse du Cercle de Vienne au XXe siècle.
3. PINKER S., *L'instinct du Langage*, Paris, Odile Jacob, 1999.

dans l'esprit de l'auteur), or ce qui combine des symboles selon des règles (syntaxiques), c'est ce qu'on appelle une langue. On ne voit cependant pas où pourrait résider pour le cerveau l'intérêt de doubler ce langage, supposé commun à toute l'humanité, de langages innombrables et de se doter, pour ce faire, d'un module aussi volumineux que celui de la parole, qui occupe une grande partie dc l'hémisphère gauche. On pourrait, certes, considérer qu'après tout le cerveau peut être un organe imparfait, mais l'auteur se prive en quelque sorte de ce type d'explication en invoquant la sacro-sainte loi de Darwin. Il faut donc que l'espèce humaine ait avantage à utiliser cette voie bizarre ! Qui plus est, et c'est Pinker qui le souligne, le langage de la pensée se doit d'être mieux organisé que le langage explicite qui viole trop de règles logiques, se complaît dans l'ambiguïté, etc. Pinker ne se laisse pas impressionner par le fait que les linguistes se cassent les dents depuis très longtemps sur ce sujet. Pas plus qu'eux, il ne se pose la question de savoir si ces « défauts » ne sont pas tout simplement inhérents à tout langage ! Or, il existe bel et bien des raisons de l'admettre, comme on le verra plus bas. La seule façon de montrer la justesse de l'hypothèse « mentalais » serait de nous le dévoiler, au moins en partie. Pinker ne nous indique que les défauts qu'il doit éviter, mais non la manière dont il s'y prend pour le faire. Lui qui nous démontre si brillamment et de façon si convaincante que les singes n'ont pas de langage (point de vue qui, à mon avis, fait partie des données de la science, simplement obscurcies par l'idéologie qui veut « élever » les grands singes dans le genre *homo* pour mettre l'homme au rang de l'animal), est donc amené à leur prêter un langage de la pensée, il est vrai, élémentaire. Paradoxal ! Qu'il faille imaginer un mode de pensée totalement différent du langage et de son symbolisme ne traverse pas un instant la pensée de Pinker, pas plus que de beaucoup d'autres cognitivistes, tous obnubilés par la logique formelle, la logique discursive. Tous sont oublieux de l'évidence que notre pensée a quelque chose à voir avec l'affectif, qui ne se laisse si difficilement dire que parce qu'il n'est pas fragmentable en éléments discrets, oublieux du fait que la manière dont nous fragmentons notre univers en symboles est toujours arbitraire, nécessairement arbitraire[1], oublieux du fait que la logique est d'abord intuitive (*cf. infra*) et n'est discursive que dans un deuxième temps, oublieux, en un mot, du fait que notre esprit *contient infiniment plus qu'il ne dit et ne peut dire*. Que deviennent,

1. Je renvoie à ce sujet à un exemple exposé dans *La Pensée d'Outre-Mots* sur l'impossibilité de définir sans ambiguïté le mot table, repris au chapitre 3 du présent ouvrage.

d'ailleurs, ces activités qui ne peuvent pas se dire utilement, telles la peinture, la musique ? Elles nécessitent pourtant bien un traitement non langagier de l'information, et, plutôt que d'en envisager un spécifique pour chaque activité, il apparaît bien plus économique de rechercher un procédé unique.

Pourtant, Pinker sent bien les difficultés de la théorie du mentalais. Il la sent plus ou moins confusément incapable de résoudre le « scandale de l'induction », terme qu'il emprunte à Quinne. Il aurait pu aussi se souvenir que, comme nous l'avons souligné dans le premier chapitre, on ne sait toujours pas comprendre l'écriture étrusque, faute de pierre de Rosette, mais que si une ethnie parlait étrusque aujourd'hui encore, n'importe qui pourrait l'apprendre, même sans interprète. Il n'est pas imaginable qu'un langage quelconque permette de prendre en compte la trame de la vie. En revanche, si le langage est conçu comme la mise en forme d'une pensée non formalisée en langage, il devient raisonnable d'admettre que, dans l'édifice achevé de la pensée, il apporte sa contribution et que, de ce fait, la langue dans laquelle il s'exprime peut imprégner la pensée, tout autant que la culture dans laquelle vit le locuteur, culture qui, elle non plus, n'est pas vraiment dicible. Sans être le tout de la pensée, c'est pousser trop loin que de prétendre que le langage n'y participe en rien.

Accessoirement, on peut se demander pourquoi Pinker croit devoir consacrer tout un chapitre à la question de l'évolution et des rapports entre le langage et le darwinisme, alors que de toute évidence nous ne pouvons avoir de trace de langage que dans l'écriture qui révèle un langage déjà aussi parfait que le nôtre. Évidemment, il vit en Amérique où la querelle a pris un tour particulièrement venimeux du fait de l'influence des « créationnistes », qui prennent la Bible pour un livre scientifique. Évidemment, sa référence perpétuelle à Chomsky lui fait craindre d'être considéré comme un « crypto créationniste », à l'instar de son maître, car il en est ainsi des deux côtés de l'Atlantique : émettre le moindre doute sur l'application du darwinisme au moindre problème est passible de l'excommunication scientifique, assortie d'une condamnation à porter la pancarte de créationniste ou, pire, de crypto créationniste si l'accusé crie son innocence ! Eh bien, si vous pensez encore que le langage est bien le terrain pour débattre de ce sujet, allez directement à la page 350 du livre de Pinker où je compte : quatre conditionnels, deux « il est possible », un « peut-être », un « j'ai idée que » et un « on ne sait comment ». C'est beaucoup en une page pour un texte à prétention scientifique.

La thèse de Pinker a été quelque peu développée, car très admise dans les milieux cognitivistes et paraissant se situer à l'opposé du programme d'une philosophie basée sur l'expérience, en ce qu'elle s'appuie à l'excès sur des principes théoriques : le cerveau *doit* fonctionner comme une machine de Turing, et là où jadis les difficultés étaient expliquées par l'intervention d'un dieu créateur, ce sont désormais les lois néo-darwiniennes du hasard et de la sélection qui fournissent une explication universelle et dogmatique.

Le cognitivisme

Je l'ai déjà souligné, je crois fermement en la calculabilité des contenus de conscience, sinon de la conscience elle-même, comme nous le verrons plus loin. La raison de cette croyance en la calculabilité repose sur la sensibilité des contenus de conscience à l'état physico-chimique du cerveau.

L'observation pourrait être fort ancienne si l'on avait pris en compte l'effet bien connu de l'alcool sur le fonctionnement cérébral, au lieu de limiter les considérations à leurs conséquences morales. La découverte des psychotropes et des antidépresseurs a activé davantage encore l'attention sur la sensibilité du cerveau à son état chimique. Bien d'autres substances sont capables d'entraîner des détériorations transitoires du fonctionnement cérébral et de provoquer de la confusion mentale. Des lésions cérébrales diffuses du cerveau peuvent causer une détérioration des fonctions mentales, comme dans la maladie d'Alzheimer par exemple. Nous avons déjà entraperçu certaines des conséquences mentales des lésions frontales, les conséquences surprenantes de certaines lésions pariétales droites et l'intérêt de la neuropsychologie qui consiste en l'étude de toutes les altérations du fonctionnement mental après les lésions cérébrales. Les aphasiques forment le gros du bataillon, mais il existe un grand nombre de tableaux cliniques divers en rapport avec des lésions focales du cerveau en dehors de la zone du langage. De ce fait, la dépendance de la pensée par rapport au cerveau paraît aujourd'hui évidente au neurologue, auquel il est impossible de soutenir la fameuse comparaison de Bergson pour qui le cerveau était semblable au clou maintenant un vêtement au mur.

> « Il y a solidarité aussi entre le vêtement et le clou auquel il est accroché, car si l'on arrache le clou, le vêtement tombe. Dira-t-on, pour cela, que la forme du clou dessine la forme du vêtement ou nous permette en aucune façon de la pressentir ? »[1]

1. BERGSON H., *Matière et mémoire*, Introduction.

La réalité est aujourd'hui tout autre, car la déformation du clou entraîne avec elle la déformation du vêtement, autrement dit la déformation du cerveau entraîne la déformation de la pensée. À ces arguments traditionnels se sont ajoutées les données de l'exploration fonctionnelle du cerveau, principalement par tomographie à positron et imagerie par résonance magnétique. Ces méthodes permettent de préciser les zones cérébrales qui s'activent lors de tâches spécifiques : impossible de témoigner plus directement de l'implication matérielle du cerveau dans cette tâche non matérielle.

Bref, les contenus de conscience, en d'autres termes la pensée sauf la conscience, paraissent entièrement modelés par le fonctionnement cérébral. On ne voit pas comment une pensée qui ne dépendrait pas du fonctionnement cérébral pourrait être déformée par les altérations du cerveau. Il me semble donc raisonnable d'affirmer comme fait d'expérience que la pensée est bien le résultat du fonctionnement du cerveau. J'évite l'expression grossière et classique attribuée à Cabanis : « le cerveau sécrète la pensée comme le foie sécrète la bile », car le processus est infiniment plus complexe et aussi parce que le foie ne calcule pas la bile. En revanche, que le cerveau fabrique la pensée me paraît faire partie des bases expérimentales de la philosophie. Si cela est exact, on voit mal par quel procédé, sinon par le calcul, le cerveau qui renferme quelques dizaines de milliards de neurones, qui sont de petits ordinateurs, pourrait fabriquer la pensée. J'attire à nouveau l'attention sur le fait que nous ne parlons ici que des contenus de conscience et non pas de la conscience elle-même dont nous aurons à reparler au chapitre 5. Paradoxalement peut-être, cette exception laisse ouverte la discussion entre spiritualistes et matérialistes. Il est bon de préciser que je prends le mot « paradoxal » dans son sens plein : ce qui a l'air faux, mais est vrai en définitive[1]. Cette discussion sera menée en conclusion de ce travail, mais c'est une occasion de souligner la limite de l'expérience positive en philosophie : à partir des mêmes données, on peut aboutir à des conclusions diverses, mais ces données positives permettront de mieux cerner le pourquoi de ces divergences.

Si le calcul des contenus de conscience est une réalité, et si on se demande comment cela se peut, il est bien tentant de rapprocher le fonctionnement cérébral de celui des ordinateurs et donc

1. « Paradoxe hydrostatique, nom du principe de physique, en vertu duquel la pression exercée par un liquide sur le fond du vase qui le renferme est indépendante de la forme du vase ; ainsi dénommé à cause de ce qu'il paraît paradoxal, au premier abord, de dire qu'avec un poids constant de liquide on peut exercer des pressions différentes sur une surface donnée. », extrait du Littré (supplément).

d'accepter l'idée que le cerveau est bien une machine de Turing. Le cognitivisme se fixe comme objectif de fournir une image du mode de calcul exercé par le cerveau et de rendre compte ainsi du fonctionnement des instances psychologiques supérieures, principalement en matière intellectuelle, dites justement cognitives. Dans sa forme classique, il cherche à décrire les étapes que doit parcourir un programme informatique pour aboutir à un résultat donné, la lecture par exemple. Pour cela, il lui a fallu essayer de décrire, essentiellement à partir de cas pathologiques, les étapes qu'est censé parcourir le cerveau : analyse littérale, conversion graphème-phonème, etc. Le cognitivisme nous a ainsi fourni des schémas dans lesquels des « boîtes » symbolisant ces opérations sont reliées par des flèches. Ce qui se passe dans les boîtes, le calcul à proprement parler, nous reste inconnu, si bien que le principal apport du cognitivisme a été la contrainte exercée sur les chercheurs pour qu'ils affinent leur description des troubles ou des mécanismes, en sorte de mieux préciser les étapes que devrait parcourir un programme au cas où il existerait effectivement programme sur le modèle de nos ordinateurs classiques. La précision des descriptions y a beaucoup gagné, mais les données sur le mode de calcul n'ont guère avancé, car personne n'est parvenu à simuler avec un ordinateur, utilisé de manière classique, quelque chose qui ressemble aux opérations décrites. Bien que le cognitivisme se soit pendant longtemps satisfait de ce modèle, on ne peut pas dire qu'il a donné une explication bien convaincante des perturbations neuropsychologiques observées.

Mais il est important de souligner que la comparaison avec le mode de programmation des ordinateurs que nous utilisons quotidiennement est tout à fait inopportune. Certes, dans certains domaines particuliers, comme les échecs, ces types de logiciels égalent, voire surpassent les capacités humaines, pour autant ils restent incapables de rendre compte de toutes les fonctions dont nous avons déjà parlé. La principale critique que peut émettre le neuropsychologue à propos de cette comparaison, réside dans le fait que l'ordinateur de modèle classique, celui que j'ai sur mon bureau, s'arrête de fonctionner s'il présente des détériorations matérielles, des « lésions ». En aucun cas il n'ira chercher, comme le fait le cerveau humain lésé, des réponses approximatives ou plutôt approchées, et en aucun cas on ne pourra lui fournir des indices pour améliorer ses performances.

L'apparition des « réseaux neuronaux » a complètement révolutionné cette question. La comparaison entre le cerveau et l'ordinateur tient, selon le milieu où on l'évoque, de la banalité ou de la provocation. Nous voudrions montrer qu'entre le réductionnisme étriqué du cognitivisme classique et la désincarnation de la pensée, l'utilisation de l'ordinateur sur le mode du connexionnisme des réseaux neuronaux offre un modèle qui mérite à tout le moins d'être pris en considération. Il faut garder à l'esprit que nous ne demandons pas à un modèle d'être l'expression de la réalité, mais seulement une image utile, en attendant mieux. Nous n'avons pas ici l'intention de développer tous les aspects d'un si vaste sujet, ce qui nécessiterait les connaissances d'un spécialiste. Nous nous contenterons de montrer comment le principe et les performances de l'ordinateur suggèrent qu'il puisse constituer, malgré ses limitations, un modèle modeste, mais fascinant, du fonctionnement cérébral. Après avoir montré ces analogies qui font l'intérêt du connexionnisme, nous essaierons d'aller un peu plus loin et de développer une approche plus originale montrant qu'il peut nous fournir une idée de ce que peut être la pensée sans langage.

Actuellement, les cognitivistes cherchent à affiner leur outil et à cerner de plus près les algorithmes internes aux boîtes noires en utilisant notamment le connexionnisme, mais seulement en tant qu'utilitaire de leur outil conceptuel général, pour la raison que le connexionnisme ignore le déroulement syntaxique. Nous imaginons un rôle bien plus important pour les réseaux neuronaux qui d'ailleurs ne constituent peut-être qu'une partie des modalités de traitement de l'information par le cerveau.

Le connexionnisme

L'idée géniale des pères du connexionnisme a été, plutôt que de bâtir des supputations ne pouvant aller au-delà de la description, toujours théorique et invérifiable, de modules successifs de calcul, de simuler le mode de fonctionnement cérébral tel qu'on peut raisonnablement l'imaginer : des unités de calcul élémentaires, les neurones, reliées entre elles par des interconnexions dites synapses[1]. Très tôt dans l'histoire du connexionnisme, bien avant que Eccles ne décrive des synapses inhibitrices, Hebb avait conçu que des *modulations* dans le fonctionnement des synapses, animées par une

1. On ne peut, à cette occasion, que souligner que, du point de vue de leur anatomie, l'ordinateur classique et le cerveau divergent radicalement. L'un est caractérisé par l'enchaînement linéaire des puces, et l'autre par le foisonnement en apparence totalement désordonné des unités avec une infinité de connexions. S'il existe vraisemblablement des modules correspondant à des calculs spécialisés dans une fonction, ce sont des modules fonctionnels, et non des modules anatomiquement distincts, comme la carte son d'un ordinateur.

règle de calcul unique pouvaient rendre compte des phénomènes de mémoire. C'est dans cette imitation du comportement des réseaux de neurones que réside le principe du connexionnisme.

Principe du connexionnisme

À l'aide d'ordinateurs classiques, on crée des unités de calcul qu'on réunit entre elles selon un réseau d'interconnexion d'anatomie et de complexité variable.

Imposons à chaque unité une règle de calcul unique. On peut même se contenter pour la démonstration élémentaire de la règle de Hebb, règle de calcul très simple : elle indique que lorsqu'une unité A reçoit d'une unité B un message excitateur répétitif, il va être amplifié du fait de sa multiplication par un certain coefficient. Il sera diminué au contraire, selon la même règle, s'il est inhibiteur. Il en résulte que le niveau de stimulation de l'unité variera avec la répétition des stimulations. On règle les pseudo-neurones en sorte qu'ils déchargent au-dessus d'un certain seuil de façon plus ou moins intense entre un minimum et un maximum. Envoyons maintenant un « message » à ce réseau, sous forme d'excitations positives ou négatives, plus ou moins fortes, appliquées sur les neurones de la première couche et répétons ce message à l'identique. Il en résultera un « message » de sortie qui évoluera au fur et à mesure des répétitions et finira par se stabiliser. Que s'est-il passé ? Peu à peu, la « pondération » synaptique introduite par la règle de Hebb s'est modifiée pour chaque neurone, faisant varier sa décharge et l'état d'excitation des neurones sur lesquels il influe lui-même, lesquels neurones agissent à leur tour de la même manière. La description de la « matrice » de ces pondérations synaptiques fait appel à des mathématiques complexes, dans un espace à *n* dimensions. On se rend compte alors que si le message de sortie se stabilise, c'est que la répartition matricielle en fait autant. Cette répartition ne se fait pas au hasard. L'état vers lequel tendent les pondérations synaptiques constitue ce qu'on appelle en mathématiques un « *attracteur* ». On aura compris que le modèle de réseau décrit ci-dessus et le mode de calcul sont très élémentaires et que l'architecture du réseau comme les règles de calcul sont évidemment essentielles pour le type de performance de l'ensemble.

Les propriétés des réseaux

Une propriété fondamentale, surprenante et passionnante de tels réseaux, munis d'instructions de départ aussi sommaires que la règle de Hebb, est de pouvoir stocker en mémoire et restituer des données sans qu'on leur ait fourni d'adresses.

La mémoire

Dans la mémoire d'un ordinateur classique, la machine range des unités symboliques déjà constituées dans un « magasin de stockage » sous tel numéro (qui indique sa « case »), où la machine saura les retrouver *telles quelles,* selon les nécessités du programme.

Les réseaux ne fonctionnent pas ainsi : étant donné des indices suffisants, correspondant à une partie de l'information désirée, ils sont capables de la restituer entièrement.

Comment font-ils ? Il faut et il suffit que l'indice se situe (mathématiquement) dans le « bassin d'attraction » de l'attracteur défini plus haut. Le réseau reprend alors la configuration de relations qu'il a apprise auparavant. En d'autres termes, l'apprentissage permet aux réseaux de prendre un certain équilibre d'excitation en quoi consiste sa « représentation interne » du « concept » à mémoriser.

Lorsqu'un indice suffisant leur est donné sous forme d'une partie du contenu précédemment enregistré, les réseaux sont capables de reprendre le même profil de répartition des relations interneuronales. Comment les souvenirs sont-ils stockés dans le réseau ? Simplement dans le mode de répartition des liaisons « synaptiques ». Ce sont évidemment les mêmes « synapses » qui servent pour tous les messages, mais selon des états qui sont propres à chacun. Les messages n'ont pas de localisation précise dans le réseau : au contraire, ils sont diffus dans tout le réseau et n'existent réellement que si un indice fourni au réseau l'incite à les reproduire. Cette propriété est commune à tous les réseaux, même les plus simples.

Un indice suffisant pour générer l'équilibre fluctuant que nous avons appelé plus haut « attracteur » est celui dont la configuration se situe à l'intérieur du « bassin d'attraction ». Si le réseau est raisonnablement complexe, on va pouvoir y installer plusieurs attracteurs différents, dépendant de bassins d'attraction distincts. S'ils ne se recouvrent pas trop, on pourra les faire évoquer par le réseau indépendamment les uns des autres. Si on adresse à un réseau des messages un peu trop similaires, si les bassins ne sont pas suffisamment séparés, il existe un risque de confusion. Cela peut s'interpréter comme une faiblesse, mais en termes positifs le réseau est capable de détecter des ressemblances, propriété des plus précieuses.

L'émergence sémantique[1]

Nous sommes arrivés au cœur de ce que je pense être la révolution du connexionnisme : le support des unités sémantiques ou des symboles n'est plus formé par la succession linéaire des signaux et des opérateurs syntaxiques en quoi consiste le langage des ordinateurs, mais par un élément beaucoup plus abstrait, la répartition dans un modèle à *n* dimensions des pondérations synaptiques ! En d'autres termes, les données de valeur symbolique ne sont pas directement liées à la chaîne des bits qui caractérisent le langage de l'ordinateur, comme c'est le cas lorsqu'on utilise cet outil de manière classique. Ici, aucune des caractéristiques physiques brutes élémentaires qui caractérisent l'état d'excitation du réseau à un moment donné ne revêt de signification en elle-même ; elles restent subsymboliques. La signification « émerge » de l'intrication de messages qui ne portent en eux-mêmes aucun sens particulier. Le mode de calcul des réseaux n'est plus celui des ordinateurs, bien qu'il l'utilise. Les messages émergents ne sont plus basés sur un vocabulaire préétabli, mis en œuvre par des opérateurs syntaxiques définis à l'avance. Ils ne se développent plus selon l'axe du temps, dans le cadre d'un programme syntaxique rigide, mais selon des répartitions de pondérations synaptiques entièrement apprises par la répétition et descriptibles dans un espace à *n* dimensions. Cette répartition synaptique ne présente plus aucune des caractéristiques d'un langage.

Ressemblances fonctionnelles

Or, les possibilités des réseaux sont fascinantes et, à bien des égards, plus proches de celles du cerveau que celles d'un ordinateur utilisé sur le mode classique.

L'approximation

À propos de la mémoire, on a évoqué à plusieurs reprises la notion d'indice. Elle est extrêmement importante. En effet, on l'a vu, dans un ordinateur classique, pour retrouver une information, vous devez en donner l'adresse qui n'a d'ailleurs aucun rapport avec le contenu qui vous sera servi sous la forme où vous l'aurez déposé. Chacun sait par expérience que l'ordinateur ne pardonne pas la moindre faute dans l'orthographe d'un nom propre. Il est certes possible de prévoir dans le logiciel des orthographes approchées,

1. Au point ou nous en sommes, nous ne chercherons pas à examiner le rôle de la conscience comme intentionnalité ou, pour parler de façon plus commune, comme porteuse de sens. Voir chapitres 5 et 6.

mais on n'a jamais tout prévu et ce qui n'a pas été prévu ne peut ressortir. Dans les systèmes en réseau, la situation est extrêmement différente : on ne fonctionne plus selon la loi du tout ou rien. L'indice fourni pourra être une partie du message ou encore sa totalité, mais avec des erreurs. Selon la qualité des indices fournis, la restitution du message sera plus ou moins parfaite ou approximative. Ce sont là, bien évidemment, des faits proches de notre expérience quotidienne : celle de souvenirs partiels, voire vagues, qui pourront se préciser au fur et à mesure que nous seront fournis davantage d'éléments de rappel, les indices mentionnés un peu plus haut. Un autre élément de similitude très frappant est le processus d'apprentissage par la répétition, si conforme encore une fois à ce que nous savons de notre mémoire depuis toujours.

La détérioration progressive

Le neurologue s'intéresse en outre à un détail qui pèse lourd dans son appréciation sur le modèle : si le réseau se trouve partiellement mis hors d'état, il ne cesse pas pour autant de fonctionner. Ses performances vont simplement baisser progressivement au fur et à mesure de dommages plus étendus. Cela correspond tout à fait à son expérience en pathologie, par exemple dans les troubles de la mémoire dus à une maladie progressive, comme la maladie d'Alzheimer. Les lésions s'additionnent peu à peu et les performances de la mémoire diminuent du même pas.

La généralisation du concept

On peut aussi inculquer à l'appareil des informations sémantiques. Considérons une expérience de Rumelhardt : il construit un système de réseaux auquel il va apprendre à associer entre eux des messages. Pour rendre l'expérience compréhensible, il donne aux messages des noms de code faciles à retenir : rose, marguerite, pin, chêne, etc., et rouge-gorge, canari, etc. On associe à la première série une autre série de messages, codée sous le nom de propriétés, telles que : avoir des racines, des feuilles, des fleurs, etc., et à la deuxième série, avoir des ailes, des plumes, être capable de voler, etc. Lorsqu'on examine ensuite la configuration interne du réseau (la matrice des pondérations synaptiques pour être précis), on se rend compte que le réseau a assigné des conformations similaires à des concepts semblables : pin et chêne, rose et marguerite, canari et rouge-gorge. Si maintenant on introduit un nouveau terme, comme celui de moineau, et qu'on entraîne le réseau à répondre qu'il s'agit d'un oiseau, d'un animal, d'un être vivant, etc., on voit le réseau former progressivement pour moineau un patron de répartition des pondérations synaptiques très proche de celui de canari ou rossignol avec, en conséquence, des réponses correctes à des questions sur le fait qu'il a des ailes et des plumes, qu'il est capable de grandir et de voler, sans qu'on le lui ait appris explicitement. Rumelhardt en tire la conclusion que le réseau est dans une certaine mesure parvenu à « généraliser » un concept. On ne se prendra pas au mot, c'est évidemment l'expérimentateur qui observe cette généralisation dont la base matérielle est dans le réseau. N'est-on pas alors au cœur de la question du nominalisme ? Il suffit de très peu d'expérience à un enfant pour savoir ce qu'est un *dada*. Au début, il le confondra avec une vache ou un âne, mais il saura très rapidement ce qu'est un cheval et appellera ainsi sans hésiter un pur-sang ou un percheron ou même un cheval de bois, sans se méprendre pour autant sur la nature de ce dernier. L'unité du genre cheval provient de la ressemblance et, sans doute, de la réalisation dans le cerveau de conformations semblables de quelque chose qui ressemble aux matrices de pondération des synapses d'une « assemblée cellulaire », pour reprendre le mot de Hebb. Là encore, il est clair qu'on n'a pas besoin de langage pour établir cette ressemblance, mais on entre dans le domaine « conceptuel », celui donc de *concepts sans langage*.

Il est évident que Rumelhardt s'est donné la facilité d'attribuer une valeur sémantique aux messages et qu'on ne sait pas comment le cerveau y parvient. Mais le cœur de l'expérience reste que le réseau construit par Rumelhardt est capable d'adopter des conformations fonctionnelles semblables pour des items qui regroupent des propriétés analogues.

On peut traduire autrement l'expérience de Rumelhardt : le réseau a appris que tout ce qui est oiseau possède des plumes et des ailes. Cette opération n'est nullement discursive, mais résulte des ressemblances dans l'organisation fonctionnelle des réseaux. C'est, dans mon hypothèse, transposé dans le cerveau, ce « protosyllogisme » non langagier qui va permettre au module langagier d'exécuter le syllogisme proprement dit : tout ce qui est oiseau a des ailes, or le moineau est un oiseau, donc il a des ailes. Le fait est que le mécanisme mental est bloqué si le « raisonnement » préverbal ne fonctionne pas, mais qu'il peut fonctionner et donner un résultat *conscient* si le module verbal est détérioré.

Le langage apparaît alors essentiellement comme une formalisation[1] de ce qui est déjà apparu à la conscience et demande seulement à être traduit en un code socialisé pour pouvoir être

1. On verra au chapitre 3 ce que j'entends par là.

communiqué. Survient alors une nouvelle difficulté : comment le module langagier, qui est certainement un réseau comme tout l'ensemble du cerveau, parvient-il à transformer ce qui était informel en langage, ce qui comporte un minimum de formalisation ? Je n'ai pas de réponse à cette interrogation, mais je ne doute pas que, la question étant bien posée, la science ne découvre un jour un moyen d'y répondre.

LIMITES DES RESSEMBLANCES

Les ressemblances anatomiques (les réseaux), physiologiques (des unités de calcul reliées entre elles par des synapses positives et négatives) et de performances suggèrent une forte analogie entre cerveau et réseaux artificiels. Nous reconnaîtrons sans réticence que ces ressemblances sont limitées. De fait, la similitude avec le cerveau n'est que lointaine à bien des égards, tant en ce qui concerne l'anatomie (nombre des « neurones » et organisation du réseau) que la « physiologie » : mode et vitesse de calcul, mode de décharge, et surtout mode d'apprentissage à l'aide d'algorithmes et *d'intervenants extérieurs* qui n'ont aucun rapport avec le fonctionnement cérébral. En outre, la complexité du *hardware* mis en œuvre dans le connexionnisme pour des résultats très modestes rend très improbable que l'on parvienne en l'utilisant à obtenir des performances analogues à celles du cerveau. Les machines les plus complexes actuelles réunissent 1 200 à 1 300 pseudo-neurones, recevant moins de dix synapses. Les neurones cérébraux se comptent par milliards, recevant chacun de 1 000 à 100 000 synapses. Cette constatation peut rendre très pessimiste sur l'avenir du connexionnisme. Il est probable que ses réalisations pratiques resteront modestes en neuropsychologie, sinon en intelligence artificielle. En revanche, il est difficilement niable que, dans le cerveau comme dans les réseaux, le sens émerge de messages neuronaux qui en sont eux-mêmes dépourvus. Le connexionnisme nous indique, malgré ses approximations et ses faiblesses, comment cela est possible. Il nous fournit des *suggestions* extrêmement précieuses sur le fonctionnement cérébral.

Il est intéressant de noter que le mode de fonctionnement en réseaux neuronaux n'est pas nécessairement le seul moyen à la disposition du cerveau pour traiter l'information. En effet, on a montré qu'il était possible à partir de molécules complexes, et notamment du D.N.A., de construire de vrais ordinateurs biologiques. S'il se trouvait que le cerveau utilisât un tel procédé, ses capacités de traitement de l'information seraient évidemment décuplées. On travaille également sur des modes de calcul encore plus vastes, incluant les réseaux neuronaux, mais les doublant, si l'on peut dire, d'une transmission en volume (*volume transmission*), transmission intercellulaire diffuse utilisant les espaces intercellulaires et pouvant impliquer toutes les cellules du système nerveux, non seulement les neurones, mais la glie, c'est-à-dire des cellules qui sont tenues actuellement pour des cellules de soutien logistique des neurones, chargées de leur fournir les métabolites nécessaires et les gaines de myéline entourant les prolongements neuronaux dits « axones »[1]. Les perspectives sont donc fabuleuses et les réseaux neuronaux qui nous servent de modèles risquent d'être bien vite démodés !

Sur un plan tout à fait théorique, Alexandre Temkin[2] a développé un modèle mathématique de traitement de l'information à partir d'ensembles ordonnés, à l'intérieur duquel se situent aussi bien les ordinateurs biologiques, s'ils existent, que les réseaux neuronaux. L'un des points intéressants de ce modèle théorique est de bien montrer que le traitement de l'information ne s'opère pas nécessairement sur le mode logique, un autre est d'attirer l'attention sur le fait que les informations traitées par de tels réseaux ne nécessitent aucun langage, mais peuvent être traduites en langage, au prix, il est vrai, d'une perte de d'information. Cette particularité nous convient parfaitement, car il est évident que lorsque nous parlons, nous ne pouvons livrer qu'une petite part de nos pensées, surtout si nous y incluons, comme il se doit, nos affects.

Encore une fois, nous nous trouvons dans le domaine des hypothèses plus que dans celui des faits expérimentaux sur lesquels nous cherchons à baser notre travail. Le seul intérêt de cette digression dans ce domaine, mais il me paraît important, est de nous laisser entrevoir un mode possible d'incarnation de la pensée à l'intérieur du cerveau. Les contenus de conscience, quelle que soit leur diversité, qu'il s'agisse de nos affects, de notre humeur, de notre inconscient, de nos pensées les plus futiles ou les plus profondes, paraissent susceptibles d'être calculés. Quel que soit le mode de calcul du cerveau, il me paraît de toute façon raisonnablement établi qu'il ne repose pas sur un langage, sur un quelconque « mentalais ».

---

1. AGNATI L.F., BJELKE B., FUXE K., Volume Transmission in the Brain, *Am. Scientist*, 80, 362-373 (1992) ; AGNATI L.F., FUXE K., Volume Transmission as a Key Feature of Information Handling in the Central Nervous System. Possible New Interpretative Value of the Turing's B-Type Machine, *Progr. Brain Res.*, 125, 3-19 2000.

2. TEMKIN A., *Some ideas on information processing, thinking and gene*tics, Tel-Aviv University Press, Tel-Aviv, 1999.

Quelques traits de la pensée sans langage

Je voudrais compléter cette digression pour signaler deux traits de la pensée sans langage qui, sans être ni absolument démontrés ni universellement admis, me paraissent reposer sur de solides arguments justifiant qu'ils soient ici exposés.

Des concepts sans mots

Le premier de ces traits consiste en l'existence de concepts sans mot. Peut-être vaut-il mieux, pour éclairer le sujet, commencer par un exemple. Je reprendrai ici l'observation déjà rapportée dans *La Pensée d'Outre-Mots*, car, si le phénomène est certainement banal, les observations le mettant clairement en évidence sont peu nombreuses.

Pour le médecin, la migraine n'est pas seulement un mal de tête, mais un trouble qui peut, au moins dans certains cas, s'accompagner de désordres neurologiques très impressionnants pour le patient et son entourage. Heureusement, ces troubles spectaculaires régressent vite et ne laissent pas de séquelles. Parmi ceux que peut entraîner la migraine figure l'aphasie, et on a ainsi l'occasion de voir des sujets ayant souffert de ce trouble du langage pendant un quart d'heure ou une demi-heure et qui s'en trouvent totalement guéris très peu de temps après. De tels aphasiques n'écrivent pas leurs mémoires, cela se comprend, et, le plus souvent, les médecins n'accordent pas un grand intérêt à cet épisode. Le hasard fait qu'une de mes migraineuses, particulièrement intelligente, fine, coopérante et maîtresse d'elle-même, a fait un épisode aphasique unique, et que j'ai pu l'interroger à loisir au sortir de sa crise. À ma grande surprise initiale, elle a développé devant moi un exemple de raisonnement abstrait et poussé relativement loin, sans l'aide des mots. Elle m'a mis ainsi en face d'une entité bizarre, à la fois impensable en première impression et cependant irrécusable : un concept sans mot.

Cette femme de 58 ans souffrait depuis son enfance de migraines communes, c'est-à-dire limitées au mal de tête et à quelques troubles associés, telles les nausées. Ce jour-là, alors qu'elle faisait des courses dans une grande surface, elle se rendit compte qu'elle ne parvenait plus à lire sa liste des courses ; plus exactement, elle « entendait » bien dans sa tête, précise-t-elle, les mots comme sel, huile ou sucre, mais ils n'avaient plus aucune signification pour elle. Comme elle avait, en tant que migraineuse touchant au milieu neurologique, quelques connaissances à ce sujet, elle pensa qu'il devait s'agir d'un début de migraine et qu'il lui fallait par conséquent prendre de l'aspirine. Elle n'avait pas porté intérieurement le diagnostic d'aphasie qui dépassait ses compétences, mais sans aucun doute celui de migraine, alors qu'elle n'avait jamais éprouvé de trouble analogue et qu'elle ne ressentait encore aucun mal de tête, sa seule expérience personnelle des migraines. Après quelques minutes d'attente, elle se mit en quête de la cafétéria et s'adressa pour cela à la réception. Elle essaya alors en vain de formuler sa demande, ne réussissant à articuler que : « est-ce que ? est-ce que ? », sans pouvoir aller plus loin. L'hôtesse se montra attentive et compatissante. La patiente pense avoir compris qu'elle disait : « prenez votre temps, Madame, prenez votre temps », mais c'est aussi le minimum d'humanité qu'on attend dans la circonstance. Après plusieurs minutes, la patiente put enfin lui dire : « à boire », ou tout au moins le faire comprendre tout en supposant que la femme estimerait peut-être qu'elle avait assez bu comme cela. L'hôtesse lui indiqua son chemin, mais on ne peut dire si c'est le geste ou le discours qui fut le mieux saisi. Quoi qu'il en fût, en arrivant à la cafétéria, la patiente put enfin demander un jus d'orange et le trouble disparut après avoir duré environ un quart d'heure. Quelques minutes plus tard lui succéda un sentiment d'éblouissement et de rétrécissement du champ visuel, obligeant la patiente à lire les prix en plusieurs fois. Après une durée totale d'une demi-heure environ, les troubles neurologiques ayant disparu, une céphalée sourde s'installa. Lorsque la patiente fut examinée une demi-heure plus tard encore, seule persistait cette dernière et l'examen était tout à fait normal. Il s'agissait donc bien d'une migraine authentique.

Les troubles de la patiente ne se sont pas limités à la lecture. L'intéressée précise bien qu'elle percevait dans sa tête les mots qu'elle lisait, mais qu'ils n'avaient pour elle plus aucun sens. Les mécanismes de la lecture étaient conservés, mais les mots n'avaient plus de signification. Elle ne pouvait donc pas se servir d'un langage intérieur (comme on l'a précisé plus haut à propos des aphasiques en général). Je lui ai naturellement demandé son avis sur ce point, mais elle n'en avait pas. Cela peut paraître curieux, mais c'est le cas général des aphasiques, on l'a vu, qui ne se rendent compte de leur trouble que lorsqu'ils ont l'occasion de faire un exercice de langage extériorisé. Comme les autres aphasiques, notre patiente ne s'est vraiment rendu compte de son trouble de langage que quand elle a dû spécifiquement s'en servir : quand elle a essayé de lire et quand elle a voulu parler à l'hôtesse. Il est pour le moins invraisemblable que, ne disposant pas de mots aussi courants que sel ou huile, n'ayant pas pu trouver le vocabulaire nécessaire pour demander où se trouvait cafétéria, bar ou buffet, elle ait pu utiliser pour son raisonnement des mots tels que migraine ou aspirine ! La compréhension (supposée) de phrases simples et faciles à deviner étant donné la situation, telles que « prenez votre temps, madame », ne paraît pas suffisante pour faire planer le doute.

En revanche, la patiente est très précise sur bien des points essentiels et l'intérêt provient de l'exercice auquel elle s'est livrée : porter un diagnostic et indiquer un traitement. Il est non seulement abstrait et de niveau relativement élevé (de l'avis des médecins et de tous ceux qui se sont essayés à les remplacer par des machines), mais encore à première vue impossible à formuler et, semblerait-il, à traiter de façon non verbale en l'absence de toute donnée vécue. On objectera que le langage a bien joué un rôle dans la constitution du concept de migraine, mais nous nous sommes déjà expliqué là-dessus. Ce qui est remarquable ici, c'est la persistance du concept en l'absence du mot. Cette interprétation du concept fait écho aux remarques du Dr Saloz, déjà cité au premier chapitre, qui constatait que le mot étant absent, la « place » du concept demeurait, et que celui-ci restait comme « décortiqué ». Voici les deux citations exactes :

> 1) « Non seulement je ne pouvais rien dire mais je n'avais rien à dire en tant qu'expression de paroles. J'avais déjà toutes mes pensées, toutes mes conceptions ; c'était mes symboles que je n'avais plus à ce moment. Mais le sens ou l'intuition du mot ou de la lettre me restait comme le souvenir d'un écho lointain qui me rappelait quelque chose. J'avais donc perdu la mémoire du mot mais il me restait le souvenir de la place qu'il occupait. »
> 2) « L'oubli du mot apparaît comme une sorte de décortication de l'idée par le fait qu'elle a perdu son enveloppe concrète, le mot, ou, autrement dit qu'ils ont perdu tous les deux leur adhérence mutuelle et réciproque. »

Il est ici important de se souvenir que la patiente n'avait pas encore mal à la tête, n'avait jamais souffert de troubles analogues et que son aphasie ne pouvait en aucune manière la renvoyer à une expérience concrète de migraine. Ce qu'elle éprouvait la renvoyait en un sens à ce qu'elle avait *entendu dire* de la migraine, mais plus précisément à la référence non verbale d'un discours ou de lectures qu'elle avait eues sur ce sujet. En matière d'abstraction, cet exemple me paraît l'un des plus purs qu'on puisse trouver dans la littérature. Quelle pouvait bien être, chez cette femme, la représentation intérieure de la migraine alors qu'elle n'en avait aucune possibilité de représentation symbolique, au sens linguistique du terme, ni d'image sensorielle analogique, puisque les sensations mises en cause étaient entièrement nouvelles pour elle ? On imagine bien qu'elle ait pu avoir à l'esprit le concept d'aspirine auquel il est facile de prêter les apparences concrètes d'un comprimé blanc qui se trouve dans son sac. Mais comment ce trouble du langage, vécu comme un trouble mal défini des fonctions mentales, pouvait-il évoquer une migraine et surtout quelle représentation mentale pouvait bien prendre celle-ci ? Ce ne pouvait être qu'une abstraction, mais dans un sens nouveau de concept sans mot et sans représentation, sans image mentale.

Il ne fait pas de doute que cette personne a été capable de mener un raisonnement en s'appuyant sur des concepts sans mot, même s'il est bien évident que les concepts de migraine et d'aspirine ont été acquis verbalement. Cette personne n'avait pas pu non plus utiliser d'images visuelles, démentant un préjugé tenace qui veut qu'au moins l'une des deux représentations soit nécessaire pour penser.

C'est là que prend tout son intérêt le modèle des réseaux neuronaux, et plus particulièrement de celui conçu par Rumelhardt que nous avons cité plus haut. Du point de vue développé ici, ce donne toute son importance à ce type de traitement de l'information, c'est que :

1) en abolissant la rigidité du langage formel, il a permis à des machines encore rudimentaires d'atteindre des performances les faisant, par certains côtés, ressembler au cerveau humain ;
2) il a donné une certaine « image » de ce que peut être une pensée non verbale ;
3) il nous a permis de « voir fonctionner » des modules utilisant séparément des concepts et des mots, tout en montrant à quel point les éléments des réseaux sont interdépendants.

Certains pourraient penser que réduire les concepts à des répartitions de liaisons ou forces synaptiques sur des réseaux diffus ou, en d'autres termes à des attracteurs mathématiques vers lesquels tendent ces répartitions de forces, est une démarche matérialiste, et beaucoup de matérialistes le conçoivent ainsi. Cette interprétation est discutable. Nous sommes tellement habitués à voir de la matière organisée que nous avons tendance à prendre l'organisation, l'information (ou encore la forme en terminologie aristotélicienne) pour de la matière. Il est particulièrement clair à propos des machines qui travaillent sur ce modèle que c'est en réalité de la pensée qui a été inscrite en elles. Nul doute que celui qui arriverait à leur faire rendre des services commercialisables revendiquerait des droits intellectuels et qu'il les obtiendrait ! Rien n'empêche, bien entendu, d'opérer le même raisonnement à propos du cerveau lui-même. Mais c'est là entrer dans le domaine philosophique que nous réservons pour plus tard.

QU'EST-CE QU'UN CONCEPT ?

J'espère avoir donné à ceux qui en douteraient la possibilité de saisir qu'un concept peut exister sans mot, sous la forme matérielle, si on ose dire, de connexions synaptiques de force variable, susceptibles de se renforcer sous l'influence de la répétition et aussi de s'estomper du fait du non-usage, en un mot, que la pensée non formulée ne relève pas de la mythologie. Si c'est le cas, ils devraient pouvoir admettre une nouvelle conception des rapports entre le mot et le concept, entre le signifiant et le signifié (qui n'est pas seulement la définition du mot ou sa signification).

Examinons ce qu'est devenue l'idée même de concept. Dans le développement précédent, on aura pu être choqué par l'utilisation de l'expression « concept sans mots ». Je pense que les aphasiques nous obligent à imaginer cet « être », surprenant au premier abord. Reprenons le concept de migraine dans l'observation précédente. Il est bien probable que si l'on avait demandé à celle qui l'a vécue, avant son aphasie transitoire, de définir le mot « migraine », elle ne serait pas allée très loin, pas beaucoup plus que « mal de tête » ou peut-être, compte tenu de son appartenance au milieu médical, « variété de mal de tête ». Probablement savait-elle que « migraine » veut dire étymologiquement « moitié de la tête » ; en ce cas, elle aura remarqué que ce caractère ne correspondait pas à ses migraines personnelles. Peu de chose à voir avec ce qu'en dirait un médecin et *a fortiori* un neurologue. Tel était probablement chez elle le champ sémantique du mot migraine. Elle n'aurait pas mentionné l'aphasie dont elle nous a précisé que la notion dépassait ses compétences. Il aurait probablement fallu lui demander précisément si la migraine pouvait s'accompagner de troubles « nerveux » pour l'entendre dire qu'effectivement elle en avait entendu parler. En revanche, lorsque l'état aphasique s'est présenté à elle de manière vécue, l'association au concept de migraine s'est établie. Le champ sémantique du concept migraine, le « bassin » de cet attracteur, s'étendait donc chez elle très au-delà de celui du mot. Il me paraît donc légitime d'en conclure que les champs sémantiques du mot et du concept ne coïncident pas.

L'ANALOGIE

L'autre caractéristique de la pensée non verbale sur laquelle je voudrais attirer l'attention est qu'elle fonctionne par analogie bien plus que par logique.

L'ordinateur classique est un modèle de raisonnement logique, mais on a déjà rappelé que ses pannes entraînent des arrêts de fonctionnement, jamais des réponses fausses ou approximatives, ce qui est le cas du cerveau. C'est pour cette raison que je n'ai personnellement jamais accepté le modèle de l'ordinateur, ce qui m'a longtemps valu une réputation d'obscurantiste auprès de mes collègues férus de cognitivisme. La situation m'a paru s'éclairer nettement du moment où j'ai eu connaissance des réseaux artificiels de neurones. En effet, soulignons-le à nouveau, les résultats obtenus avec ce genre de machine sont toujours approximatifs, les « attracteurs » correspondant à des valeurs autour desquelles oscille le réseau « stabilisé ».

Qui dit approximatif, dit ressemblance ou encore analogie, raison pour laquelle un neurologue examinant les données de la neuropsychologie est immédiatement amené à envisager une importance du rôle de l'analogie dans la pensée, verbale ou non. Il n'est pas besoin d'aller chercher très loin les exemples qui montrent à quel point la fonction fondamentale du cerveau est d'établir des ressemblances, des analogies. Considérons la mémoire visuelle. L'expérience commune permet de montrer que la fonction la plus élémentaire du cerveau est d'établir des similitudes et, par conséquent, de confondre des personnes ou des objets très ressemblants. La distinction demande au contraire des performances plus élevées du cerveau. L'exemple sera tiré des jumeaux « vrais », ceux qui possèdent le même patrimoine génétique puisqu'ils sont issus du même œuf, les jumeaux homozygotes en termes techniques. Une longue fréquentation, un long apprentissage sont nécessaires pour arriver à les distinguer sans faute l'un de l'autre. La ressemblance saute aux yeux, les différences sont subtiles, mais les sosies n'existent pas pour les familiers. De même, pour un Blanc qui, disons, n'est guère sorti de son trou, une première impression commune est que les Noirs se ressemblent tous. La situation est évidemment beaucoup plus grossière, et il lui suffit de très peu d'entraînement pour percevoir les différences qui sont évidemment aussi nettes qu'entre les Blancs. De même, il est banal de constater que des sujets vieillissants confondent les visages qui ne leur sont pas très familiers : frères entre eux ou parfois cousins, etc. Hormis le vieillissement, qu'on ne peut pas vraiment considérer comme un processus pathologique, des lésions subtiles peuvent diminuer les capacités de distinction ; on sent bien que la distinction est un travail cérébral beaucoup plus subtil que la fonction « basique » du cerveau consistant à établir des ressemblances. Également, dans le domaine du sujet normal, l'interprétation la plus simple des illusions visuelles est analogique. Nous avons aussi, au premier chapitre, montré l'importance de la similitude dans la catégorisation, même si elle n'est pas exclusive.

Je vais essayer de montrer que les données plus savantes de la neuropsychologie confirment celles du bon sens.

Dans ce domaine, l'élément le mieux connu des philosophes sinon du commun est l'existence de paraphasies. Rappelons que les paraphasies, que nous avons déjà rencontrées au chapitre précédent, consistent à émettre un mot pour un autre ou à déformer le mot que l'on voudrait émettre. Nous les avons utilisées alors pour montrer que leur survenue n'entraînait pas un trouble parallèle de la pensée. Ici, ce sera pour montrer que les erreurs cérébrales ne se font pas au hasard, mais mettent en évidence cette faculté fondamentale du cerveau : le fonctionnement analogique. Ce type d'erreur est banal dans le discours le plus ordinaire où il vient traduire la distraction (qui n'est souvent que le signe de la concentration sur d'autres aspects du discours) ou la fatigue. L'interprétation freudienne de ce type d'incidents veut que le mot parasite traduise ce qui occupe en réalité le subconscient ou l'inconscient du locuteur. Je ne cherche pas à prendre le contre-pied de cette interprétation qui peut plausiblement s'appliquer à certaines situations, mais l'explication la plus ordinaire est également la plus simple. Qui d'entre nous n'a jamais appelé ou son frère ou son fils par le nom d'un autre membre de la fratrie ? Mais le nom émis n'est pas le fruit du pur hasard : dans la grande majorité des cas, le nom erroné est choisi parmi ceux de la fratrie elle-même et sans jamais une erreur de sexe : on dit Jean pour Pierre, mais jamais pour Amélie. Un conférencier qui utilise des noms moins intimement familiers, s'il se trompe sur le nom d'un philosophe, le fera le plus souvent pour nommer un autre philosophe, et fréquemment l'un de ceux dont le nom est apparu précédemment dans sa conférence.

Il est intéressant de noter que certaines intoxications mineures peuvent provoquer les altérations de cette nature. Par exemple, j'ai remarqué, pour mon compte personnel, que l'absorption d'alcool favorise grandement ce type d'erreur et c'est la raison pour laquelle, avant une conférence, je ne prends même pas une goutte de vin. J'ai eu l'occasion d'examiner quelques intoxications atropiniques aiguës liées à l'usage excessif d'un collyre prescrit pour obtenir, avant un examen ophtalmologique, une large dilatation de la pupille. Elles avaient été adressées dans mon service avec la suspicion d'aphasie et, en effet, le discours était très parasité par de très nombreuses paraphasies. L'intérêt de ces observations repose sur le fait que des altérations relativement légères du cerveau entraînent ce type de perturbations.

De fait, c'est lors de lésions non massives de la zone du langage que l'on relève les paraphasies. En cas de lésions très sévères, on observe plutôt une suspension du langage – lésions antérieures – ou un jargon – lésions postérieures –, dans lequel il est souvent difficile de reconnaître le moindre mot. Pour l'essentiel, les paraphasies des aphasiques sont sémantiques ou phonémiques, telles que déjà définies. Notons seulement, dans les deux cas, la *ressemblance* entre la réponse erronée et la réponse normalement attendue. Dans un cas, l'erreur survient au niveau de la sélection du mot, dans l'autre au niveau de sa prononciation. Je n'insisterai pas davantage sur ces faits très connus, si ce n'est pour en tirer la conclusion que les premiers signes de détérioration des fonctions cérébrales sont la confusion entre des éléments voisins. Dans une perspective cognitiviste classique utilisant la comparaison entre le cerveau et l'ordinateur, ce voisinage est expliqué comme une proximité géographique, les mots de sens voisins étant classés dans un même module. Vu les difficultés auxquelles se heurte ce modèle, il paraît préférable de rechercher l'explication dans le domaine des réseaux neuronaux. La détérioration neuronale entraînerait une perte de sélectivité et des confusions entre les bassins d'attraction des concepts et des mots, d'où la chute à des niveaux d'analogie de plus en plus grossiers. L'avantage de ce type d'interprétation est de pouvoir s'appliquer aussi à toutes les variétés de troubles « para » : paragraphies, paralexies qui appartiennent encore au domaine du langage, mais aussi paragnosies visuelles, ou même aux détériorations de l'organisation des mouvements (apraxies) dans lesquelles le patient exécutera l'ordre de simuler le geste de se coiffer, par exemple, en laissant sa main planer au-dessus de sa tête ou, pour le mouvement de la scie, exécutera un geste de va-et-vient vertical.

Il me paraît intéressant de nous attacher à des syndromes moins connus du grand public, assurément plus rares, mais qui n'appartiennent pas ou pas seulement au domaine du langage, ce qui permettra de généraliser cette observation au fonctionnement de l'ensemble du cerveau.

Examinons ainsi un tableau rare, mais étrange, celui de l'aphasie optique. La première description est due à Freund, en 1889. Très peu d'observations ont été publiées depuis et nous nous adresserons à l'étude particulièrement complète de F. Lhermitte et M.F. Beauvois[1]

1. LHERMITTE F., BEAUVOIS M.F., A visual-speech disconnexion syndrome. Report of a case witn optic aphasia, agnostic alexia ans colour agnosia, *Brain*, 1973, 96.

(1973). Le tableau était tout à fait caractéristique de ce syndrome : alors que la vue n'était pas gravement altérée, le patient dénommait de façon erronée environ 30 % des objets qui lui étaient montrés, la dénomination étant sans faute lorsque les objets lui étaient présentés non pas visuellement, mais par le toucher : ils étaient déposés dans sa main droite ou gauche et on le laissait les manipuler. Il est clair, néanmoins, que les objets mal dénommés étaient reconnus, au moins dans un sens, car la gesticulation mimant leur usage était parfaitement correcte. Le sujet n'était cependant nullement aphasique, comme le démontraient clairement l'examen et les tests usuels. Il existait, en revanche, une alexie agnosique, c'est-à-dire une absence complète de reconnaissance des lettres et, de ce fait, une incapacité à lire. Le point qui nous intéresse, c'est l'analyse des erreurs de dénomination des objets présentés seulement à la vue. Pour un même objet, les erreurs pouvaient varier d'un examen à l'autre : un couteau pouvait être appelé, lors de plusieurs examens successifs, « fourchette », « chat » ou « poireau ». Cependant, les dénominations sans aucun rapport avec l'objet montré étaient rares. Il existait fréquemment une relation sémantique apparente entre le stimulus et le nom incorrect attribué : ainsi, un jambon était appelé « crêpe » ou « bifteck », une limace « sauterelle », un pantalon « chaussures ». Rarement, la forme de l'objet induisait l'erreur, une banane étant, par exemple, dénommée « chistera ». Lorsque l'épreuve n'exigeait pas une réponse immédiate, mais laissait au patient un temps illimité, il montrait une démarche d'approche progressive de la bonne réponse, très caractéristique :

– *Une seringue* : « un compte-gouttes, à moins que ce ne soit une seringue hypodermique » ;
– *Une sauterelle* : « un criquet, non pas un criquet, une sauterelle » ;
– *Une moule* : « cela ressemble à deux escargots, deux limaces, c'est un coquillage, pas une huître, ça pourrait être des moules, alors ;
– *Un autobus* : « un wagon… un transport public, puisqu'il y a une porte à l'arrière… une diligence… cela pourrait être… Non… un taxi… Non pas un taxi, mais un autobus ».

Un type d'erreur relativement fréquent consiste en une dénomination correcte d'un objet antérieurement montré, ayant donné lieu sur le champ à une réponse erronée, mais resurgissant à propos d'un autre objet, de façon inattendue et non perçue par le patient. Ce peut être aussi une induction sémantique, comme dans le cas où une cafetière est appelée « Pierrot » alors qu'un croissant de lune a été présenté deux items auparavant.

Ce n'est pas le lieu ici de discuter dans le détail l'interprétation de tels faits qui ne peut d'ailleurs qu'être en partie hypothétique. L'association de troubles visuels mineurs, mais non nuls, opposée à l'intégrité du module du langage, a conduit les auteurs à la conclusion qu'il devait exister une *distorsion* de l'information au niveau de la zone visuelle, empêchant le choix correct du mot dans la zone du langage, par ailleurs intacte. Mais il est proprement impossible d'aller plus avant si l'on s'en tient à la comparaison du cerveau à un ordinateur classique, la seule effectivement disponible pour les auteurs en 1973. Plus précisément, une telle interprétation suppose l'abandon préalable de l'hypothèse du modèle ordinateur classique. En revanche, si on raisonne comme si le cerveau fonctionnait, du moins jusqu'à un certain point, à la manière des réseaux neuronaux artificiels, alors l'explication paraît assez satisfaisante, sinon obvie : rappelons-nous qu'avant d'être un mot, un concept est un bassin d'attraction. Une déformation des informations peut alors entraîner vers un attracteur imprévu.

Avant de quitter le domaine de la neuropsychologie, revenons sur la surprise de Maundler, signalée au chapitre précédent, constatant que les enfants de 7 à 11 mois semblaient appréhender d'abord la catégorie générale des êtres vivants avant d'être capables de faire la différence entre un chien et un poisson ! Il faut admettre cependant qu'il est naturel que le cerveau en formation de l'enfant soit plus apte à noter les ressemblances que les différences et, par conséquent, à appréhender en premier les catégories les plus grossières. Ceci dit, pas plus que Maundler, je ne puis dire quels sont ces traits grossiers qui font saisir le caractère « être vivant ». Il émet l'hypothèse que ce pourrait être l'automotricité, ce qui permettrait de distinguer, pour reprendre l'exemple qui a beaucoup frappé cet auteur, l'avion de l'oiseau. Je me demande cependant comment des enfants aussi jeunes pourraient savoir que l'avion n'est pas automoteur… Peut-être la présence d'yeux serait-elle un indice plus clair ? En tout état de cause, je ne veux pas en faire un argument en faveur des théories que je viens d'exposer, car, comme je l'ai signalé, la recherche est difficile dans le domaine de la cognition de l'enfant, et il ne faut pas essayer de faire trop parler des faits insuffisamment démontrés. Disons simplement que du jour où ces faits seraient avérés, ils trouveraient une facile explication dans ces théories.

Il est intéressant de relever que Douglas Hofstadter, analysant ses propres expériences de recherche sur les nombres, en vient à la conclusion que la création d'analogies est au cœur de la perception des « patterns » (*pattern* pouvant peut-être se traduire par « structure » ou « profil ») et de l'extrapolation. Selon lui, la découverte des

« patterns » constituant le noyau de l'intelligence, la création des analogies est bien au cœur de l'intelligence[1]. Dans le même ouvrage, en collaboration avec D. Chalmers et R. French, il insiste sur le fait qu'établir une analogie relève d'un haut niveau de perception, niveau auquel interfèrent les concepts, mais que la perception est elle-même dépendante de l'établissement des analogies.

Henri Poincaré[2] nous a livré sans élaboration théorique deux expériences dans lesquelles l'analogie joue un grand rôle. Il réfléchissait alors sur un certain type de fonction dont il voulait prouver l'impossibilité. Il aboutit d'ailleurs, en définitive, à la conclusion inverse et les décrivit sous le nom de « fonctions fuchsiennnes », ce qui prouve que son intuition initiale était fausse. Il y réfléchissait donc en vain depuis une quinzaine de jours :

> « Un soir, je pris du café noir, contrairement à mon habitude, je ne pus m'endormir ; les idées surgissaient en foule ; je les sentais comme se heurter, jusqu'à ce que deux d'entre elles s'accrochassent pour ainsi dire pour former une combinaison stable. »

Et c'est ainsi que, durant une nuit d'insomnie, il édifia une première classe de ces fonctions. Il poursuit :

> « Je voulus représenter ces fonctions par le quotient de deux séries ; cette idée fut parfaitement consciente et réfléchie ; l'analogie avec les fonctions elliptiques me guidait. Je me demandais quelles devaient être les propriétés de ces séries, si elles existaient, et j'arrivai sans difficulté à former les séries que j'ai appelées thétafuschiennes.
> À ce moment, je quittai Caen, que j'habitais alors, pour prendre part à une course géologique entreprise par l'École des Mines. Les péripéties du voyage me firent oublier mes travaux mathématiques ; arrivés à Coutances, nous montâmes dans un omnibus pour je ne sais quelle promenade ; au moment où je mettais le pied sur le marchepied, l'idée me vint, sans que rien dans mes pensées antérieures parût m'y avoir préparé, que les transformations dont je venais de faire usage pour définir les fonctions fuschiennes étaient identiques à celle de la géométrie non euclidienne. Je ne fis pas la vérification ; je n'en aurais pas eu le temps puisque, à peine assis dans l'omnibus, je repris la conversation commencée ; mais j'eus tout de suite une entière certitude. De retour à Caen, je vérifiai les résultats à tête reposée pour l'acquit de ma conscience.
> Je me mis alors à étudier des questions d'Arithmétique sans grand résultat apparent et sans soupçonner que cela pût avoir le moindre rapport avec mes recherches antérieures. Dégoûté de mon insuccès, j'allai passer quelques jours au bord de la mer, et je pensai à tout autre chose. Un jour, en me

1. HOFSTADTER D. and the fluid analogies research group, *Fluid concepts and creative analogies*, New York, Basic Books, 1995.

2. Le texte est repris d'une conférence de Henri Poincaré à la Société de Psychologie de Paris et publié en 1908 dans le *Bulletin de l'Institut Général de Psychologie*, 8e année, n° 3.

promenant sur la falaise, l'idée me vint, toujours avec les mêmes caractères de brièveté, de certitude immédiate, que les transformations arithmétiques des formes quadratiques ternaires indéfinies étaient identiques à celles de la géométrie non euclidienne. »

Poincaré n'était pas pour autant au bout de ses peines. Il se heurtait encore à de sérieuses difficultés qu'un effort conscient et soutenu lui permit de circonscrire, mais non de résoudre. Là encore, la solution lui apparut de façon soudaine, inattendue et sans préparation apparente, mais sans mention cette fois-ci de l'analogie. Ces exemples montrent assez bien, je pense, l'importance de l'analogie dans l'intuition et de l'intuition dans la logique elle-même.

Il ne s'agit donc pas de dire que l'analogie joue un rôle exclusif dans la pensée non verbale, mais que son rôle y est très probablement important. Elle est indispensable à l'imagination de la découverte aussi bien qu'à la compréhension : qu'on veuille bien penser à la facilitation que peut apporter une comparaison opportune. Nous verrons que l'absence d'analogie est la grande cause des difficultés de compréhension de la physique quantique par les physiciens eux-mêmes. La valeur démonstrative de l'analogie, c'est bien connu, n'est jamais totale, mais elle peut être forte quand l'analogie est grande. L'identité n'est-elle pas une analogie portée à sa perfection idéale et, de ce fait, jamais rencontrée dans notre univers ? D'autres modes de calcul interviennent sûrement, y compris un principe de non-contradiction, car l'enfant dès son plus jeune âge sait très bien qu'un objet ne peut pas à la fois être et ne pas être en un lieu donné. Ces modalités vraisemblables de la pensée sans langage n'ont pas la même valeur de simple constatation d'évidence que l'existence de celle-ci. Elles ont été présentées ici pour nous permettre de répondre, au moins à titre provisoire, à notre légitime curiosité sur ce que peut être notre pensée non verbale… sur la possibilité de nous passer du mentalais et celle de penser de manière non logique à partir d'une machine logique !

3

Le rôle du langage dans la pensée

Si le langage n'est qu'un code chargé de transmettre une pensée entièrement préformée, il paraît logique, de prime abord, d'en déduire qu'il n'apporte rien à la pensée elle-même. C'est d'ailleurs la thèse que soutient Pinker, on l'a vu. Cependant, s'il est exact que certains raisonnements peuvent être considérés comme purement verbaux, il devient au contraire très évident que le langage joue bien un rôle dans la pensée, puisque l'auteur de tels raisonnements se laisse bien souvent prendre à leur apparence. Ici, c'est bien le verbe qui « active » et crée en somme la pensée du locuteur.

La thèse classique ou loi de Sapir et Whorf

La prétendue loi de Sapir et Whorf implique une détermination de la pensée par le langage. Cette idée a d'abord été émise par le linguiste et anthropologue Sapir qui avait été frappé par une particularité de la langue wintu dont les verbes ne comportent par la marque du temps. On y indique seulement que l'idée émise par le locuteur est connue de lui par observation directe ou par ouï-dire, ce qui ne peut pas ne pas influencer la manière d'envisager le temps. Whorf, élève de Sapir, fut frappé par une considération, à vrai dire assez importante par sa généralité, selon laquelle :

> « Nous disséquons la nature selon les lignes tracées par notre langue d'origine. Il est faux de croire que les catégories et les types que nous dégageons du monde des phénomènes, nous les y trouvons parce qu'ils sautent aux yeux de tous les observateurs ; au contraire, le monde se présente dans un flux kaléidoscopique d'impressions qui doit être organisé par notre pensée, et cela signifie surtout par le système linguistique qui est présent

dans notre pensée. Nous sommes impliqués dans un accord pour l'organiser ainsi, accord qui tient dans toute notre communauté de langue. »

Sapir souligne donc avec vigueur le caractère conventionnel de notre découpage du monde par le vocabulaire. Ce point n'est pas en lui-même contestable, mais sa conséquence est qu'il devrait interdire les traductions littérales, mot à mot. Or, Whorf viole cette règle et produit ainsi des textes incohérents qu'il considère comme représentant la pensée des locuteurs qui devient du coup très étrange. Il méconnaît ainsi la règle émise par Danica Seleskovitch, déjà mentionnée, affirmant la nécessité de déverbaliser le discours avant de le traduire. Au général de Gaulle, qui recevait d'un homme d'État des félicitations pour son aspect physique, littéralement : « Comme vous avez le visage frais ! », elle traduisit : « Que vous avez l'air jeune ! », pour interpréter au mieux la pensée de l'hôte. D'autres auteurs ont aussi été considérablement frappés par les variations dans la dénomination des couleurs d'une langue à l'autre. Là aussi jouent les variations arbitraires dans le découpage de la réalité et, par exemple, certaines langues ne distinguent pas le bleu du vert ; de là à supposer que les ethnies qui les parlent ne distinguent pas le bleu du vert, le pas a été trop vite franchi et démenti par d'autres travaux. On connaît aussi la légende des dix, cent et même quatre cents mots inuit pour désigner la neige. Il n'en existe en réalité pas plus que chez nous qui parlons de neige, de poudreuse, de congères, etc. Je n'insisterai pas trop sur cette discussion linguistique qui sort de mon domaine de compétence, mais j'invite le lecteur insuffisamment convaincu de cette démolition de la prétendue loi de Sapir et Whorf à lire les parages 57 et suivantes du livre de Pinker *L'Instinct du Langage*[1]. Les arguments qui y sont fournis convainquent aisément que la portée de cette loi a été considérablement exagérée. On doit tenir, en effet, que toutes les pensées humaines sont traduisibles d'une langue à une autre, éventuellement au prix de périphrases, à condition de passer, pour Pinker par le mentalais dont j'ai déjà montré l'improbabilité, et selon nous par une pensée sans langage et une véritable inculturation du traducteur.

De là à dire, comme le fait Pinker, que le langage n'influe pas sur la pensée, il y a un fossé. Une chose est de montrer que la portée de la loi de Sapir et Whorf a été très exagérée, autre chose de nier toute interférence entre langage et pensée.

1. PINKER S., *L'Instinct du Langage*, Paris, Odile Jacob, 1999.

Le langage interfère avec la pensée

Ce n'est pas du côté des bizarreries ou de l'exotisme de certaines langues que nous devons chercher l'influence qu'exerce le langage sur le fonctionnement général de la pensée. Les exemples de cette interférence sont bien plus simples, directs et démonstratifs si on les prend dans notre vie quotidienne.

L'IMPORTANCE AFFECTIVE DU LANGAGE

Le langage n'est pas qu'émission, il est aussi réception. Le dire est évidemment une banalité, au même titre qu'affirmer que le langage est un moyen de communication. Dès lors, en tant que moyen d'information sur le monde, il contribue obligatoirement très largement à la formation de notre pensée. Nous avons vu à propos des sourds-muets, sur le sujet des dysphasies congénitales, à quel point les acquisitions réalisées dans l'enfance grâce au langage étaient essentielles pour la formation de la pensée de l'individu. Avant même d'envisager l'immense base de données qui se met en place peu à peu au travers des relations avec la mère et les autres adultes, grâce aussi bien aux attitudes, gestes, contacts physiques, vocaux, et au langage lui-même, il faut souligner l'importance de tous ces éléments pour la formation affective du jeune enfant.

Je n'ai pas l'intention de m'étendre beaucoup sur ce sujet, tant il va de soi. Le langage que tient la mère à son nouveau-né, son jeune nourrisson, n'a pour lui aucune autre valeur sémantique que la transmission de l'affection qui lui est apportée. Mais elle lui est vitale, chacun le sait. C'est une banalité de rappeler que, presque dès la naissance, le nourrisson est capable de discriminer la voix humaine des autres bruits environnants, de reconnaître la voix de sa mère et les intonations du discours. Heureusement, il est tout aussi naturel, instinctif ou plutôt inné pourrait-on même dire, de parler à son bébé. La manière de parler aux très jeunes enfants est, elle aussi, spontanée et universelle. On ne parle pas à un bébé sur le ton de la conversation ordinaire, mais avec une voix haut perchée que tout le monde connaît bien et adopte spontanément. Plus tard dans la vie, le besoin de langage est tout aussi nécessaire pour la création et le maintien des liens affectifs ou seulement sociaux. Mais cessons d'enfoncer des portes ouvertes. Ajoutons seulement qu'il n'est pas saugrenu de parler de cette fonction sociale et affective à propos du rôle du langage dans la pensée, puisque nous avons tenu que l'affectivité faisait vraiment partie de la pensée et y jouait un rôle essentiel. Ce qui est saugrenu, encore une fois, c'est qu'on l'oublie. À s'en souvenir, les cognitivistes auraient peut-être évité bien des impasses.

La transmission sociale des connaissances

On n'oubliera pas non plus à quel point le langage est indispensable à l'enfant pour acquérir en quelques années un héritage de connaissances multimillénaires. Cet aspect a été démontré au chapitre 1 à propos des dysphasies de développement, concernant des catégories telles que les fruits. Il est aussi très évident que l'enfant privé de langage, par surdimutité par exemple, se trouve privé de ce puits de connaissance. En outre, le découpage du vocabulaire étant largement arbitraire, cet enfant n'est nullement obligé de construire les mêmes catégories que celles qui se sont imposées par l'usage dans une langue. « Tableau », par exemple est un mot, mais nullement un concept. Le Littré en donne quatorze définitions qui vont de l'école (tableau noir), au théâtre, à l'architecture, à l'administration, etc., sans compter les acceptions modernes de tableau de bord ou de l'impression en tableau, par opposition au paysage, bien connu des utilisateurs de traitements de texte ! Si l'on pose à un sourd-muet la question issue du Binet-Simon : quelle ressemblance existe-t-il entre une récompense et une punition, il y a peu de chances qu'il donne la bonne réponse : ce sont deux sanctions, mais la bonne réponse demande une grande maîtrise de la langue et cette classification n'est peut-être pas si naturelle qu'elle le paraît à ceux qui y sont habitués.

À cette transmission sociale des connaissances, il faut ajouter, bien entendu, et c'est au moins aussi important pour influencer le mode de pensée, la transmission des croyances, habitudes et modes de pensée de la société dans laquelle l'individu se trouve immergé. Le langage y joue naturellement un rôle extrêmement important, même s'il n'est pas exclusif : en effet, on ne prend pas trop de risque, je pense, en supposant qu'un sourd-muet du XIIe siècle n'avait pas la même mentalité qu'un sourd-muet contemporain, même non rééduqué, ou que le sourd-muet chinois d'hier ou d'aujourd'hui.

Introduire la rigueur dans la pensée

Le langage formalise la pensée

Nous voudrions introduire ici un vocabulaire un peu personnel pour caractériser l'un des modes d'interférence les plus importants du langage sur la pensée : *le langage formalise la pensée*. Le verbe formaliser est utilisé ici dans son sens le plus étendu : donner une forme. Il ne se limite donc pas à la formalisation au sens étroit de la transformation de la pensée en langage logique formel. Il est très important, en effet, de remarquer que la rigueur d'un langage évolue en proportion inverse de l'étendue de son champ sémantique. Le langage le plus rigoureux, au sens où sa signification est absolument univoque, c'est-à-dire le langage logique formel, n'a aucun contenu sémantique ; c'est une pure syntaxe sans contenu. Il n'est même pas possible, comme on l'a déjà rappelé, de traduire l'ensemble de l'arithmétique en langage formel. Le rêve de Hilbert de logicisation complète des mathématiques a dû être abandonné à la suite de cette découverte. C'est, bien sûr, encore plus vrai de la physique qui fait pourtant une très large part à l'utilisation des mathématiques. Le langage physique fait largement appel à la logique formelle, mais en perpétuelle confrontation avec l'expérimentation qui introduit nécessairement un langage de nature différente. La science biologique s'efforce de maintenir un discours rigoureux, c'est-à-dire prêtant le moins possible à des interprétations multiples, mais on est loin de la rigueur formelle de la physique. À un degré encore moindre de formalisation, on trouvera la philosophie, malgré tous ses efforts, et les sciences humaines, la psychologie, et même l'histoire qui sont encore plus loin de pouvoir atteindre une telle rigueur. Si nous abandonnons le terrain de la science pour aborder le domaine de la conversation courante, le relâchement de la rigueur devient de plus en plus patent. Il reste remarquable que dans le style relâché de la conversation courante, de nombreuses erreurs de vocabulaire ou de syntaxe ne réussissent cependant pas à faire perdre au discours toute signification. C'est un point sur lequel nous aurons à revenir. Mais, même dans ce cas, le langage donne à la pensée une forme qui lui manque en son absence, et c'est la raison pour laquelle toute traduction de la pensée en langage mérite dans mon vocabulaire d'être appelée formalisation. Il existe donc des niveaux de formalisation depuis le plus bas, que l'on retrouve dans la conversation courante, jusqu'au langage de la logique formelle. Mais, encore une fois, il faut souligner que la rigueur s'accroît toujours au détriment de l'étendue du champ sémantique. La logique formelle ne peut parler que de logique formelle, les mathématiques que de mathématiques, mais l'objet de la philosophie est infiniment plus vaste, et plus encore celui du langage ordinaire.

Est-il possible de rendre compte du rétrécissement apparemment nécessaire du champ sémantique à mesure que croît la rigueur du discours ? Il semble facile de répondre à partir de la constatation que la logique formelle ne garde sa pureté que lorsque les symboles utilisés, p, q, etc. ne veulent dire que p ou q, autrement dit lorsque la correspondance entre le signifiant et le signifié est absolument biunivoque. Dès que nous essayons de remplacer ces symboles par des mots qui appartiennent au langage courant : « neige », « blanc », pour reprendre les exemples classiques, nous introduisons nécessairement une ambiguïté par le fait que le mot « neige » n'a pas la structure simple du symbole p ou q, la neige poudreuse est beaucoup plus blanche que la « soupe », la blancheur connaît elle-même des nuances. De ce fait, lorsque nous remplaçons les symboles de la logique formelle par des mots courants, nous élargissons le champ sémantique et le replaçons dans notre monde ordinaire qui ne connaît pas la simplicité absolue du symbole utilisé dans la logique formelle. Ce que Condillac appelle une langue bien faite en parlant de la science est une langue qui ne permet idéalement qu'une seule interprétation. Le Cercle de Vienne en fera au XXe siècle une arme de guerre contre tout langage suggestif, évocateur, poétique, bref contre la beauté du « saint langage ». En contrepartie, elle ne parle que de peu de chose, des choses souvent artificiellement simplifiées, faisant abstraction de nombre d'éléments qui n'interfèrent que peu dans les expériences que la langue bien faite est en train de relater. Pour obtenir ce résultat, il a souvent été nécessaire d'utiliser des termes techniques préalablement définis de façon très étroite, en sorte qu'ils ne concernent strictement que le champ dans lequel ils sont appliqués. S'il s'agit de mots utilisés dans la langue courante, il est généralement nécessaire de préciser que dans le chapitre ou l'ouvrage en question on utilisera tels termes en leur donnant tels sens. Encore faut-il se tenir à cette règle, ce qui est loin d'être toujours le cas.

En revanche, dans le langage commun, la polysémie est de règle. Cette règle ne doit rien au hasard. Elle repose sur la nature des choses, le fait que toute dénomination est liée à un mode de classification et qu'il n'existe pas de classification naturelle. Toute classification répond à un but pratique ou à une habitude. Il est évident que la classification de Linné ne présente pas grand intérêt pour la fleuriste qui préférera classer ses fleurs selon leur couleur, leur taille, leur prix. Dans *La Pensée d'Outre-Mots*, je cite Maurice Pergnier qui fait remarquer que les Français ont l'habitude de classer les enregistrements sonores selon leur type de support : disque, cassette, CD… tandis que les anglophones achètent un *record* et ne précisent le support qu'en cas de nécessité. Il est évident que le Français qui va acheter un disque ne recevra pas le même objet selon qu'il est chez un disquaire, un garagiste ou un marchand de sport. Il se peut qu'il ait à préciser l'objet dont il s'agit s'il persiste une ambiguïté. Dans le courant de l'existence, les classifications imposées par le vocabulaire restent habituellement ambiguës. Dans *La Pensée d'Outre-Mots*, j'ai pris l'exemple du mot « table » :

> « Si nous consultons le dictionnaire, nous apprenons qu'il s'agit d'un meuble comportant un plateau supporté par un ou plusieurs pieds. Si vous prenez cette définition au pied de la lettre, vous vous étonnerez qu'on puisse appeler table un plateau de pierre scellé sur une autre pierre verticale formant pied, mais qui n'est sûrement pas un meuble. Néanmoins, l'immobilité de cet immeuble n'est pas telle que vous ne puissiez le déplacer, si vous réaménagez votre jardin ; la limite entre un meuble et un immeuble n'est donc pas absolue. D'ailleurs, notre droit distingue des immeubles par nature, ceux qu'on ne pourrait mobiliser sans les détruire, comme une maison (mais le temple d'Abou Simbel ?), et les immeubles par destination, comme une table en pierre qui n'est pas conçue pour être transportée. Par ailleurs, un banc est aussi un plateau supporté par un ou plusieurs pieds, mais il est étroit et bas situé, fait pour s'asseoir. Malheureusement, il y a aussi des tables basses et d'autres qui sont étroites. Si nous disons maintenant qu'une table se définit par son usage et qu'elle est faite pour poser des objets, une table d'opération n'est plus vraiment une table, on peut aussi utiliser une étagère pour poser des affaires si bien qu'il est finalement bien difficile de donner une définition universelle, complète et excluant parfaitement tout autre objet. Même si on se résolvait à ne plus appeler table le plateau sans ses pieds et ses lointaines extensions comme dans l'expression : tables de la Loi ou tables de multiplication, la situation ne s'en trouverait guère éclairée. Le mot table ne correspond à aucune entité naturelle dont on puisse déterminer les limites sans aucune ambiguïté, et l'on peut hésiter, dans certains cas, sur le meilleur terme à appliquer. Lorsque l'on se trouve dans l'embarras, on dira volontiers : "une sorte de table". On peut aussi formaliser davantage et décider : dans la suite de ce travail, j'appellerai "table", etc. Une telle pratique ne peut être que momentanée et réduite à un usage très précis, limité dans le temps et l'espace et surtout au service d'un but très étroitement déterminé. Le langage ordinaire qui, dans sa généralité, doit servir à tous propos ne peut pas se donner cette facilité illusoire qui reviendrait à un découpage du monde encore plus arbitraire que celui du langage commun. L'idée même d'un langage par lui-même dépourvu d'imprécision est donc absurde. Il faudrait un vocabulaire composé de quasi-noms propres, une nomenclature des tables selon leur taille, leurs destinations, leur matière, avec la certitude que cette nomenclature ne sera jamais complète. »

On voit donc que l'idée de Condillac d'appliquer au seul langage scientifique le terme de langue bien faite, n'est pas correcte. Tout langage est bien fait s'il est adapté au but poursuivi. Hilary Putnam[1] a

1. PUTNAM H., *Représentation et réalité*, Paris, Gallimard, 1990.

abouti, non sans amertume, à la même conclusion et a montré qu'il n'existe pas de réponse possible à la question : « combien y a-t-il d'objets dans cette pièce ? », alors même que la pièce en question ne renferme qu'une table, une chaise, un carnet, car il est impossible de déterminer, par exemple, si les pages du carnet sont chacune un objet, etc. Comment nous parvenons à nous comprendre malgré les ambiguïtés du langage courant sera envisagé à propos de la question herméneutique. Nous nous contenterons pour l'instant de constater cette habituelle compréhension mutuelle qui nous permet d'utiliser le niveau de formalisation approprié, même s'il s'agit d'une formalisation très grossière dans le langage courant. On ne peut donc nier que le langage commun donne à la pensée une certaine forme.

La vérification de la pensée et de sa qualité

Cette formalisation de la pensée permet d'en vérifier la cohérence et d'en évaluer la qualité. Cette remarque vaut aussi bien pour la vérification par le locuteur lui-même que par son entourage. Il est assez commun, lorsqu'on remue des idées dans sa tête, d'avoir l'impression de parvenir aux résultats que l'on cherchait et de s'apercevoir qu'on n'y parvient pas quand on cherche à les formuler. Le résultat peut être naturellement beaucoup plus favorable, souvent précédé par le sentiment de certitude que nous étions parvenus à nos fins. Rappelons-nous l'intuition soudaine de Poincaré des analogies des fonctions fuschiennes qu'il étudiait avec celles de la géométrie non euclidienne. Elle lui servit de base pour la démonstration qu'il recherchait lorsqu'il eut le loisir de la mettre par écrit.

Si le langage rend possible la vérification de la pensée par autrui, c'est évidemment d'abord parce qu'elle a été encodée, ce qui la rend au moins partiellement transmissible. La vérification de la pensée par son auteur est permise par la « corporification » de cette pensée, comme l'a appelée Lordat. Corporifier, c'est faire prendre corps, rigidifier, coaguler une pensée qui est naturellement la fluidité même. Il devient ainsi possible de l'examiner, de la revoir, de l'évaluer, d'en modifier l'expression. Elle devient une nouvelle base de départ de la pensée elle-même et interfère directement sur son cours. C'est certainement l'une des raisons d'être du langage intérieur dont Piaget et Vygotsky ont bien étudié les particularités. Mais, d'après ce dernier :

> « [...] tandis que dans le langage extérieur, la pensée est incorporée[1] dans des mots, dans le langage intérieur, les mots meurent en apportant la pensée... Il [*le langage intérieur*] est dynamique, changeant, instable,

1. C'est, dite sur le mode passif, l'idée même que Lordat exprimait sur le mode actif en parlant de « corporification des idées ».

flottant entre mot et pensée, chacun des deux formant les composants plus ou moins stables, plus ou moins délimités de la pensée verbale. Sa nature et sa place exactes ne peuvent être comprises qu'après examen du niveau suivant de la pensée verbale, plus intime encore que le langage intérieur. Ce plan est celui de la pensée elle-même. »

Ainsi peut-on considérer comme très étroite l'intrication existant entre la pensée et le langage. On comprend aussi qu'il soit impossible de mettre en évidence la pensée sans langage simplement en se prenant la tête entre les mains. Il faut des circonstances tout à fait anormales, pathologiques, pour opérer la dissociation. On comprend enfin que, s'il existe une hiérarchie fonctionnelle entre pensée sans langage et langage, si la pensée sans langage est à la fois la source et la référence du langage, ce dernier lui est un instrument extrêmement précieux sans lequel la pensée ne saurait être complète.

Pour un usage raisonné du langage

Que le langage ait pour référence les idées que nous avons en tête n'est certes pas une découverte dans l'histoire de la philosophie. Cette interprétation tient même, *en pratique,* une large place, mais la recherche dans cette voie n'a guère été poussée. De ce fait, la question cruciale de la référence du langage est restée indécise. En fait, depuis Condillac, l'accord des philosophes a été presque unanime : il n'existe pas de pensée sans langage. Personne n'a voulu tirer la conclusion, pourtant évidente, que si le langage ne se réfère pas directement au monde extérieur, identifier la pensée au langage, c'est-à-dire exclure que le langage puisse se rapporter à une pensée déjà largement préformée, aboutit à faire du langage un système auto référentiel.

Ainsi, on admettait communément que le langage était un code arbitraire, mais personne ne faisait ou ne voulait faire le rapprochement de ces deux assomptions dont l'aspect contradictoire aurait alors éclaté : un code ne peut pas être autoréférentiel. L'erreur n'était possible que parce que nous pensons immédiatement à des exemples très simples dans lesquels la référence d'un mot à un objet appartenant au monde extérieur paraît aller de soi. Quand j'entends le mot « arbre », j'en vois immédiatement le référent dans mon jardin ou dans le jardin qui est dans ma tête. On montrera plus bas que cette simplicité même est en partie illusoire, parce que l'arbre qui est dans ma tête n'est pas celui qui est dans mon jardin, car la séparation classique entre perception et conceptualisation est une division d'allure logique, mais notre cerveau ne fait probablement pas la distinction entre les deux, en raison aussi de l'inévitable polysémie du langage qui fait que l'arbre n'est un arbre que dans un certain contexte qui peut être con-texte au sens propre, mais qui peut aussi bien être un environnement vital. Le chef d'atelier qui demande à son mécano s'il a vérifié l'arbre n'a pas besoin de préciser qu'il s'agit de l'arbre de distribution. Au lieu de se rendre compte de la contradiction à laquelle aboutit la privation du langage de sa référence à la pensée (un code qui n'a rien à coder), les philosophes, bien conscients des difficultés que leur causait le langage, se sont lancés dans des recherches nécessairement ardues, difficiles à suivre par les lecteurs aussi bien que par leurs auteurs eux-mêmes, car il est difficile d'exposer clairement et simplement des thèses mal fondées et de ce fait incompréhensibles.

Le but de ces lignes sera de montrer à quel point la référence du langage à une pensée préformée, non verbale, permet d'utiliser judicieusement cet instrument, c'est-à-dire d'en faire l'usage le plus utile possible pour *la qualité de notre pensée elle-même*, tout en précisant les limites raisonnables de son utilisation, de montrer que le langage a pour fonction de coder nos représentations mentales, en leur servant de medium extériorisable, afin de les rendre accessibles à autrui ou de les préciser dans une pensée organisée discursivement.

Un langage à la fois fidèle et infidèle

On se souvient du dialogue du *Cratyle* dans lequel Platon oppose deux attitudes, l'une réaliste, l'autre résolument conventionnaliste. Bien que Platon se sente manifestement attiré par la vision réaliste qui correspond à une transparence plus grande du langage, il est bien obligé de reconnaître toute la part de vérité que contient la thèse opposée, mais il n'arrive ni à concilier les deux thèses ni à trancher en faveur de l'une d'elles. Si maintenant nous admettons que le langage ne fait que traduire la manière dont chacun de nous voit les choses, il apparaît immédiatement que nous tomberons aisément d'accord tant que le discours portera sur des éléments matériels relativement usuels et grossiers. On comprend, encore une fois, que tant que l'on en reste à des descriptions très sommaires, on puisse se laisser prendre au piège qui nous fait croire que le langage décrit le monde extérieur. Mais nous ne pouvons que diverger plus ou moins dès que nous nous écartons de ces éléments matériels élémentaires, dès que nous cherchons à établir les rapports existant entre eux, à les décrire avec plus de subtilité, de nuances, à dépeindre leurs formes lorsqu'elles sont complexes, et surtout lorsque nous cherchons à leur donner du sens. Se manifeste alors dans toute son amplitude la différence de nos points de vue, de nos sensibilités notamment. Mais, même au niveau fondamental, ce que nous avons dit de la polysémie montre bien à quel point le découpage du monde matériel par notre vocabulaire est conventionnel, sans parler, bien entendu, de la multiplicité des langues. On voit bien que ce découpage du monde par le langage, s'il est suffisant pour un usage pratique, ne peut cependant posséder aucun référent extérieur indiscutable dès lors qu'il atteint une certaine complexité. Ce référent indispensable ne peut être que notre pensée.

Si le langage sert à coder notre pensée et à fournir à notre interlocuteur suffisamment d'indices, nous constatons que nous pouvons facilement adapter notre niveau d'interprétation, et finalement nous comprendre avec plus ou moins d'exactitude selon la complexité de ce que nous voulons transmettre. Ce miracle ne peut exister que si les similitudes de pensée que nous nous attribuons entre humains, c'est-à-dire entre semblables, existent réellement. Le double aspect du langage, à la fois fidèle et infidèle, se trouve ainsi facilement expliqué.

Concepts et sentiments

Mais cette élucidation ne touche en rien la question des essences et des Idées platoniciennes. Cette question philosophique, ou plus précisément métaphysique, ne relève pas directement de celle des relations entre notre pensée et le langage. Cependant, nous pouvons déjà avancer quitte à le reprendre ultérieurement, que les idées générales, telles que le bien, la justice, le courage et toutes les vertus morales qui forment le fond de la préoccupation majeure de Platon, si elles entrent bien dans la liste des Idées, n'y figurent pas nécessairement sous la forme de concepts. C'est le langage non suffisamment maîtrisé qui donne à ces « Idées » un aspect trompeur de concept logique. Pour Platon, d'ailleurs, l'Idée n'est pas un concept, mais une Forme. Ainsi, la justice est-elle le respect de la structure de notre âme complexe : elle est l'harmonie unifiant une complexité, l'unification du multiple psychique, une grâce en quelque sorte, le contraire même d'une abstraction. C'est la plénitude sereine du vieillard Céphale du début de la *République*, alors que le sophiste du *Gorgias,* Calliclès, est la figure même du chaos éthique et donc psychique. La définition très générale que nous avons donnée du terme de pensée, en y incluant les données affectives, nous permet de ranger ces notions effectivement si importantes parmi les sentiments, les expériences de la vie intérieure, bien mieux que parmi les concepts. Il est clair, en effet, que ce que nous ressentons comme justice ou plus encore comme injustice ne relève pas nécessairement d'une définition qui restera à coup sûr assez floue. Bien au contraire, les conditions de ce ressenti dépendront essentiellement des conditions vitales et culturelles dans lesquelles nous nous trouvons.

Tous les hommes connaissent le sentiment de justice ou d'injustice, mais la conception qu'ils peuvent avoir de leur application est extrêmement variable. Ce n'est pas parce que nous avons proclamé l'universalité des Droits de l'Homme que ceux-ci sont immédiatement reconnus dans les pays qui se situent en dehors de la zone d'influence chrétienne à laquelle est originairement lié leur acte de naissance. Les millions de Chinois qui sont imprégnés de philosophie confucianiste, les millions d'Indiens qui vivent dans une culture de castes fondamentalement inégalitaires en droit, les musulmans, du moins ceux qui veulent être gouvernés par la *charia*, ne peuvent avoir de la justice la même vision que nous. Tous possèdent cependant la notion de Bien, de Justice, aussi fortement ancrée dans leurs cultures que dans la nôtre. Ce n'est pas ici le lieu de discuter de façon plus approfondie ces questions morales qui sont loin de ne relever que des relations entre la pensée et le langage, mais cette réflexion me semble utile à prendre en compte par ceux qui voudraient les approfondir. Il va de soi que la transformation d'un concept en sentiment n'est nullement, dans mon esprit, une rétrogradation[1]. Quant à la vérité, si on m'accorde que ce qui sera exposé au chapitre 4, à savoir qu'elle ne peut être que le sentiment d'une congruence entre deux états d'âme et, s'il s'agit d'une congruence interpersonnelle, d'adéquation entre la pensée de l'auditeur ou du lecteur et ce qu'il reconnaît de la pensée du locuteur ou de l'auteur, elle peut aussi bien se rencontrer dans les sentiments que dans les concepts. On peut même imaginer, avec la prudence qu'impose la tolérance, qu'il existe, en la matière, une vérité fondamentale vers laquelle tendre. C'est le point de vue généralement tenu par la civilisation occidentale qui a imposé les Droits de l'Homme à l'ensemble de la planète ou qui, du moins, cherche à le faire. On peut considérer comme une certaine vérification expérimentale le fait que, progressivement, les populations qui apprennent à les connaître tendent à les adopter.

---

1. On peut penser aux confidences de Platon dans la *Lettre VII* qui raconte comment « aux temps lointains de sa jeunesse », les Athéniens ont mis à mort « le plus juste de tous les hommes, Socrate, ce vieillard que je chérissais ». De fait, c'est le *sentiment* de l'injustice qui, par la révolte qu'elle suscite, fait naître la « soif » de la justice. On peut d'ailleurs souligner que l'Europe a reconnu en deux justes injustement suppliciés, Socrate et Jésus, les figures archétypiques de l'humain, deux maîtres qui aidaient leurs semblables à naître à eux-mêmes en vérité, ce qui est impossible par la froide raison. Il y faut l'amour, l'intelligence et la sagesse de l'amour : « *Ecce Homo* ».

Sensualisme et conceptualisme

Si maintenant nous cherchons à situer la philosophie de la connaissance issue de la notion de pensée sans langage entre sensualisme et conceptualisme, nous nous rendons compte que cette distinction est passablement artificielle. Si nous nous référons à la vision du concept, telle que nous l'a suggérée l'expérience de Rumelhardt, c'est-à-dire l'évolution de la matrice des pondérations synaptiques du réseau neuronal vers un « attracteur » mathématique, sous l'influence des données sensorielles recueillies à propos d'un objet quelconque, nous sommes aisément convaincus que l'acquisition de cet état est strictement contemporain de toutes les perceptions sensorielles, autrement dit, que l'acquisition des données sensorielles est strictement simultanée à l'établissement de concepts. On n'imagine même pas comment le cerveau pourrait acquérir l'intuition de l'objet en question sans que se mettent en place des pondérations synaptiques aboutissant au classement de l'objet. En d'autres termes, l'ensemble des prédicats qui s'attachent à l'objet en question fait, d'un seul mouvement, qu'il est une poterie, une table ou un cheval, mais aussi tel pot, telle table ou tel cheval. On comprend mieux, dans cette perspective, que le référent universel de notre langage soit toujours notre pensée et non pas directement, même dans des opérations très simples, les objets de notre environnement. L'arbre pris en exemple plus haut ne peut jamais être celui de mon jardin, mais uniquement celui qui est dans ma tête ou, si l'on veut, l'arbre de mon jardin que j'ai dans ma tête, avec la kyrielle des connotations, associations d'idées, similitudes, souvenirs personnels (l'arbre où fut notre chiffre…), etc., qui y est attachée. Du coup, la question des universaux ne se pose guère. La conceptualisation est la même opération que la reconnaissance élémentaire, qualifiée d'intuitive, de l'objet singulier.

Il est vrai aussi que nous ne nous posons même pas la question de savoir si ces universaux ont une existence réelle, autrement dit s'ils existent dans la pensée de Dieu. Le seul fait dont nous puissions être convaincus est que, si le raisonnement est exact, ils existent dans la pensée de tout être humain. Nous pouvons aussi reconnaître que si certaines classifications sont purement arbitraires, d'autres constituent probablement un écho assez proche d'une réalité naturelle. On pense ici particulièrement aux classifications zoologiques ou botaniques. Le fait que la reproduction soit uniquement intraspécifique, du moins *grosso modo*, doit bien correspondre à quelque réalité naturelle. Aristote déjà disait que « la nature syllogise comme l'esprit ». Il faut pourtant rester sur nos gardes et se montrer très exigeants avant de reconnaître une classification comme naturelle. On a ainsi prétendu qu'il convenait de classer les grands singes dans le genre homo, sous prétexte que 98 % de leurs chromosomes sont identiques à ceux des hommes… Il ne faut pas alors oublier que le propre de notre cerveau est d'établir des ressemblances, que c'est pour lui une opération bien plus simple que de spécifier les différences. Il faut admettre que quiconque est incapable d'établir la différence entre un homme et un grand singe a un cerveau peu performant pour quelque motif que ce soit, ici probablement pour des raisons idéologique et passionnelles. Une fois de plus, nous nous trouvons amenés à déceler l'affectivité à l'intérieur de nos raisonnements. Prenons-en un autre exemple, peut-être plus clair, car loin de toute dispute sur la véritable nature de l'homme. Imaginons les souffrances psychologiques de Robinson Crusoë. À vrai dire, Daniel Defoe n'est pas très loquace à ce sujet, mais rien ne nous interdit de suppléer à cette absence d'intérêt envers la psychologie du naufragé. Il ne me paraît pas trop aventuré de penser que l'être humain qu'il rêvait d'avoir à côté de lui n'avait strictement aucune identité, aucune individualité, aucune singularité et, de ce fait, on ne saurait dire que l'aspiration de Robinson le portait vers des données sensorielles, tout au plus pouvait-il avoir fantasmé au sujet de ce semblable dont la présence lui était si cruellement nécessaire. Ne parlons pas, bien sûr, de présence féminine qui aurait choqué Daniel Defoe et son époque ! Encore moins aspirait-il à un concept ! On sera plus proche de la vérité en disant que l'être humain se définit ici comme un objet d'échanges affectifs réciproques. Encore le terme de définition est-il inapproprié, il vaudrait mieux dire que l'être humain est ici avant tout ressenti, essentiellement en creux, comme un manque, une absence, et ne demande pas à être défini. La condition d'humain exige en elle-même la présence d'autres humains. C'est ce *sentiment de carence* qu'éprouve le naufragé solitaire et c'est lui qu'il a dû combler par ses rêves, ses fantasmes qui ne correspondent obligatoirement ni à tel humain, ni à l'humain en général. Ces considérations nous font comprendre les erreurs des nominalistes anciens ou modernes : ils sont irrémédiablement logiciens.

Limiter la logique

L'un des points les plus importants à mes yeux parmi ceux qui seront évoqués à propos de l'herméneutique des textes scientifiques, est le divorce qui s'établit entre le langage logique utilisé dans les sciences dures et notre pensée ordinaire. De tout temps, le but de la logique a été de supprimer la démonstration intuitive pour la remplacer par une déduction automatique, on pourrait dire mécanique, ou mieux, informatique. Se débarrasser de l'intuition, c'est s'assurer de la qualité irréprochable du raisonnement déductif. Mais on a constaté que lorsque l'on réussissait parfaitement cette opération, cette suppression du raisonnement intuitif faisait en même temps disparaître tout contrôle sur le raisonnement, si ce n'est la confrontation expérimentale lorsqu'elle est possible. Elle seule donne la garantie de la « qualité du raisonnement » appliqué au monde réel. On sait d'ailleurs que qualité du raisonnement ne signifie pas justesse du fait de la sous-détermination des théories, plusieurs théories incompatibles pouvant permettre de prédire les mêmes résultats. Mais si on abandonne le contrôle expérimental, les montages théoriques que l'on peut faire, tout logiques qu'ils soient, ne peuvent passer que pour les fantaisies à contrôler, le plus souvent incontrôlables, et, de ce fait, de peu d'intérêt. Un exemple parfait se rencontre dans la théorie des mondes parallèles, l'alternance cyclique de *big bangs* et de *big crunches* ou encore concernant les innombrables modalités d'interférence entre pensée et matière[1].

On peut en tirer la conclusion que la logique développée sans contrôle peut devenir folle. Les raisons de cette folie sont assez aisées à déterminer. Il en existe au moins deux : l'incertitude des axiomes de départ et, par ailleurs, l'impossibilité dans la vie pratique de garder un vocabulaire dont la signification soit biunivoque. Il n'est pas besoin d'insister sur le fait que tirer des déductions de bases erronées ne peut donner que de faux résultats. Quand on connaît, en outre, la sensibilité des systèmes complexes aux conditions initiales, on comprend qu'il puisse être extrêmement difficile de partir de bases absolument certaines. Quant à l'incertitude du vocabulaire, dans le cadre des relations de la pensée et du langage que nous avons soutenues, elle est encore plus obvie qu'elle pouvait l'être précédemment. Il faut reconnaître que bien des philosophies partent d'axiomes incertains et développent des terminologies dont la permanence sémantique est loin d'être toujours assurée. Si l'on ajoute à cela la confrontation d'un certain nombre d'idéologies philosophiques à l'expérience pratique à laquelle elles ont donné lieu dans les sociétés humaines, on reconnaîtra qu'une certaine prudence est nécessaire avant de se laisser subjuguer par de longs raisonnements que, généralemen, ni l'expérience ni aucune espèce de jugement intuitif ne permettent de contrôler.

1. Je me suis moi-même compromis sur ce sujet, comme on le verra plus loin à propos de la conscience. J'estime qu'il est tout différent de constater les interférences entre la pensée et la matière et de chercher à les interpréter philosophiquement sur le mode de la transformation, sans entrer dans les détails de cette opération que nous ignorons totalement, et à l'inverse, de faire semblant que l'on peut préciser physiquement les modalités de l'interférence.

Les inconvénients du langage

On a vu que le langage ne peut pas rendre simultanément tous les services que l'on voudrait obtenir de lui : l'extension sémantique, la précision sans faille, etc.

Le langage appauvrit la pensée

Mais il y a plus. Même si nous restons sur un plan linguistique relativement traditionnel, il faut reconnaître avec Nietzsche que « tout concept n'est que l'identification du non identique ». De fait, utiliser un concept général comme celui d'homme, c'est omettre complètement les caractéristiques qui font la singularité de chaque être humain.

De plus, il tombe sous le sens que nous ne pouvons transmettre aisément aux autres humains que les aspects de notre pensée qu'ils peuvent partager. Mieux nous nous connaissons, plus nous possédons d'éléments en commun, plus profonds pourront être nos échanges. Mais, même dans le meilleur cas, la plus grande partie de notre expérience humaine nous est trop personnelle pour pouvoir être véritablement partagée et elle colore de manière originale l'ensemble de notre vie psychique. Les mots sont assez impuissants à traduire nos états affectifs. Sans même nous attarder à eux, nos points de vue sur le monde sont nécessairement en grande partie personnels, si bien que les possibilités de compréhension mutuelle ne sont jamais absolues.

Il n'est pas non plus difficile de comprendre que si le langage rigidifie la pensée, qui est la fluidité même, qui fluctue d'un instant à l'autre, comme nous venons d'en convenir, celle-ci ne peut se trouver qu'amputée par cette coagulation. Dans le domaine des associations d'idées, il paraît assez clair que la fluidité de la pensée multiplie les occasions d'association et que la rigidifier par la parole c'est diminuer ces associations et, peut-être, les réduire aux associations verbales infiniment moins riches. Nous avons souligné dans le deuxième chapitre que le modèle théorique de traitement de l'information proposé par Alexandre Temkin stipulait que si l'information pouvait être transformée en un code verbal, c'était nécessairement en perdant au passage quantité d'informations. Toute médaille a son revers. J'ai suggéré ailleurs que le rôle thérapeutique de la verbalisation des non-dits pouvait tenir à cette rigidification par verbalisation qui limiterait la propagation dévastatrice des affects. Il va de soi que cette remarque ne va pas au-delà de la suggestion.

Le raisonnement purement verbal

Ce paragraphe est bien à sa place dans le chapitre sur le rôle du langage dans la pensée : prendre pour un raisonnement des enchaînements de mots sans signification, car telle est la signification d'un raisonnement purement verbal, est bien la preuve irréfutable que le langage joue un certain rôle dans la formation de la pensée complète. Naturellement, cela souligne en même temps les dangers du langage, tels qu'ils étaient apparus depuis Platon.

Malgré la doctrine de non-séparabilité du langage et de la pensée, personne ne semble avoir mis en doute l'existence de raisonnements purement verbaux. Il semble important de réfléchir sur la nature de cet inconvénient du langage. Son existence signifie que le discours peut être trompeur par son apparence extérieure, passer pour convaincant, mais rester sans signification véritable, principalement par absence de juste relation au monde extérieur ou à la représentation que nous en avons. Le risque est grand de créer par nos mots des entités fictives que nous prenons pour des réalités et de leur prêter des propriétés nécessairement arbitraires. Au XVIIIe siècle, Berkeley avait précisément mis en garde contre le danger de déréalisation que font encourir les abstractions si l'on oublie leur nature fictive et leur rôle simplement opératoire dans le processus de connaissance, c'est-à-dire de modélisation schématique du monde.

La situation paraît tout à fait semblable à celle de la logique formelle dont nous montrerons les difficultés d'utilisation dans le chapitre suivant : elle enchaîne des symboles sans signification, mais avec une rigueur séduisante. Si nous essayons d'appliquer ses raisonnements à la réalité telle que nous croyons la percevoir, nous allons remplacer des symboles sans signification par des mots dont la signification est loin d'être biunivoque et nous risquons alors de provoquer des glissements sémantiques (par exemple, on passera, comme ce fut le cas au XVIIe siècle, de la matière à la substance, glissement dénoncé au XXe siècle par Whitehead, à la suite de Berkeley, mais aussi par Mach, etc.). Qui plus est, nous ne sommes pas assurés que les axiomes de départ soient conformes à la réalité que nous cherchons. Si le raisonnement reste alors coupé de tout contrôle de conformité au monde extérieur, idéalement par l'expérimentation scientifique, à défaut par confrontation à l'expérience que nous avons du monde dans lequel nous vivons, il est au mieux capable de démonstrations incontrôlables et, par conséquent, sans intérêt, au pire susceptible de n'importe quel dérapage, comme on l'a vu pour le scientisme (le marxisme se présentait comme matérialisme historique détenant le savoir des « lois de l'histoire », le nazisme appliquant, lui, la taxinomie qui avait classifié les espèces au siècle précédent aux hommes eux-mêmes, hiérarchisant les prétendues « races »). Disponsons-nous, dès lors de critères permettant infailliblement de repérer cette erreur ? Bien des problèmes philosophiques seraient réglés si c'était le cas. Comme l'a montré Popper, seul le recours à l'expérience peut corroborer une théorie, encore n'est-ce qu'à titre provisoire. Une théorie infalsifiable, comme c'est le cas de la plupart des philosophies, peut-elle prétendre au statut de vérité ? Nous laisserons cette question essentielle en suspens, car la seule critique du langage ne permet pas d'y répondre ni même de l'aborder. Nous donnerons un point de vue sur ce sujet dans notre dernier chapitre.

Toute grande pensée vient de l'émoi ressenti face au réel, au mystère des choses, au fait qu'il y a « quelque chose et non pas rien ». Cette émotion est affective, non verbale, même si des tempéraments comme ceux d'un Augustin, d'un Pascal ou d'un Kierkegaard, peuvent ensuite l'écrire en lettres ardentes qui nous touchent encore par-delà les siècles. La vraie logique de notre langage est en effet de traduire notre pensée non verbale qui est d'abord la saisie globale de l'écheveau intriqué de nos expériences auxquelles nous avons dès le départ tenté de donner une signification dans laquelle la part de l'affectivité est essentielle. Dès l'aube de notre civilisation, Platon l'a compris : c'est l'amour de la vie vécue en vérité qui est le moteur de l'âme pensante. C'est cet amour qui fit que Socrate préféra mourir plutôt que de se renier.

Ainsi, toute la question du *frame problem* se trouve posée ; *frame* est souvent traduit par « cadre », mais le serait mieux par « structure » ou « trame ». La logique, comme nous l'avons souvent répété, ne représente qu'une petite province de notre pensée, celle de la forme. Mais la forme n'est pas le fond. Pour tout philosophe authentique, le fond est l'expérience humaine : les hommes, dit Hegel, ont vécu avant de réfléchir leur vie dans la pensée. La philosophie ne peut donc être qu'une reprise spéculative du vécu de l'humanité.

Une grande partie des problèmes de la philosophie du XXe siècle a tenu à l'exagération du rôle de la logique dans la pensée. Ancrer la réflexion dans l'expérience et préciser le domaine d'application de la logique me paraît le seul remède contre les raisonnements purement verbaux.

4

Herméneutique

Comment le sens vient-il au discours ? Voilà une question à laquelle la linguistique et l'ensemble de recherches sur le langage n'ont pas réussi à répondre. La conclusion de l'article sémantique de l'*Encyclopaedia Universalis* ne laisse guère d'espoir : « Quel véritable Eldorado pour la théorie des signes que notre époque, maintenant que le signe est déchaîné ! », s'écrie Hjelmslev en 1953. Quelques décennies plus tard, le signe n'est toujours pas dompté – et il est permis de penser qu'il ne le sera jamais ; qu'aucune « théorie globale » ne parviendra à maîtriser cet incessant « harcèlement des formes par le sens. »[1]

Dont acte. Nous ne chercherons pas à le résoudre, mais plutôt à comprendre la raison de cet échec et à découvrir une autre manière de comprendre comment un discours ou un texte contient incontestablement du sens, sinon un sens univoque.

Principes généraux

UNE DEVINETTE

Le sens global du discours donne leur valeur aux termes qu'il contient. Ceux-ci sont autant de signaux permettant de *deviner* le sens global.

> « Demain, vous schtroumpferez aux urnes pour schtroumpfer celui qui sera votre Schtroumpf ! Et à qui allez-vous schtroumpfer votre voix ? À un quelconque Schtroumpf qui ne schtroumpfe pas plus loin que le bout de son

1. KERBRAT-ORECCHIONI C., *La sémantique*, in Encyclopaedia Universalis, 2002.

> schtroumpf ? Non ! Il vous faut un Schtroumpf fort sur qui vous puissiez schtroumpfer sans schtroumpfer ! Et je suis ce Schtroumpf ! Certains – que je ne schtroumpferai pas ici – schtroumpferont que je ne schtroumpfe que les honneurs ! Ce n'est pas schtroumpf ! C'est votre schtroumpf à tous que je veux être et je me schtroumpferai jusqu'à la schtroumpf s'il le faut pour que la schtroumpf règne dans nos schtroumpfs ! »[1], etc.

Ce n'est pas par provocation ni même par humour que je débute ce chapitre en citant les Schtroumpfs. En fait, cette citation nous met au cœur de la question herméneutique en posant un problème qui certes peut paraître plus compliqué que celui de la métaphore ou de n'importe quelle autre figure de style, mais nous aide au contraire à le résoudre.

La citation des Schtroumpfs souligne que le remplacement de la plupart des verbes par le mot, ou plutôt le non-mot, « Schtroumpfer » et d'un grand nombre de noms communs ou d'adjectifs par le non-mot « Schtroumpf » n'interdit pas une compréhension globale du texte. Dans cette situation caricaturale, nous percevons aisément l'exercice mental nécessaire pour obtenir ce résultat : nous devons faire l'effort de relier entre eux les mots les plus caractéristiques qui sont nos seuls guides, si nous nous contentons du texte brut tel qu'il est ici fourni. Lorsqu'on lit la BD, on bénéficie, en outre, de tout le contexte de l'histoire. Cet élément hors texte n'est pas ici indispensable, mais dans un grand nombre de circonstances, il prend au contraire une importance primordiale. Cet exercice d'imagination est vraiment prototypique de celui que nous faisons régulièrement en face de tout discours ou texte, sans même y penser : deviner à partir de signes de piste plus ou moins précis l'intention du locuteur ou de l'auteur.

Si nous considérons le verbe « Schtroumpfer » et le mot « Schtroumpf » comme des figures de style d'un nouveau modèle, il nous apparaît clairement qu'il n'est pas très utile d'essayer de mesurer l'écart entre cette figure et le mot propre qui aurait convenu, car il est infini, la valeur sémantique de ces non-mots étant nulle. Inutile de chercher le terme le plus précis pour tenter de trouver un point de départ à cette mesure, inutile de tomber dans l'illusion scientiste que le mot scientifique est porteur du sens fondamental. Il est évident que ces non-mots sont là pour les nécessités de la syntaxe, car les omettre empêcherait réellement toute compréhension, faites-en l'essai, ou à tout le moins nous compliquerait la tâche, alors que l'apport de leur présence est sémantiquement nul. Nous aurons à nous en souvenir : si dans un discours bien fait tous les mots ont une utilité, celle-ci peut être purement syntaxique.

---

1. Extrait de *Le schtroumpfissime*, DELPORTE Y. et PEYO, Paris, Dupuis, 1978.

Une condition d'utilité purement syntaxique de certains mots est leur parfaite neutralité. Il est évident que si nous avions remplacé « Schtroumpfer » et les « Schtroumpfs » par un verbe ou un mot dont la signification contrarierait le sens général, nous serions perdus. La leçon tirée de ce petit texte sans prétention autre que l'humour est que nous pouvons sans hésiter renoncer à chercher dans la figure de style elle-même l'explication de sa signification. Cette conclusion ne s'applique évidemment pas aux figures de style passées dans la langue commune dont la valeur sémantique est naturellement celle de tout nom ou adjectif commun. La signification d'une figure de style originale réside dans le contexte, ou à tout le moins est éclairée par ce dernier. Il va de soi qu'ainsi éclairée, elle peut, de plus, par sa qualité, apporter un supplément d'information, mais par sa connotation plutôt que par sa signification propre.

Cependant, l'enseignement le plus important et le plus général est sans doute que l'effort herméneutique consiste entièrement en la reconstitution de ce que l'orateur ou l'auteur veut dire à partir des signaux linguistiques qu'il émet ou a émis, mais qui ne peuvent être correctement et complètement interprétés qu'en fonction des données contextuelles et des situations vitales dans lesquelles ils sont apparus[1].

Rien de neuf à cela, puisque les auteurs qu'on peut dire classiques l'ont déjà démontré. On connaît sur ce sujet l'impressionnant travail de P. Ricœur[2]. L'avantage du petit texte des Schtroumpfs réside dans la spectaculaire économie des moyens de la démonstration : quelques lignes de texte et très peu de commentaires. Pour être

1. L'exemple des Schtroumpfs a été repris sous un autre mode dans le fameux canular diffusé sur le mail : « *aoccdring to a rscheearch at Cmabrigde Uinervtisy, it deosn't mttaer in waht oredr the ltteers in a wrod are…* » ; ou encore : « sleon une édtue de l'uvinertisé de Cmabrigde, l'odrre des ltteers dans un mot n'a pas d'ipmrotncae, la suele coshe ipmrotnate est que la pmeirère et la drenèire soit à la bnnoe pclae. Le rsete peut être dans un dsérorde ttoal et vuos puovez tujoruos lrie snas porbèlme. C'est prace que le creaveu ne lit pas chuaqe ltetre elle-mmêe, mias le mot cmome un tuot. » ? (extrait du journal *Le Monde* du 1er octobre 2003). Au premier abord, on pourrait croire en la similitude des deux expériences, celle des Schtroumpfs et celle de Cambridge, puisque nous nous livrons à une petite devinette pour lire chaque mot. En fait, le mécanisme est fort différent, car l'exercice ne porte que sur l'identification littérale de chaque mot. Une fois faite, le plus souvent, il ne reste aucune ambiguïté. *Université de Cambridge* ne peut pas, en définitive, se lire autrement. *Odrre* pourrait se lire *dorer*, mais si on respecte la règle selon laquelle la première et la dernière lettre doivent être les bonnes, « ordre » s'impose. L'intérêt de cet échantillon de lecture brouillée est de montrer la souplesse de notre système d'utilisation du code qui porte même sur les signaux élémentaires. Que cette souplesse ait des limites va de soi : il faut que le nombre de mots en clair soit suffisant et que le mélange ne soit pas trop poussé, ce qui ralentirait la lecture, sans l'empêcher totalement, à condition que la même anagramme n'ait pas plusieurs solutions ou plutôt que les anagrammes ambiguës ne soient pas trop nombreuses. La différence entre les deux exercices peut aussi s'exprimer ainsi : dans le deuxième, un programme informatique simple peut restituer les mots déformés : il suffit d'essayer toutes les solutions possibles respectant la règle et de les confronter à un dictionnaire ; dans le premier, celui des Schtroumpfs, il faut substituer à *schtroumpf* un mot dont le choix est très ouvert et qui donne *sens*, compte tenu du contexte et du hors texte ; cet exercice-là, l'ordinateur ne sait pas le faire.

2. Ricœur P., *La métaphore vive*, Paris, Seuil, 1975.

juste, il faut aussi rappeler la sobre démonstration de Paulhan[1]. D'après lui, une règle fondamentale est la prépondérance du sens sur la signification. Le sens d'un mot est la somme de tous les événements psychologiques éveillés par lui en notre conscience. C'est un tout dynamique, fluide, complexe comportant différentes zones d'inégale stabilité. La signification est seulement l'une des zones du sens, la plus stable et la plus précise. Un mot acquiert son sens en fonction du contexte et change de sens en fonction de celui-ci ; la signification reste stable. La signification du dictionnaire n'est rien de plus qu'une pierre dans l'édifice du sens, rien de plus qu'une potentialité qui trouve sa réalisation dans le langage. Dans *La Cigale et la Fourmi*, les mots : « Eh bien ! Dansez maintenant » ont bien une signification constante et définie. Isolés de leur contexte, ils ne constituent qu'une banale invitation à la danse, peut-être d'un maître de cérémonie lors d'une fête. Ils ont évidemment un sens tout autre dans la fable qui nous a méticuleusement décrit la misère de la cigale, réduite à la dernière extrémité : « prenez bien du plaisir et mourez-en ! » est l'interprétation tragique d'une phrase banale à laquelle il faut ajouter « si vous saviez comme je m'en moque ! ». Un mot dans son contexte signifie à la fois plus et moins que le même mot isolé. Davantage, puisqu'il acquiert de nouveaux sens ; moins, parce que son sens est limité par le contexte. Le sens d'un mot, dit Paulhan, est un phénomène complexe, changeant, protéiforme. Il change selon les esprits et les situations ; il est presque illimité. Le mot prend son sens de la phrase, la phrase du paragraphe, le paragraphe du livre, le livre de tous les travaux de l'auteur. On pourrait allonger la liste en y insérant tout le contexte biographique et culturel. Avec le temps, les mots changent de sens, c'est bien connu, mais les idées changent elles-mêmes de nom. Un mot peut être remplacé dans une phrase sans qu'elle change de sens ; parler du « vainqueur d'Austerlitz » ou du « vaincu de Waterloo » ne modifie pas le sens (pris dans l'acception de référence) bien que tous les mots diffèrent. La valeur affective est évidemment bouleversée. Mots et sens sont relativement indépendants les uns des autres.

La grande question à laquelle la linguistique n'a pu répondre, car elle est extra-linguistique, est celle-ci : comment la figure de style, prise dans son sens le plus large, en y incluant par exemple la litote ou l'ironie, est-elle comprise avec ses nuances diverses ? La réponse devient toute simple à partir du moment où la référence du

1. Cité par Vygotsky (VIGOTSKY L., *Thought and language,* edited and translated by E. Hanfmann & G. Vakar, Cambridge Mass., MIT. Press, 1975) qui ne donne malheureusement ni la référence ni le prénom (il s'agit vraisemblablement de Frédéric).

discours n'est plus recherchée dans le monde extérieur ni dans la trame du discours lui-même, mais dans l'intention du locuteur ou mieux dans sa pensée, dans le sens le plus général que nous lui avons donné. L'esprit de l'auditeur ou du lecteur consciencieux est à la recherche des indices qui lui permettront de reconstituer au plus près possible la pensée du locuteur ou de l'écrivain. Ces indices vont lui permettre de saisir des nuances aussi fines que l'ironie. Il fut un temps où l'on a proposé de faire figurer dans la ponctuation un point d'ironie qui aurait précédé et suivi le passage traité sur ce mode. Le peu de succès de cette proposition montre sans doute que cette ponctuation n'était pas nécessaire et que l'on pouvait faire confiance au jugement des lecteurs. C'est la rédaction générale d'un discours ou d'un texte, d'une œuvre, quelle qu'elle soit, qui donne aux lecteurs ou aux auditeurs des indications sur le but poursuivi par l'auteur et qui marque l'amplitude de l'effort d'imagination que doit faire le lecteur : il est évident qu'il sera restreint dans une publication scientifique, mais au contraire débridé en face d'une œuvre poétique. La grande erreur commise par nombre de philosophes du langage a consisté à vouloir tirer tout le sens de la teneur littérale du texte, sans voir la complexité des relations entre ses parties, car si chaque mot apporte sa contribution au sens global, en retour, le sens global modifie le sens des mots. Cet équilibre dialectique ne semble possible que par le travail de compréhension non verbale évoqué par le texte. Sans cette souplesse, il est bien difficile de s'expliquer comment le langage se coule si aisément dans les divers registres où on l'utilise. Saussure a affirmé que signifiant et signifié étaient comme les deux faces d'une même feuille de papier : on ne pouvait découper l'une sans découper l'autre. Cette assertion péremptoire a bloqué les esprits. L'expérience des aphasiques est évidemment la démonstration du contraire, mais aussi bien, dans la vie courante, le fait que les lapsus n'empêchent généralement pas la compréhension du discours. Sans ce renvoi à une compréhension non verbale, il est impossible de saisir n'importe laquelle des métaphores. Je m'excuse de reprendre comme exemple la sempiternelle « faucille d'or dans le champ des étoiles » et de la transformer de la sorte en scie. Il est bien évident que la lune n'est pas dans le texte, mais elle surgit sans la moindre difficulté dans l'esprit du lecteur de *Booz endormi*, comme il est évident que le lecteur parlant aisément le français aura vite choisi le sens relativement rare du mot scie que j'utilise dans mon propre texte. On aura beau scruter le texte on n'y trouvera pas davantage la rengaine ! Ces véritables référents ne viennent *verbalement* dans notre esprit que si on nous demande une explication de texte. Sinon, nous avons compris, tout simplement.

L'accent a été mis sur l'effort que devait faire le lecteur consciencieux pour saisir le sens d'un texte oral ou, plus encore, écrit, à la suite de celui qu'a dû faire l'auteur honnête pour faire connaître sa pensée. Il reste que, quels que soient les efforts des uns et de l'autre, la pensée humaine est trop diversifiée pour qu'on puisse espérer une reproduction de la pensée d'un auteur dans l'esprit de n'importe lequel de ses interlocuteurs. Tout y porte obstacle : les différences de mentalités selon les époques et les aires de civilisations, tout comme les différences individuelles entre contemporains appartenant à la même zone culturelle. Jamais la pensée d'un autre ne sera assimilée dans son entièreté et, en l'absence de cette impossible compréhension exhaustive, l'interprétation est non seulement partielle, mais aussi partiellement déformée.

Cette vision de l'herméneutique sera complétée au chapitre 7 par la mise en évidence que nous ne pouvons penser qu'à partir et au travers de nos préjugés, une autre manière de formuler la phrase précédente. Nous retrouverons alors, mais sous une forme extrêmement simplifiée, tous les éléments du débat établi à la fin du XXe siècle sur l'herméneutique. Le terme de simplification ne doit pas être pris dans un sens péjoratif de mise à la portée des esprits simples, mais bien de clarification à partir de données positives peu contestables et, de ce fait, d'une meilleure façon de poser la question, en sorte que les réponses jaillissent d'elles-mêmes.

Contre la critique du préjugé inaugurée par les Lumières, Gadamer affirme que l'interprétation peut comprendre les significations originelles d'un texte transmis par la tradition. Celle-ci, loin d'être pour nous un élément étranger, est un héritage conservé dans la langue, dans la culture et dans l'art. Les philosophes des Lumières ont dénoncé comme *préjugé* cette *tradition inconsciente* à laquelle Gadamer rend sa valeur : « les préjugés de l'individu sont, bien plus que ses jugements, la réalité historique de son être ». « La réflexion sur soi-même de *l'individu n'est qu'un éclair dans le courant de la vie historique* ». Dans la critique de l'autorité de la tradition par les Lumières, Gadamer dénonce « le préjugé contre les préjugés ». Se trouver placé au sein de traditions ne constitue pas une aliénation de la liberté, c'est plutôt se trouver au cœur du sens des choses déjà dites par ceux qui nous ont précédés ; c'est donc être situé au sein d'un héritage à déchiffrer comme vecteur du sens auquel nous sommes voués et pouvoir le réexprimer par soi-même après l'avoir compris, se l'être approprié. L'héritage compris est le remède à la déshérence contemporaine.

Le rôle de la tradition paraît inévitable, car nous ne pouvons imaginer que nos convictions, quelles qu'elles soient, se soient développées en dehors de toute ambiance culturelle, elle-même héritière d'une longue histoire, en accord ou en opposition avec elle, que, nés au XXe siècle, nous pourrions penser comme au XIIe. Le rôle de la critique est tout aussi évident, autant du fait de la personnalité propre du lecteur que de l'ambiance culturelle. Il reste, enfin, que le texte est bien la codification d'une pensée humaine et que, de ce fait, les limites de son interprétation ne sont pas indéfiniment extensibles. Le texte en lui-même possède un noyau sémantique objectif qui limite, ou devrait limiter, la fantaisie interprétative des lecteurs de bonne foi. Toutefois, on est bien loin du point d'Archimède linguistique susceptible de fournir une base solide à l'interprétation rationnelle d'un texte.

LA RÉFÉRENCE VARIE SELON LE GENRE DU DISCOURS

Tel est l'esprit général de l'herméneutique. Il faut néanmoins souligner que la référence d'un discours varie selon sa nature. En fait, la référence va du monde extérieur lui-même jusqu'aux sentiments. En général, une œuvre déterminée choisit le type de référence auquel elle veut renvoyer. Néanmoins, il est possible qu'à l'intérieur d'une même œuvre le type de référence varie. Le lecteur ou l'auditeur trouve en général dans le contexte les éléments qui guident son choix.

Le discours scientifique

Le discours scientifique mérite d'être étudié à part. Depuis la Renaissance, le savant cherche à décrire le monde extérieur qu'il observe en des termes aussi objectifs que possible. Ses états d'âme sont censés ne jouer aucun rôle dans la description de ses observations et expériences. Du moins, est-ce la version des faits qui nous a été inculquée. La réalité paraît un peu différente. La motivation de Galilée pour la science physique et astronomique est d'abord une volonté de mathématisation de la nature. L'inspiration de cette volonté était une conviction philosophique, comme Olivier Rey l'a montré de façon convaincante[1]. Quoi qu'il en soit, le but devient la description aussi exacte que possible de l'univers grâce aux mathématiques et les mathématiques ne comportent pas les états d'âme. Tant que ces observations furent réalisées directement avec les organes des sens ou par l'intermédiaire d'instruments relativement simples, leur description ne fut pas trop difficile, bien que le

1. REY O., *Itinéraire de l'égarement. Du rôle de la science dans l'absurdité contemporaine*, Paris, Seuil, 2003.

langage mathématique nécessaire fût devenu de plus en plus complexe. Mais lorsque le « savant » se mit à utiliser des instruments beaucoup plus sophistiqués, le physicien découvrit un monde étrange qui ne pouvait plus être convenablement décrit dans la langue ordinaire. À la recherche d'un langage qui lui permît d'exprimer le résultat de ses expériences, il eut à utiliser des mathématiques de plus en plus complexes et proches d'un langage formel.

Or, le langage formel constitue un cas particulier, car la logique formelle a pour but de supprimer la part de la pensée sans langage au profit d'un langage automatique, sans erreur possible, vu la rigueur des règles sémantiques. C'est pour traquer toute trace d'intuition que Hilbert avait suscité un programme de logicisation totale des mathématiques. *In fine*, la logicisation a bien pour effet de substituer une mécanique verbale aux intuitions non verbales. Dans une certaine mesure, c'est également le cas des mathématiques lorsque le calcul joue un rôle essentiel. Cet effort est payé de retour, comme l'on sait, puisque les mathématiques ont permis de décrire en physique quantique des expériences impossibles à rapporter dans le langage courant.

Pendant toute la période classique de la physique, en y incluant la théorie de la relativité, les physiciens ont toujours compris ce qu'ils faisaient et les calculs qu'ils exécutaient. Par comprendre, je veux dire rattacher ces calculs à des notions qui leur restaient familières, autrement dit qui correspondaient ou du moins n'entraient pas en contradiction avec les données de leurs sens. Leurs calculs traduisaient véritablement leur pensée, leurs conceptions.

Lorsqu'ils se sont trouvés confrontés à la physique quantique, les physiciens ont dû rechercher un langage qui rendît compte de leurs observations, mais qui ne correspondait plus à aucune vision naturelle du monde physique. Un exemple typique, fondateur même, est celui de Planck expliquant comment lui était venue l'idée des quanta :

> « C'était une hypothèse purement formelle et je ne lui ai réellement pas accordé beaucoup de réflexion autre que, quel qu'en fût le coût, je devais amener un résultat positif. »

En d'autres termes, Planck a été obligé d'inventer un langage qui rendît compte des faits observés, même s'il n'en comprenait pas la signification et s'il n'envisageait même pas sérieusement, à cette époque, une discontinuité de l'énergie.

Mais le résultat est surprenant. Les physiciens fonctionnent à deux niveaux : le niveau formel dans lequel ils se sentent à l'aise tant qu'ils ne quittent pas ce langage. Au contraire, dès qu'ils essaient de traduire ce langage, de comprendre ce qu'il veut dire, c'est-à-dire de le ramener au niveau de nos expériences ordinaires, ils perçoivent un monde si étrange qu'ils ne comprennent plus eux-mêmes exactement ce que cela veut dire. En effet, pour réaliser cette traduction, ils sont contraints de faire appel à nos mots de tous les jours qui renvoient à des expériences non verbales qui nous sont, elles aussi, fournies par nos cinq sens totalement inadaptés au monde quantique. À remarquer que la validation du langage formel utilisé réside dans la possibilité de prédire à partir de lui des événements physiques. Rien ne prouve, cependant, que la description obtenue soit réellement la copie conforme de son objet. C'est ce doute qu'expriment les tenants d'une physique réaliste, aujourd'hui minoritaires. Si un non-physicien se permettait d'avoir une opinion à ce sujet, ce serait pour dire qu'il est, en fait, peu probable que l'on puisse traduire ce monde quantique dans des termes qui ont nécessairement trait à notre monde macroscopique. Mais, inversement, on n'a pas tort de souligner que ce n'est pas parce que le formalisme marche à peu près, et on peut ressentir le mode statistique comme un à peu près, qu'il décrit la réalité telle qu'elle est. Il n'en reste pas moins que nous avons là un modèle unique où le langage ne se *réfère* plus à la pensée non verbale, ne met plus en forme une pensée préverbale, mais cherche à se référer directement au monde extérieur même si c'est sur le mode de la prédiction plutôt que sur celui de la description. En forçant le trait, on pourrait dire que le module linguistique est devenu autonome ! Je dis bien en forçant le trait, car le physicien comprend bien à quelles règles de logique il obéit, mais cela ne le renvoie plus à aucune représentation extérieure. C'est ce qui explique le mot célèbre de Richard Feynman :

> « Je crois pouvoir dire à coup sûr que personne ne comprend la mécanique quantique. »[1]

Il n'existe pas de choses objectivables indépendamment des processus de connaissance. Nos sens sont très adaptés à notre mode de vie en même temps qu'ils le conditionnent. Ils ne nous informent en rien sur le monde tel qu'il est. Le spectre des longueurs d'onde auquel sont sensibles nos yeux et nos oreilles est étroitement délimité, chacune de nos entrées pour les cinq sens est filtrée. Varela insiste à juste titre sur le fait que le premier relais de la voie

1. FEYNMAN R., *The character of physical law*, Cambridge Mass., MIT Press, 1965, p. 129 (cité par O. Rey, loc. cit.), l.

optique, le ganglion géniculé, reçoit autant d'afférences du restant du cerveau que de la rétine. Le message venu de la rétine est transformé selon les besoins du cerveau. Les données de l'ouïe, du toucher, de la douleur ne sont pas moins filtrées en fonction des besoins de notre cerveau (lui-même adapté à notre organisme) que les données visuelles. Autant dire que l'objectivité, au sens fort du terme n'est pas de mise. Rien n'est donc objectivable sans tenir compte du processus de connaissance, comme l'avait bien vu Kant. À partir de cette constatation, il existe un monde extérieur dont la description est possible dans les termes et selon le découpage que nos sens et la façon d'être de notre cerveau nous imposent. Dès que nous en sortons, grâce à des moyens moins directement liés à nos sens, nous découvrons un monde étrange où l'énergie est discontinue, où règnent la non-localité et la non-séparabilité et dont nous ne pouvons exprimer les lois qu'en termes de statistiques. L'essentiel de ce qui nous est ainsi enseigné, c'est que le monde n'est pas comme il nous apparaît à travers nos sens et le cerveau qui va avec, si j'ose cette expression triviale. La neurophysiologie nous avertit à elle seule que le monde perçu est le monde de notre corps tel qu'il le voit ou le ressent et non tel qu'il est. Notre connaissance ne peut être que relative. Elle ne peut-être qu'un point de vue.

Il reste fascinant qu'on ait pu trouver un langage utile à la description des expériences qui nous ont révélé ce monde étrange. Ce langage est celui des grandeurs mesurables, celui des mathématiques, qui paraît être le point commun à tous les mondes physiques. Il me semble possible d'en tirer une suggestion venue de l'histoire des mathématiques. Ses débuts ont été extrêmement humbles, préoccupés uniquement de données pratiques pour les sociétés humaines : compter les quantités de nourriture, puis de monnaie, mesurer les surfaces agricoles, etc. Si nous examinons cette histoire, nous ne voyons aucune rupture entre ces racines pragmatiques élémentaires et les mathématiques les plus abstraites. Pour le neurologue que je suis, il est bien évident que les mathématiques qui s'appliquent au monde macroscopique et au monde quantique appartiennent au monde du cerveau. Ce qu'il ressent, tant à partir de l'histoire des mathématiques qu'à partir des données de la psychologie cognitive et de la neuropsychologie, c'est que les mathématiques sont bien une invention de l'homme et de son cerveau et qu'elles n'existent nulle part ailleurs. Ce point de vue est très bien défendu par Dehaene dans le livre précité. Dans la possibilité de traduire en langage mathématique aussi bien le monde macroscopique que le monde physique, je vois pour ma part une manifestation de la continuité entre le monde quantique et notre monde physique aussi convaincante que la décohérence et, pour moi, beaucoup plus facile. Il n'empêche que les mathématiques ne sont qu'une – superbe – construction de notre esprit, et nous touchons ici d'une autre manière les limites de la connaissance, abordées si magistralement par Hervé Zwirn[1]. Nous restons, en définitive, prisonniers de ce que nous sommes. Le réel nous restera voilé.

Nous avons parlé ici surtout des sciences dures et principalement de la physique quantique, car la nécessité qu'a ce discours de coller à un monde extérieur tellement différent de celui dans lequel nous avons l'habitude d'évoluer est telle que le langage formel avec son automatisme devient presque un langage sans pensée. Il n'en va naturellement pas de même dans le discours des sciences moins dures. Le discours ne reste scientifique que si l'auteur s'efforce de minimiser la participation de sa propre subjectivité au profit de la description du monde extérieur objet de sa science. C'est encore relativement facile en biologie, géologie, etc., mais très difficile, voire impossible, dès qu'on touche aux sciences humaines, à l'histoire, à la psychologie. On se rapproche là, obligatoirement, du discours ordinaire.

Le discours ordinaire

Dans le discours ordinaire, nous mêlons habituellement des considérations concernant le monde extérieur et nos sentiments. Lorsque nous parlons du monde extérieur, nous ne cherchons plus à faire effort pour effacer notre affectivité et nous en parlons de la manière dont nous le percevons. Dans ces conditions, la référence de notre discours n'est plus tout à fait le monde extérieur lui-même, mais, très précisément, notre pensée touchant à ce monde extérieur. Nous avons tous notre manière personnelle de le percevoir, de le comprendre, de le relater, mais c'est toujours dans le cadre d'un contexte familial, régional, national, culturel d'une époque. Pour ces raisons, il est généralement plus facile de se comprendre dans le cadre culturel étroit où l'on a l'habitude de vivre. La transposition des discours d'un milieu culturel à un autre en est évidemment considérablement compliquée. Les erreurs d'interprétation deviennent extrêmement communes, même si l'on emploie un langage véhiculaire qui peut n'être la langue maternelle d'aucun des deux interlocuteurs. Ce qui est en cause, en effet, c'est moins la langue utilisée, si elle l'est avec suffisamment d'aisance, que la culture elle-même, la façon d'interpréter les événements, la

1. Zwirn H., *Les limites de la connaissance*, Paris, Odile Jacob, 2000.

façon de les vivre. Mais ce ne sont là que banalités, sauf l'affirmation que la référence de notre discours n'est pas le monde extérieur, mais seulement le monde tel que nous l'interprétons. Un autre point sort de la banalité lorsque l'on admet que le discours a pour référence notre propre pensée, car notre affectivité fait partie de cette référence. Selon les circonstances, elle apparaîtra plus ou moins, mais elle n'est jamais absente et une interprétation correcte nécessite sa prise en compte. Il est utile de souligner aussi que le genre de nos discours varie considérablement et que si certains sont essentiellement tournés vers des réalités objectives, d'autres sont essentiellement tournés vers des réalités affectives.

Le mixage de ces deux composantes est extrêmement ordinaire, même si nous n'en avons pas conscience ou si nous nous efforçons de le camoufler, comme c'est si souvent le cas dans les discussions portant sur des domaines sensibles, telle la politique ou même la philosophie en prenant ce terme aussi bien dans son sens technique que dans une signification beaucoup plus vaste, globale et imprécise, comme il arrive lorsque chacun donne son opinion sur tel ou tel problème de société, par exemple. Sauf si nous y avons consacré une certaine réflexion, il n'est pas très habituel d'opérer une exacte distinction dans ce domaine entre les faits qui concernent le monde extérieur et notre manière de les ressentir. On voit sur ces quelques éléments l'extraordinaire souplesse nécessaire au langage pour exprimer toutes les nuances que nous mettons dans nos discours communs, la fluidité qu'il doit posséder pour pouvoir s'adapter à tant d'intentions différentes. En fait, il vaudrait mieux dire que notre langage doit rester suffisamment flou pour que notre pensée, qui seule possède cette souplesse, puisse s'adapter sans être contrainte par un code trop rigide. Ce que le Cercle de Vienne et les philosophies qui en sont issues considèrent comme des tares du langage, polysémie, imprécision, etc., sont en réalité des qualités indispensables pour l'utilisation courante de nos capacités linguistiques dans laquelle la préoccupation logique est généralement mineure. La dépréciation qu'ils font du langage commun tient uniquement à leur préoccupation logique. Incontestablement, beaucoup de questions philosophiques ont été soulevées du fait même de la non-explicitation de la nature de notre langage, et peut-être même, plus précisément, de l'importance excessive que nous avons accordée à sa forme en négligeant la pensée sous-jacente.

L'œuvre poétique

En débutant par le langage scientifique, puis en traitant du discours ordinaire, nous avons amorcé la description d'un spectre dont l'autre extrémité sera l'œuvre poétique qui a comme ambition principale de transmettre les impressions subjectives de l'auteur. En conclure que la proportion d'objectivité varie en sens inverse de la subjectivité d'un bout à l'autre du spectre ne serait qu'une lapalissade, si ce n'est que cela nous permet d'insister encore une fois sur l'inéluctabilité de ce message. Il n'est pas besoin d'insister sur la difficulté que nous avons à transmettre nos sentiments ; en revanche, nous devons comprendre pourquoi afin de saisir les stratégies utilisables pour répondre à cette nécessité.

Une première difficulté réside dans le manque de *concrétude* de ce qui est la référence du discours. Le mot « concrétude » demande à être précisé. Le discours scientifique cherche à se référer directement au monde extérieur ; il y parvient au mieux, mais encore de façon approximative, dans le domaine de la physique, pour laquelle il se transforme en une sorte de langage automatique, sans référence dans la pensée, devenant ainsi incompréhensible, au sens où on l'a dit plus haut, au physicien lui-même. Dans tous les autres modes de discours, la pensée non verbale de l'auteur constitue bien le référentiel ; il manque donc, par définition, de concrétude ; ce n'est que métaphoriquement qu'on peut lui en trouver une, dans la mesure où cette pensée sans langage est l'expérience que nous avons du monde concret. Or, dans cette expérience du monde concret, le monde nous apparaît discontinu, fragmentable en objets ; en même temps, l'expérience et aussi la perception de nos ressemblances interhumaines nous conduisent à voir le monde concret comme un espace commun à tous. C'est ainsi que nous pouvons établir un code conventionnel, le vocabulaire élémentaire servant à dénommer les objets du monde extérieur. Il n'en va pas de même pour les sentiments et plus généralement les données immédiates de la conscience. Bergson a souligné, dès les premières lignes de sa thèse sur ce sujet, que « le langage exige que nous établissions entre nos idées les mêmes distinctions nettes et précises, la même discontinuité qu'entre les objets matériels », et a montré les difficultés philosophiques qu'entraîne cette exigence.

La difficulté principale provient du fait que nos sentiments n'appartiennent qu'au domaine privé. Or, s'il est possible de codifier ce qui appartient au domaine public, par définition accessible à tous, les expériences singulières sont proprement ineffables. Les cas les plus extrêmes sont rencontrés par le neurologue lorsqu'il écoute certains épileptiques essayer de relater le contenu de crises au cours desquelles ils éprouvent des impressions dont ils savent pertinemment l'étrangeté. Est étrange ce qui nous est étranger, tout ce qui ne fait pas partie des expériences familières ou imaginables. C'est bien le cas des expériences vécues au cours des crises à contenu psychique, quelle qu'en soit la variété. Pour certaines, il est possible de trouver des analogies pour essayer de se faire comprendre au moins approximativement. Les impressions de déjà-vu, ou plus exactement de déjà-vécu, les états de rêve (*dreamy state*) s'accompagnent toujours d'un sentiment d'étrangeté. D'autres sont encore plus extraordinaires et s'accompagnent de phénomènes de transformation corporelle ou d'héautoscopie[1], par exemple. Le sentiment d'étrangeté, d'ineffabilité éprouvé lors d'un épisode paroxystique est en lui-même un élément de diagnostic en faveur de l'épilepsie. Les zones intéressées par l'épilepsie au cours de ces crises se situent dans la région interne de la zone temporale dans laquelle s'élaborent nos états affectifs. Lorsqu'elles sont perturbées par des phénomènes non physiologiques, se manifestent des états de conscience spécifiques, inconnus des personnes en état normal, incommunicables de ce fait, proprement ineffables, mais aussi étranges aux patients eux-mêmes et difficiles à mémoriser. L'un de mes malades en témoignait bien, conscient qu'il était de ne pouvoir évoquer l'air de musique qui accompagnait chez lui de tels états, car, s'il trouvait l'air, c'est qu'il aurait la crise.

Lorsque nous tentons d'exprimer nos sentiments affectifs ordinaires, nous sommes bien conscients de leur singularité, d'où la difficulté à les exprimer, mais si nous tentons de le faire, c'est parce que nous avons conscience que, plus ou moins, les expériences affectives sont communes à l'humanité tout entière. Même en nous exprimant approximativement, nous avons donc des chances d'être compris.

Une première approximation est obtenue en fragmentant le flux de nos sentiments et en utilisant des mots de signification grossière, bonheur, angoisse, courage, volonté, justice qui nous disent plus ou moins quelque chose et que, du fait de leur verbalisation, nous prenons parfois pour des concepts. À tort, d'ailleurs, car ce sont des sentiments qui n'ont que peu à voir avec la logique. Nous misons alors sur l'universalité des sentiments qui servent de référents à ces mots. De fait, tant que nous nous en tenons à ces généralités, nous nous comprenons assez bien. Mais comment communiquer une analyse plus fine ? Il n'est pas facile de parvenir à une recension complète des moyens à notre disposition et je laisse à d'autres, mieux qualifiés, le soin de le faire. L'une des meilleures manières consiste sans doute à relater ou, mieux, à évoquer les circonstances de

1. L'héautoscopie consiste à se voir soi-même extérieurement jouer le comportement que l'on exécute réellement.

survenue des sentiments en utilisant pour les décrire les mots possédant les connotations les mieux appropriées. Nous entrons alors dans le domaine de l'invention et de la recherche de la vérité.

L'apparition dans ce cadre de la vérité peut surprendre. Elle se justifie cependant dans la mesure où l'on admet que la vérité (comme je l'ai développé ailleurs[1]) est la congruence (que seul l'intéressé peut apprécier) entre un vécu psychologique et un autre coexistant chez la même personne ; cet autre peut être d'origine intérieure, comme dans une découverte personnelle, ou résulter, et c'est le plus souvent le cas, d'une interprétation de l'expression verbale d'autrui. Cette congruence *parfaite* est *a priori* impossible entre un discours et un état de choses, comme entre un discours et un sentiment, en raison de la nature du langage. C'est en matière de psychologie ou de jugement éthique que la congruence la plus étroite peut se rencontrer, bien mieux que dans les correspondances avec la description du monde extérieur.

La recherche de la vérité, comme on vient de la situer, peut viser deux buts : la recherche de la compréhension d'un tiers, comme il arrive dans un entretien psychologique, au sens le plus général du terme, le but recherché étant alors mixte : l'expression d'une vérité intérieure et sa communication à un tiers ; ou bien la recherche artistique, poétique, où la vérité est certes présente dans la mesure où le poète ne sera satisfait que lorsqu'il trouvera son sentiment correctement exprimé, de son point de vue, sans se soucier excessivement de la façon dont il sera compris. Un poème ne saurait être un procès-verbal !

Il n'est pas utile que j'entreprenne ici l'étude détaillée des procédés si divers qu'utilisent les poètes, si divers eux aussi. Les œuvres pertinentes sur ce thème ne manquent pas ! Je ne ferai donc qu'un très bref commentaire pour illustrer de quelle manière le discours poétique se signale à notre attention pour solliciter l'attitude d'esprit nécessaire à son interprétation correcte.

Le texte poétique envoie toute une série de signaux pour signifier le genre auquel il appartient et la manière dont il doit par conséquent être interprété. Tout d'abord, l'utilisation de la sonorité du texte. Le rythme du vers, l'utilisation de rimes ou d'assonances, l'usage judicieux de la sonorité des mots dans les passages appropriés. Par goût personnel, je citerai volontiers la dernière strophe, et plus particulièrement le dernier vers, du sonnet de José Maria de Heredia :

1. LAPLANE D., *La Mouche dans le Bocal*, chap. 5.

« et là-bas, sous le pont, adossé contre une arche,
Hannibal écoutait, pensif et triomphant,
Le piétinement sourd des légions en marche. »

La sonorité caverneuse de ce vers n'est pas seulement une onomatopée ou, plutôt, une harmonie imitative, mais aussi une véritable marche funèbre.

Autant de signaux qui indiquent le genre littéraire et constituent l'œuvre d'art en contribuant à l'effet recherché : l'émotion artistique. Ils ne prennent cependant toute leur puissance que dans la mesure où ils sont alliés à la teneur même du texte, ici le martèlement sinistre du pas des légionnaires marchant vers le désastre et la mort.

Mais ce qui nous intéresse le plus ici, ce sont les signaux qui émanent du discours poétique lui-même. Pour illustrer ce point, je m'appuierai sur le remarquable commentaire de Maurice Pergnier sur le célèbre vers de Baudelaire : « mais le vert paradis des amours enfantines »[1].

Le commentaire débute par cet avertissement : « tout poème (tout vers) digne de ce nom, est, en soi, une réinvention de la poésie ; il ne serait, sinon, que l'application d'une recette préalablement mise à jour et ré-applicable à volonté ». Cet avertissement salutaire nous signifie les limites de toute herméneutique. Elle ne peut donner que des règles générales qui risquent encore d'être dépassées par le génie poétique.

« Vert paradis ». L'inversion de l'adjectif, dans la langue courante, ne se produit pratiquement jamais pour un adjectif de couleur. Mais c'est un procédé poétique commun qui a donné lieu, d'ailleurs, à de nombreux commentaires. Son utilisation contribue donc largement à la définition du genre littéraire.

Le choix de la couleur du paradis est intentionnellement surprenant. Il est en outre remarquablement polysémique. Le contexte du vers, l'ensemble de la poésie nous invite à ne pas choisir l'une des significations. La verdeur, c'est l'immaturité, celle des amours enfantines. Avec elle est communiquée la vigueur de la sève montante. Le vert est aussi la couleur de la nature, discrètement présente dans la strophe qui contient le vers étudié :

« les courses, les chansons, les baisers, les bouquets,
les violons vibrants derrière les collines,
avec les brocs de vin, le soir, dans les bosquets… »

1. Pergnier M., *Du sémantique au Poétique avec Baudelaire, Cocteau, Magritte*, Paris L'Harmattan, 1997.

Le vert est aussi la couleur du paradis terrestre, du jardin du paradis qui est aussi le paradis perdu immédiatement évoqué lorsqu'on lit dans la strophe suivante :

> « l'innocent paradis, plein de plaisirs furtifs,
> est-il déjà plus loin que l'Inde et que la Chine ? »

On aura noté qu'ici, comme ailleurs, un mot ou une fraction de texte ne prend toutes ses significations que dans le cadre de l'œuvre globale. Il faut donc accepter ou mieux exploiter cette polysémie de l'adjectif vert. Je cite ici Maurice Pergnier :

> « Il faut des circonstances inhabituelles pour que l'incertitude règne quant à l'acception pertinente, ou pour que plusieurs de ces acceptions soient présentées simultanément à la conscience. Or c'est justement ce qui se produit dans ce vers de Baudelaire. Du fait que "paradis" n'est pas un nom auquel un adjectif de couleur est attaché dans un champ contextuel préexistant, et que l'adjectif est antéposé, l'épithète est en situation de libérer sa charge sémantique entière. »

La même polysémie se retrouve à propos du terme de paradis, Éden à jamais perdu, ou séjour délectable des paradis retrouvés. Mais il s'agit ici du paradis des amours enfantines. À noter l'utilisation au féminin du terme des amours qui constitue en soi une licence poétique. L'adjectif vert, à travers le paradis vise donc les amours enfantines et les teinte d'une « ardente sensualité qui va de pair avec cette immaturité », dit Maurice Pergnier. Les baisers, les plaisirs furtifs éclairent à leur tour ce paradis des amours enfantines.

Malgré ces particularités, les grands principes de toute herméneutique ne sont pas modifiés : le lecteur, l'auditeur, doit s'efforcer de retrouver, de deviner au travers du texte les sentiments que le poète a voulu exposer et susciter. La grande particularité de la poésie est que le référent principal est l'affectivité du poète, sa subjectivité et que les éléments environnementaux fournis, appartenant au monde concret, sont à son service.

C'est ainsi que la poésie est par nature polysémique, puisqu'elle renvoie à un référent principal, la subjectivité, en même temps qu'à un référent extérieur qui est au service du référent principal. Cependant, il est juste de signaler les variations d'équilibre possibles d'un texte poétique à l'autre, ou même à l'intérieur d'un même poème. La référence extérieure a plus importance dans un poème épique que dans *Moesta et errabunda* dont on vient d'analyser un vers.

Application aux textes sacrés

Il va de soi que les principes généraux de toute herméneutique que nous avons exprimés plus haut s'appliquent aussi aux textes sacrés, comme à tout langage humain. Le but du lecteur reste la reconstitution de la pensée que l'auteur a voulu exprimer.

Il faut d'abord faire droit à la spécificité de tout texte sacré. Contre la philosophie des Lumières, surtout françaises, Hegel a réhabilité la positivité religieuse du christianisme. La religion rappelle la relativité de l'homme par rapport à la totalité absolue. Elle a pour fonction fondamentale l'orientation de l'homme fini dans son rapport à l'infini, de sa condition temporelle à l'Être éternel inconditionné, absolu qui, n'étant pas objet de perception sensible, impose le recours au langage de l'analogie figurative. La structure symbolique des religions fait d'elle un patrimoine figuratif qui a fécondé les arts. Irréductible au concept, le symbole fait « sursignifier » un sens premier, qui lui sert d'attache et de matrice, mais accepte d'être oublié au profit d'un sens second, sans être détruit comme sens premier. Par exemple, chaque élément naturel (eau, terre, air, feu) demeure ce qu'il est tout en symbolisant la purification (feu, eau), la renaissance (eau), l'esprit (air, feu). L'élévation spirituelle est représentée par « l'ascension, la montée au ciel », etc. Le symbolisme religieux s'apparente par là à une poétique. Il n'a pas à être lu comme discours rationnel, bien qu'il ait sa logique propre.

Une autre particularité des textes sacrés est, en général, leur ancienneté. Lire un texte habituellement millénaire ou multimillénaire avec notre mentalité d'aujourd'hui est un non-sens. Pour nous aider dans la tâche d'interprétation, le recoupement avec des textes contemporains ou quasi contemporains des textes à interpréter, lorsqu'il est réalisable, est évidemment très précieux. Il est extrêmement important de se renseigner aussi largement que possible sur la personnalité de l'auteur et sur les caractéristiques de la mentalité de son époque, sur les intentions qui animaient vraisemblablement la rédaction. La méthode historico-critique fait partie de cette meilleure approche de ce que devait penser l'auteur des textes sacrés ou du milieu dans lesquels ils sont nés. Elle s'est développée dès le début du XIXe siècle, au sein du protestantisme libéral en Allemagne, mais s'est imposée tardivement à l'Église catholique qui a fini par y adhérer pleinement. C'est ainsi que la Commission pontificale pour la lecture de la Bible énonce avec la plus grande clarté que l'on ne saurait avoir une lecture littérale des textes fondateurs, lecture naïve dénaturant l'esprit dont ces textes sont le véhicule. Les philosophies de Ricœur et de Gadamer, tous deux protestants, sont citées en exemples méthodologiques, de même que la lecture midrachique juive[1].

Donc, sans nier l'intérêt de la critique littéraire minutieuse, d'une meilleure connaissance des textes, de la langue dans laquelle a été écrit le texte, des données sémiotiques selon les méthodes contemporaines, il faut savoir que tous ces efforts resteront vains s'il n'existe aucune tradition pour nous guider. Tel serait le cas des écritures chrétiennes, par exemple, si, par supposition, le christianisme avait disparu après un, deux ou trois siècles d'existence, et si nous découvrions à notre époque, dans quelque grotte de la mer Morte les manuscrits des Évangiles. Il ne viendrait à l'idée de personne de tomber à genoux au récit de la résurrection en disant « Mon Seigneur et mon Dieu ! ». Si les chrétiens ajoutent foi à de tels récits, c'est qu'ils en connaissent la chaîne de transmission, de génération en génération, depuis les premiers témoins, et qu'ils connaissent l'esprit de cette transmission. Ce n'est pas le lieu ici de discuter de la valeur des témoignages initiaux, mais il faut insister sur la capacité de l'humanité à transmettre d'âge en âge des textes considérés comme sacrés. Cette capacité existe dans les sociétés privées d'écriture, mais l'invention de celle-ci constitue une garantie supplémentaire sur la qualité de la transmission. Il reste que la transmission du texte est une affaire différente de la transmission de sa signification. L'interprétation de textes sacrés ne peut

1. « La richesse de l'érudition juive mise au service de la Bible, depuis ses origines dans l'Antiquité jusqu'à nos jours, est une aide de première valeur pour l'exégèse des deux Testaments [...]. Le fondamentalisme invite, sans le dire, à une forme de suicide de la pensée. Il met dans la vie une fausse certitude, car il confond inconsciemment les limitations humaines du message biblique avec la substance divine de ce message.

La démarche de l'exégèse est appelée à être repensée en tenant compte de l'herméneutique philosophique contemporaine [...]. *Bultmann* a insisté sur la précompréhension nécessaire à toute compréhension [...], précompréhension (*Vorverständnis*) fondée sur un rapport vital (*Lebensverhältnis*) de l'interprète à la chose dont parle le texte [...].

Gadamer souligne également la distance historique entre le texte et son interprète. Il reprend et développe la théorie du cercle herméneutique [...]. La compréhension d'un texte est toujours une compréhension plus large de soi.

De la pensée herméneutique de *Ricœur*, on retiendra d'abord la mise en relief de la fonction de distanciation comme préalable nécessaire à une juste appropriation du texte. Une première distance existe entre le texte et son auteur, car, une fois produit, le texte prend une certaine autonomie par rapport à son auteur ; il commence une carrière de sens. Une autre distance existe entre le texte et ses lecteurs successifs ; ceux-ci doivent respecter le monde du texte dans son altérité. Les méthodes d'analyse littéraire et historique sont donc nécessaires à l'interprétation. Toutefois, le sens d'un texte ne peut être donné pleinement que s'il est actualisé dans le vécu de lecteurs qui se l'approprient. La connaissance biblique ne doit pas s'arrêter au langage ; elle cherche à atteindre la réalité dont parle le texte. Le langage religieux de la Bible est un langage symbolique qui « donne à penser », un langage dont on ne cesse de découvrir les richesses de sens, un langage qui vise une réalité transcendante et qui, en même temps, éveille la personne humaine à la dimension profonde de son être. »

L'Interprétation de la Bible dans l'Église, document de la Commission Biblique Pontificale, Pierre Tequi éditeur, 1993, p. 46 ; 62-64 ; 65-67.

pas se faire en dehors d'une tradition, mais nous avons vu avec saint Augustin que celle-ci ne suffit pas à faire comprendre le texte transmis. Il faut que le destinataire de la tradition en fasse revivre le sens en lui pour la comprendre. Il se trouve donc inséré inévitablement dans le processus du cercle herméneutique. D'ailleurs, ne comprendra que celui qui a déjà une précompréhension de ce qu'il doit comprendre… « Que celui qui a des oreilles entende ! »

Il a fallu certainement l'engouement pour l'écrit qui a suivi l'invention de l'imprimerie, sa surestimation, pour que pareilles notions d'évidence aient pu être oubliées. La découverte de la pensée sans langage comme référence du langage ne fait qu'ajouter à une démonstration déjà faite : « Le principe herméneutique des Réformateurs du XVIe siècle – résumé dans la formule *sola scriptura* – s'avère intenable sur le plan même de l'herméneutique », écrivent Ricœur et Lacoque[1]. Ce ne peut plus être qu'un précepte de retour aux sources scripturaires que le commentaire scolastique avait fini par recouvrir.

Le Coran est voué inévitablement au même examen, aux mêmes révisions que la Bible. Un tel travail est déjà en cours[2]. Mais il ne s'agit pas là d'herméneutique. Jusqu'à présent, le Coran est reconnu par les musulmans comme la parole de Dieu lui-même, dictée par l'archange Gabriel à la mémoire de Mahomet qui, étant analphabète, avait dû la dicter à son tour à un scribe. Pour le croyant, le texte du Coran est donc la parole de Dieu lui-même. Si nous admettons, comme il nous est apparu inévitable de le faire, que nous ne pouvons interpréter un texte qu'en nous référant à la pensée de celui qui l'a émis, la tâche devient évidemment impossible.

1. RICŒUR P. et LACOQUE A., *Penser la Bible*, Paris, Seuil, 1999, Préface, p. 10.

2. Aujourd'hui – et c'est inéluctable – les études savantes du texte fondateur de l'Islam ne peuvent que démythologiser le discours sur ses origines. « La tradition musulmane raconte la belle histoire d'un texte noté sur des supports de fortune – les omoplates de chameau ont fait rêver bien des savants », mais il semble que, loin d'avoir été directement dicté par Dieu au Prophète, « le Coran n'aurait atteint sa forme canonique que deux siècles après la mort de Mahomet ». La collecte des textes n'est certainement pas contemporaine de Mahomet. La vocalisation des consonnes fut tardive. Le philologue allemand, Luxenberg, émet l'hypothèse selon laquelle le Coran aurait été écrit dans une langue intermédiaire, résultat d'un mélange d'arabe et de syriaque qui, depuis plusieurs siècles, constituait la langue de culture dans l'espace syro-irakien, le nom de La Mekke étant lui-même araméen et signifiant : « la ville basse ». Cette hypothèse éclaire à peu près tous les textes obscurs du Coran, les grammairiens et les commentateurs qui se sont penchés sur le texte n'appartenant pas à la même sphère linguistique et culturelle que ceux qui couchèrent par écrit le texte originel : ce furent des Persans vivant à Bagdad, ne connaissant pas d'autre langue sémitique que l'arabe. Luxenberg mentionne la possibilité d'une origine judéo-chrétienne, hypothèse déjà avancée par le grand historien protestant des dogmes chrétiens, A. von Harnack, et reprise par H.J. Schoeps, historien du judéo-christianisme : « Il résulte de cela, écrit-il, un paradoxe d'une envergure vraiment à la mesure de l'histoire du monde : le fait que le judéo-christianisme, s'il a bien disparu de l'Église chrétienne, s'est maintenu dans l'islam et se prolonge dans certaines de ses impulsions directrices jusqu'à nos jours » (cité par R. Brague, « Le Coran : sortir du cercle ? », revue *Critique*, avril 2003, p. 251).

Nous ne pouvons pas avoir une idée de la pensée de Dieu. L'idée que l'arabe pourrait être la langue de Dieu, malgré sa popularité en Islam, paraît dépourvue de sens. Dieu n'a pas de langue. Cette remarque ne s'applique, pas, bien entendu, aux écritures chrétiennes. On n'y parle bien de Verbe de Dieu, mais verbe doit être pris au sens grec d'alors, qui ne séparait pas le langage de l'intelligence. Cette interprétation du Coran ne devrait pas gêner un islam éclairé. Nombreux sont les jeunes universitaires musulmans qui l'appellent aujourd'hui de leurs vœux. D'auteur du Coran, Dieu deviendrait seulement son inspirateur. Le Coran serait alors, selon un statut voisin de celui des écritures judéo-chrétiennes, la pensée de Mahomet inspirée par Dieu. L'avantage de ce statut me paraît assez considérable, car il permet de tenir compte de l'état de la civilisation et de sa mentalité à l'époque considérée. Ainsi, il se prêterait bien davantage à des interprétations compatibles avec notre mode de vie actuel. Si, comme je le crois évident, l'idée s'impose que la pensée sans langage est la référence du langage, l'interprétation ici suggérée deviendra pratiquement la seule tenable.

2

5

La conscience

Dans ce chapitre, on essaiera de recenser les éléments factuels, issus de l'observation essentiellement neurologique, qui doivent nécessairement être pris en compte dans une réflexion contemporaine sur la conscience. C'est sur ces bases que nous essaierons de philosopher ultérieurement. Ce projet relève naturellement un peu de l'idéal car, dès le départ, se pose la question de savoir ce que nous entendons par « conscience ». Et l'on brandit ici l'impossibilité qu'il y aurait à définir la conscience. On se met à l'abri de la discussion en invoquant une autorité indiscutable, celle de William James, selon qui nous connaissons la signification du mot conscience « *so long as no one asks us to define it* » (William James[1]). C'est dire clairement que la conscience est une donnée immédiate, non verbale, que l'on risque de troubler en la verbalisant. Par ailleurs, cette position est inexpugnable dans la mesure où elle est vraie pour toute définition qui renvoie, comme un dictionnaire, de signifiant en signifiant, sans jamais trouver de signifié, comme l'a très justement souligné Derrida. Cette circonstance générale est aggravée dans le cas de la conscience par le fait que toute définition s'appuyant nécessairement sur les éléments déjà définis ou tenus pour tels, on ne trouvera rien d'antérieur à la conscience ni chronologiquement, ni logiquement, puisque, selon la définition que nous avons donnée de la pensée, tout se passe à l'intérieur de la conscience. Kant dirait que la conscience est transcendantale, condition de possibilité de sa propre saisie, inobjectivable donc. Sous ce prétexte, on peut déclarer, comme Crick[2], que

1. JAMES W., *The Principles of Psychology*, vol. 1 (reprint), New York, New York Dover, 1950.
2. CRICK F.L., *L'Hypothèse stupéfiante. À La recherche scientifique de l'âme*, Paris, Plon, 1999.

l'on ne gagne pas les batailles en cherchant à les définir et qu'il ne faut donc pas perdre son temps à cela. Mais il est aussitôt rattrapé par cette imprudence en nous proposant son « hypothèse stupéfiante » :

> « L'hypothèse stupéfiante, c'est que vous, vos joies et vos peines, vos souvenirs et vos ambitions, le sens que vous avez de votre identité et de votre libre arbitre, ne sont rien de plus que le comportement d'un vaste assemblage de cellules nerveuses et des molécules qui y sont associées. »

S'il avait dit que tous les états mentaux qu'il énumère résultent du fonctionnement de notre cerveau, il aurait dit ce qui n'est, pour le neurologue que je suis, qu'une banalité. Mais dire que la joie, par exemple, n'est qu'un assemblage moléculaire est évidemment beaucoup plus qu'un abus de langage, c'est un non-sens, comme dire qu'un coup de marteau sur le doigt est une douleur. C'est confondre la cause et l'effet. Dire d'une voiture que son moteur « est » son mouvement serait aussi un non-sens. À cette différence près que nous pourrons suivre toutes les étapes entre l'explosion dans le cylindre, le mouvement circulaire obtenu grâce au *fonctionnement* du moteur et le déplacement de la voiture dont on voit bien qu'ils sont homogènes les uns aux autres, mais que nous ne pouvons que constater le lien qui existe entre la douleur et le coup de marteau et quelques aspects de l'état physico-chimique du système nerveux qui s'en suivent, mais sans pouvoir combler les détails de la chaîne. Des détails des premiers chaînons qui sont de l'ordre de la neurophysiologie restent à découvrir et l'on fera certainement des progrès à ce sujet dans un avenir proche. En revanche, on n'aperçoit pas le moyen de combler le fossé qui sépare les mouvements moléculaires du *sentiment* de douleur. La position de Changeux[1] est fort voisine, mais plus nuancée :

> « L'identité entre les états mentaux et les états physiologiques ou physico-chimiques du cerveau s'impose en toute légitimité. Il n'y a plus que deux aspects d'un seul et même événement que l'on pourra décrire avec des termes empruntés soit au langage du psychologue (ou de l'introspection), soit à celui du neurobiologiste. À quoi bon désormais parler d'esprit ? »

La nuance provient du fait que l'on aperçoit bien qu'il existe un aspect psychologique dans ce que l'on nomme pensée. Mais cette acceptation ne va pas au-delà de la précaution de langage. Changeux commence par l'évocation d'une « expérience intérieure », d'où il tire une affirmation : « nous en sommes conscients », (« en » désignant des faits intérieurs et extérieurs). Il s'agit à ce point d'une constatation tout à fait pertinente de l'intériorité de la conscience.

1. CHANGEUX J.-P., *L'Homme Neuronal*, Paris, Fayard, 1983.

Toutefois, il commet déjà l'erreur de ne pas s'interroger sur la valeur de l'utilisation de la première personne, fût-elle au pluriel. Or, il serait intéressant de savoir qui est ce « nous » ou qui sont ces « je », quelle réalité ontologique ou quelle illusion se cache derrière ce pronom personnel. Mais on passe immédiatement à la suite que voici : « ce qu'il est convenu d'appeler la "conscience" se définit comme un système de régulation global qui porte sur les objets mentaux et sur leurs calculs ». Après une description des systèmes biologiques qui concourent à la conscience, le chapitre se termine par l'affirmation que « du jeu de ces régulations emboîtées naît la conscience ». Le chapitre où se situent les « problèmes de conscience » se termine par une question : « Doit-on dire que la conscience émerge de tout cela ? », c'est-à-dire du fonctionnement cérébral. La réponse est « Oui… mais il nous suffit de dire que la conscience est ce système de régulations en fonctionnement ». Nous n'aurons droit à aucune explication sur le passage de l'expérience intérieure, qui ouvre le chapitre, au système de régulation. Voici un bel exemple de traitement purement verbal (par un discours sans référence à une pensée) d'une question qui y est rebelle. Ce n'est pas le seul, et d'illustres philosophes s'y sont trompés.

Comment peut-on en arriver à de telles aberrations ? Probablement par passion – matérialiste en la circonstance –, mais pour nous en tenir aux raisons intellectuelles, probablement par une confusion sur le terme d'information. Le cerveau est reconnu par tous comme une *machine à traiter de l'information*. Mais le mot « information » renvoie lui-même à *deux sens différents*. Au sens de la théorie de l'information, il s'agit de tout événement qui modifie la probabilité d'évolution d'un système. À ce titre, les mouvements des molécules peuvent être considérés comme de l'information. Mais « information » a aussi la signification d'*événement porté à la connaissance d'une personne ou d'un groupe de personnes*. On introduit ici la connaissance qui, elle-même, suppose la conscience et, du coup, ce qui était information, à savoir le mouvement de molécules, n'est plus de l'information dans ce second sens.

Le dessein annoncé au début de ce chapitre de ne traiter que les aspects factuels de la conscience se heurte dès le départ à des considérations d'ordre philosophique. En fait, les positions des Changeux, des Crick et de bien d'autres résultent de la volonté délibérée de ramener la conscience à des mouvements moléculaires. C'est un point sur lequel nous aurons naturellement à revenir. Nous voulons souligner ici que l'impossibilité assez réelle de définir la conscience n'apparaît comme un obstacle que par un préjugé de logicien pour lequel une définition est un préalable indispensable. L'important en la circonstance n'est pas de définir, mais de nous entendre exactement sur la chose, et la difficulté de la définition ne nous empêche pas de la désigner dans la mesure où il s'agit d'une expérience qui nous est commune à tous. Nous ne connaissons la conscience que par expérience personnelle et nous nous l'attribuons les uns aux autres à cause de notre ressemblance. C'est en son nom (par analogie) que nous avons tendance également à l'attribuer à des animaux qui nous sont plus ou moins semblables, mais nous mesurons immédiatement ce que cette assimilation peut avoir de trompeur et, d'ailleurs, lorsque nous descendons l'échelle animale, la présence de la conscience devient de plus en plus incertaine. En revanche, refuser la conscience aux autres êtres humains aboutirait à un solipsisme qui n'est pas logiquement insoutenable, mais qui conduit si directement au non-sens que personne ne le soutient avec conviction. Il me semble qu'en parlant de la conscience comme d'une présence à soi-même, sans fournir une définition, car on peut discuter sur la valeur des termes « présence » et « soi-même », on évite le piège d'une logique trop formelle.

Le cerveau fabrique la pensée

Le premier fait objectif peu contestable est bien que le cerveau « fabrique » la pensée. Le terme est un peu provocateur, mais présente l'avantage de montrer la dépendance complète de la pensée par rapport au cerveau. Le cerveau n'est pas seulement la condition de notre pensée, il en est la cause et l'usine. Je suis conscient que de telles affirmations risquent de heurter les spiritualistes partisans d'un dualisme plus ou moins déguisé. Il peut paraître surprenant d'avancer une telle affirmation comme un fait positif et non comme une interprétation philosophique. Cependant, les arguments en ce sens sont puissants au point de m'apparaître comme des vérités scientifiques incontestables. Non seulement sans cerveau il n'existe pas de pensée observable par nous, mais nous voyons les capacités de penser du cerveau se développer au fur et à mesure de la maturation cérébrale chez l'enfant, et s'altérer progressivement au cours de la maladie d'Alzheimer, alors que les neurones dégénèrent peu à peu, et surtout changer lors de modifications chimiques ou lésionnelles du cerveau. Les modifications du fonctionnement cérébral par des lésions sont l'objet propre de la neuropsychologie. C'est dire que c'est un vaste sujet. Les modifications possibles portent sur tous les aspects de la pensée, cognitive, affective et même éthique. Les aphasies occupent une grande part de cette discipline, mais bien d'autres troubles sont observés en son sein. Il est intéressant de rappeler les conséquences des lésions frontales, soit dans l'ordre de la cohérence logique, on en a déjà parlé, soit dans l'affectivité. L'indifférence des patients qui subissaient autrefois la leucotomie frontale est dans toutes les mémoires. Les tumeurs frontales entraînent souvent le même résultat. Nous avons rappelé au chapitre 2 l'importante observation EVR, particulièrement frappante par l'altération isolée du comportement, en dépit de la conservation du raisonnement logique. Des lésions frontales peuvent donc bouleverser l'éthique d'un sujet.

Les modifications du fonctionnement cérébral sous l'influence de substances chimiques – alcool et stupéfiants – sont également bien connues, mais on ne s'est longtemps intéressé qu'aux conclusions morales qu'il fallait en tirer : boire avec modération, éviter l'usage des drogues. L'introduction des antidépresseurs a considérablement modifié les choses en montrant que la régulation de l'humeur est chimiodépendante. Je me souviens d'un cas particulièrement spectaculaire. Le patient était atteint d'une dépression alternant avec des états d'excitation. Le cycle était particulièrement court, si bien qu'il passait quinze jours en état d'excitation pendant lesquels il dépensait sans compter, contractait des dettes, trompait sa femme, etc., et, brusquement, il se réveillait en état dépressif, se lamentant sur son inconduite. Quinze jours plus tard, à nouveau en état d'excitation, il se moquait de ses scrupules passés et retournait à son comportement désordonné. La prescription de lithium diminua sensiblement ces oscillations. Le sens moral est donc bien chimiodépendant. De même, on sait que des médicaments sont susceptibles de réduire des états dépressifs. Certaines lésions cérébrales s'accompagnent avec une fréquence singulière d'état dépressif, maladie de Parkinson, certains infarctus cérébraux également, etc. Une observation particulièrement remarquable a été fournie par Agid et collaborateurs[1] : au cours d'une intervention stéréotaxique dans une région du cerveau très ciblée, la stimulation de cette région (*subsantia nigra, pars reticulata* pour les connaisseurs) entraînait l'apparition d'une humeur douloureuse, très semblable à celle des états dépressifs, paroxystique, ne durant que le temps de la stimulation, mais se répétant à chaque fois qu'on renouvelait ladite stimulation.

1. Benjani B.P., Damier P., Arnulf I., Thivard L., Bonnet A.M., Dormont D., Cornu P., Pidoux B., Samson Y., Agid Y., Transient acute depression induced by high frequency deep brain stimulation, *N. Engl J. Med.*, 1999, May 13 ; 340 (19), 1478-80.

Nombre de philosophes spiritualistes en sont restés à l'opinion de Bergson considérant que le rapport entre la pensée et le cerveau était du même ordre que celui du clou au vêtement qu'il tenait suspendu au mur. Cette opinion pouvait se prévaloir d'un argument très puissant, à savoir l'hétérogénéité entre conscience et cerveau, c'est-à-dire matière, entre la *res extensa* et la pensée-conscience : deux mondes totalement hétérogènes, et donc sans relations possibles, ne peuvent assurément pas s'influencer. Mais cette thèse de Bergson n'est évidemment plus acceptable aujourd'hui, puisque, on l'a vu, la déformation du clou entraîne celle du vêtement. En d'autres termes, le cerveau n'est pas simplement l'organe de l'incarnation d'une pensée spirituelle et éthérée, mais bien l'organe de formation et, peut-on dire sans hésiter, de fabrication de la pensée. Il existe donc nécessairement une certaine homogénéité entre l'énergie-matière (le cerveau) et la pensée-conscience. Toute l'ampleur du problème des relations esprit-matière réside dans cette contradiction. La seule voie de résolution demande évidemment qu'on la surmonte.

La conscience dépend elle-même du fonctionnement cérébral

Le terme « pensée » que nous avons utilisé dans le paragraphe précédent est trop vaste. Si nous suivons la définition que nous en avons précédemment donnée, tout l'ensemble de ce qui en nous est conscient. Nous verrons plus loin qu'il y a lieu de distinguer entre la conscience et les contenus de conscience. Si cela est exact, il faut isoler la conscience, mais aussi admettre, dans le même temps, qu'elle est étroitement dépendante du cerveau. Il est cette fois de l'expérience de tous que la suppression du cerveau entraîne aussi la disparition de la conscience, et que la perte de conscience est le résultat premier de toute altération un peu sérieuse du fonctionnement cérébral global. Une interruption, même très brève, de la circulation cérébrale entraîne immédiatement une syncope. La perte de connaissance est très générale dans les traumatismes crâniens d'une certaine violence, etc. *A contrario*, *l'expérience* d'une pensée en dehors du fonctionnement cérébral n'est pas la nôtre.

Malgré l'activité actuelle de la réflexion scientifique autour de la question de la conscience qui était naguère encore tabou, les progrès sur les rapports entre cerveau et conscience sont minces. L'identification des régions cérébrales dont l'activité est nécessaire pour que se manifeste la conscience reste largement hypothétique. On en trouve l'exposé dans le livre de Damasio[1] qui fournit dans ce domaine tous les éléments qui peuvent épuiser la curiosité, mais ce n'est pas le lieu de développer ce point, finalement accessoire dans la recherche que nous poursuivons. Encore aujourd'hui, on peut dire, me semble-t-il, que la conscience n'est pas localisable et qu'elle dépend du fonctionnement global du cerveau. La phrase la plus importante du livre de Damasio me paraît se situer dans l'introduction (p 21) : « je considère avec quelque scepticisme la pensée qui voudrait que l'on puisse résoudre le problème de la conscience ». Ce qui n'empêche pas son auteur de s'efforcer d'aller aussi loin que possible dans la compréhension des bases biologiques de la conscience, ce en quoi on ne peut lui donner tort (voir notamment les travaux de Libet, cités plus loin).

La conscience vide

Un autre apport essentiel, beaucoup moins connu, de la neurologie contemporaine, tient à la description de l'état de conscience vide. L'existence de tels états est cependant évidente depuis des millénaires pour les méditants orientaux. Sauf exceptions, les scientifiques ne s'y intéressaient guère. Tout ce qui est mystique est suspect de mystification. Pourtant, un grand nombre de pratiquants de ces méthodes de méditation tiennent le même discours, à savoir que, en utilisant les techniques qui sont les leurs, ils parviennent à des états de conscience vide (*pure conscioun*ess). Il n'est pas vraisemblable que ces états soient purement imaginaires et ne correspondent à rien. Il n'est pas douteux, selon moi, que ce que racontent ces méditants correspond à une expérience humaine et, de ce fait, intéressante, y compris pour le scientifique. Cette attitude de confiance correspond aussi à mon expérience de médecin, qui sauf rarissimes exceptions, doit croire ce que ses patients lui disent. Les croire ne veut pas dire, naturellement, accepter leurs interprétations, ce qui est une tout autre affaire. Le médecin doit accepter les dires de ses patients, s'en réserver l'interprétation lorsqu'elle est à sa portée, mais ne pas nier les faits, même subjectifs, que lui soumettent les patients, sous prétexte qu'il ne peut pas les comprendre dans son paradigme actuel.

Même en cas d'hystérie avérée, les souffrances éprouvées par les patients doivent être acceptées comme telles et les douleurs

1. DAMASIO A.R., *Le sentiment même de soi. Corps, émotions, conscience*, Paris, Odile Jacob, 1999.

chroniques permanentes, parfois pendant des années, qui ne révèlent pas de cause organique décelable, ces douleurs qu'on appelle parfois hypochondriaques, pour exaspérantes qu'elles soient pour le médecin et souvent l'entourage, n'en restent pas moins des douleurs, d'origine inconnue, probablement non lésionnelles. Concernant les états de conscience vide, les rares scientifiques qui ont fait des observations sur de tels cas n'ont pas été déçus puisqu'ils ont enregistré des anomalies dont l'authenticité ne fait guère de doute : abolition des potentiels évoqués visuels dans certains cas, hyperactivité alpha dans d'autres, comme s'il s'agissait d'un hyper éveil (J.F. Lambert, communications personnelle).

Des données similaires plus précises ont été obtenues en combinant les méthodes d'imagerie fonctionnelle, électroencéphalographiques, IRM, etc. Elles suggèrent une hyperactivité frontale analogue à celle qu'on observe dans les comportements d'attention[1].

J'entends bien que la distinction entre les faits et leurs interprétations est délicate. On se souvient du mot de Nietzsche : « des faits, des faits, c'est ce qu'il n'y a pas, uniquement des interprétations ». Sans nier cette réalité, il est cependant raisonnable d'admettre que la part de l'interprétation est variable selon les cas. Il est tout différent de constater la vacuité de sa conscience pendant une certaine période ou « que cette conscience pure, indifférenciée et rayonnante de soi-même, hors du temps et de l'espace, impossible à penser, n'est en rien différente de Brahman »[2]. Parce que l'on soupçonne toujours que le mystique peut être induit à ressentir ce vide mental par conditionnement religieux, la soif de rencontrer Brahman, on se refuse à prendre en considération l'expérience brute du vide mental. Il faut reconnaître aussi que l'affirmation d'une conscience vide remet en cause des questions si graves que la prudence exige de ne le faire que sur des bases indiscutables. Pour ces raisons, je pense que la méconnaissance de pareilles expériences par la science durerait encore dans mon propre esprit si des observations neurologiques tout à fait indépendantes n'étaient venues confirmer en quelque sorte les dires des mystiques. Or, il se trouve que j'ai eu l'occasion depuis l'année 1980 d'observer une série de patients victimes en général d'anoxie cérébrale responsable de lésions bilatérales des noyaux gris centraux, bien visibles sur le

1. TAYLOR J.G., Pure consciousness in meditation and the self, *Science and Consciousness Review*, 2003.

2. DEUTSCH E., Advaita Vedanta. A philosophical reconstruction (Honolulu : East-West center Press), cité par MB Woodhouse on the possibility of pure consciousness, in *The problem of pure consciousness. Mysticism and philosophy*, RKC Forman ed., Oxford University Press, New York-Oxford, 1990.

scanner et surtout les IRM du cerveau. Ces patients souffraient de deux types de troubles, d'une part d'activités obsessivo-compulsives, très proches de ce que l'on peut observer au cours du syndrome du même nom (autrefois névrose obsessionnelle), et, d'autre part, d'un curieux état auquel j'ai donné le nom de perte d'auto activation psychique. Les malades qui sont atteints de ce trouble peuvent passer de longs moments, des heures, inertes, sans aucune activité tant qu'ils sont laissés seuls à eux-mêmes. Mais cet état est réversible par la stimulation d'une présence humaine active, si bien que, dans ces conditions, leurs capacités intellectuelles se trouvent comme miraculeusement restaurées jusqu'à ce qu'ils soient à nouveau laissés à eux-mêmes et retournent au même état de prostration. De tels états nous font connaître l'existence d'un système d'auto activation nécessaire à la poursuite de l'activité mentale lorsque nous sommes seuls, et aussi l'importance d'un système d'hétéro activation pour l'entretien des relations interpersonnelles. Le point important dans notre discussion, c'est que lorsque l'on demande à ces patients s'ils ne s'ennuient pas, ils affirment que non. Interrogés sur ce à quoi ils pensent pendant des laps de temps aussi prolongés, ils répondent qu'ils ne pensent à rien. Souffrent-ils ? Ce n'est pas le mot. Quel est le mot alors ? C'est difficile à dire, le vide, le néant, rien. Un patient auquel j'affirmais qu'il n'était pas possible de rester sans penser à rien, ne serait-ce que dans le vague, m'a rétorqué : « c'est peut-être impossible pour vous, docteur, mais pas pour moi ». Ces patients affirment qu'ils ne dorment pas au cours de ces états, qu'ils ne perdent pas non plus connaissance et ils comprennent très bien ce qu'expriment de telles expressions. C'est bien le sentiment de vide qui exprime le mieux leur état mental. À l'aide de diverses observations semblables, mais présentant des lésions de localisation un peu différentes, recueillies par moi-même ou par d'autres observateurs indépendants, il est possible d'avoir une idée sur les circuits transitant par les noyaux gris centraux, nécessaires au maintien de l'auto activation[1]. La découverte de tels états en rapport avec des lésions bien identifiables du cerveau était enthousiasmante, car il semblait que l'on se trouvât devant un modèle lésionnel très approchant d'affections mentales telles que la schizophrénie et les troubles obsessivo-compulsifs. Cette ressemblance n'a pas à être examinée ici, mais elle explique que je n'ai pas immédiatement saisi l'intérêt philosophique de ces observations et que je ne les ai pas mentionnées dans

1. On trouvera une excellente vulgarisation de ce syndrome de pertes d'autoactivation dans l'article de P. Vertichel et P. Larrouy, La maladie de l'indifférence, in *Cerveau & Psycho*, n° 3, sept.-nov. 2003, p. 66-70.

La Mouche dans le Bocal, paru en 1987. C'est après que mes collègues eurent confirmé mes observations sur d'autres malades, lorsque, parti en quête de faits analogues, j'ai appris à connaître les états de vide mental obtenus par les méditants orientaux et les discussions philosophiques qu'ils suscitaient, que j'en ai mesuré l'intérêt. Il m'est apparu alors que les termes utilisés par les mystiques et par mes propres malades étaient tout à fait semblables. Il existe donc de bonnes raisons de penser que ces états sont fort analogues, hormis le fait, bien entendu, que chez les méditants le retour à une vie normale est immédiat, tandis que, malheureusement, le trouble est extrêmement durable et même habituellement définitif chez les patients dont j'ai rapporté l'observation. On peut, sans trop s'aventurer, avancer que les méditants provoquent, par les procédés qui sont les leurs, une inhibition des circuits nécessaires à l'autoactivation psychique qui se trouvent lésés chez les victimes d'anoxie. Le scientifique n'en tire naturellement aucune conclusion sur la nature de l'âme ou la présence du Brahman.

On sera peut-être tenté de diminuer la portée de ces observations en faisant remarquer qu'il s'agit d'états purement subjectifs et, de ce fait, difficiles à valider. Cet argument n'est pas recevable. Que l'on pense aux très importants travaux qui ont porté sur les états dépressifs dont le diagnostic ne peut être fondé que sur les déclarations des malades. Il est vrai qu'on a utilisé pour leur étude des interrogatoires standardisés, des tests comportant l'attribution de scores numériques pouvant leur donner l'aspect de l'objectivité. Mais il ne faut pas se laisser prendre à cette apparence : il s'agit uniquement d'évaluer au mieux un état purement subjectif. Malgré ce handicap, ces travaux ont montré leur validité en permettant de définir de nouveaux médicaments antidépresseurs, qui constituent certainement l'un des grands progrès de la médecine contemporaine. D'ailleurs, comment connaissons-nous la conscience, si ce n'est par perception immédiate d'un phénomène purement de l'ordre de l'expérience privée ? Les faits que j'avance ont reçu un large agrément dans la communauté neurologique française, comme en témoigne la parution de l'article de vulgarisation mentionné plus haut, mais je ne cacherai pas qu'ils n'ont pas reçu grand écho dans la communauté internationale, malgré leur parution dans des publications renommées. La rareté des observations, en partie due à leur méconnaissance, en est sans doute l'une des causes. Une autre explication pourrait être que les neurologues sont assez généralement peu sensibles au versant psychiatrique de leur discipline, qu'ils connaissent mal, et encore moins à son versant philosophique. De ce point de vue, les conséquences sont suffisamment décisives pour que la communauté philosophique internationale reste sceptique tant que ces observations n'auront pas été plus largement vulgarisées.

Nous devons cependant à Antonio Damasio une observation par bien des points semblable. La principale différence tient au fait que l'état d'immobilité et de mutisme ou de quasi-mutisme de la patiente n'était pas réversible par la présence d'une tierce personne, mais elle mit quelques mois à sortir de cet état et à répondre aux questions.

> « Contrairement à ce qu'on aurait pu penser, son esprit n'avait pas été emprisonné dans la geôle de son immobilité. En fait, il semble que son esprit n'avait pas beaucoup fonctionné, qu'elle n'avait pas beaucoup pensé, pas beaucoup raisonné. L'état passif de son corps et de son visage avait reflété très exactement son manque de vie mentale. Lorsqu'elle a commencé à se rétablir, elle a pu affirmer avec certitude qu'elle n'avait jamais ressenti d'angoisse due à son absence de communication. Rien ne l'avait contrainte à ne pas s'exprimer. Bien plutôt, elle se souvenait qu'elle n'avait "réellement rien à dire". Selon ses propres dires, il semble qu'elle n'ait éprouvé, durant tout ce temps, aucune émotion. Selon moi, elle n'avait pas non plus prêté spécifiquement attention aux stimuli externes qui se présentaient à elle et n'avait pas non plus prêté attention de façon interne à leur représentation. »[1]

Cet auteur est revenu sur cette observation dans son livre déjà cité, *Le sentiment même de soi* (p 109) ; il lui semble « qu'elle n'avait pas produit de pensée, de raisonnements ou de plan différencié et qu'il n'y avait pas non plus la moindre réaction émotionnelle à quelque contenu mental que ce fût ». On voit les hésitations de l'auteur qui parle de « somnolence éveillée », et non pas clairement de perte de connaissance ; il tente néanmoins un parallèle avec les absences épileptiques. Dans *L'erreur de Descartes*, il parle même de trouble de la volonté. Bref, l'état mental de cette patiente sort de l'ordinaire et on peut affirmer qu'aucun épileptique ne donne comme explication de son mutisme pendant les absences qu'il se taisait parce qu'il n'avait rien à dire. La raison de cet embarras est que, comme tout le monde, Damasio pense qu'on est nécessairement conscient de quelque chose. Dans son esprit, conscience et représentation sont tellement liées entre elles qu'il pense que la conscience « est engendrée comme sur le mode d'une pulsation, pour chacun des contenus dont nous sommes conscients » (*La conscience même de soi*, p. 191). L'idée d'une conscience vide ne peut l'effleurer. Il est cependant assez clair que dès que l'on s'est affranchi du préjugé qu'on ne peut être conscient que de quelque

1. DAMASIO A.R., *L'erreur de Descartes. La raison des émotions*, Paris, Odile Jacob, 1995.

chose, les faits observés s'ordonnent bien plus naturellement dans notre esprit. Il se trouve que j'ai eu l'occasion d'observer des cas très semblables[1] par leur présentation clinique et par la topographie de la lésion, avec une différence considérable : la lésion était unilatérale et d'origine chirurgicale. Mais à l'époque, mon intérêt résidait dans l'étude de la motricité, et je n'ai pas porté une attention suffisante à l'état psychologique de ces patients qui après leur opération pour cause d'épilepsie présentaient pendant une quinzaine de jours un mutisme et une absence de mouvements d'abord complets, puis une réactivité de plus en plus grande, motrice puis verbale. Dans les mêmes termes, ces malades nous expliquaient après quinze jours ou un mois que, s'ils ne parlaient pas, c'est qu'ils n'avaient rien à dire. À l'époque, l'idée d'une conscience vide ne m'avait pas davantage effleuré.

La prise en compte de ces observations soit physiologiques, soit pathologiques, modifie singulièrement nos idées traditionnelles sur la conscience. Depuis Brentano, depuis Husserl, il est admis que l'on est nécessairement conscient de quelque chose, la conscience ne pouvant être qu'intentionnelle pour ces auteurs et la phénoménologie qui en est issue.

Cela paraît tellement nécessaire, évident, que j'y ai souscrit comme tout le monde sans la moindre réserve, ainsi que je viens de l'indiquer, jusqu'au jour où j'ai pris connaissance de ces états de vide mental. Quelque hésitation que l'on ait à contester une doctrine qui paraît marquée au coin du bon sens, il est évident que les méditants orientaux aussi bien que les victimes d'anoxie cérébrale se liguent pour nous faire admettre que les états de conscience pure, sans contenu, existent bel et bien.

L'apport essentiel de ces observations de conscience vide n'est pas de mettre en défaut la méthode phénoménologique. Du reste, Lévinas avait pressenti cette possibilité de conscience vide[2]. Je laisse les experts discuter pour savoir s'il se plaçait ainsi dans la ligne des travaux de son maître Husserl ou en opposition avec eux. D'ailleurs, ces états de conscience vide ne paraissent pas contrarier la remarque fondamentale de Brentano et Husserl sur l'intentionnalité, sur le fait que c'est bien la conscience qui donne sens au

---

1. Laplane D., Talairach J., Meininger V., Bouchareine A., Motor consequences of motor areas ablations in man, *Jour. of the Neurological Sciences*, 1977, 31, p. 29-49.

2. « Mais cette conscience réduite –… – reste aussi, comme de surcroît et sans aucune visée volontaire, conscience non intentionnelle d'elle-même. Conscience non intentionnelle s'exerçant, si on peut dire, comme savoir à son insu, s'exerçant comme un savoir non objectivant… Conscience de la conscience, indirecte et implicite, sans initiative qui remonterait à un moi, sans visée ; conscience passive comme le temps qui passe et qui me vieillit sans moi. » Emmanuel Levinas, *Éthique comme philosophie première*, Paris, Payot et Rivages, 1998.

contenu de conscience. Le plus important est que ces états démontrent qu'il est nécessaire d'opérer une distinction entre la conscience et les contenus de conscience. Dans le domaine factuel, l'apport majeur de ces observations de conscience vide me paraît la démonstration que la conscience n'ajoute rien au *calcul* de la pensée. L'expression « calcul de la pensée » peut encore choquer qui n'est pas habitué à fréquenter pareille hypothèse. Il est cependant bien difficile de la remplacer par une autre si l'on admet, comme je l'ai proposé plus haut, que le cerveau fabrique bien la pensée. Il faut bien que, pour garder un lien avec le monde extérieur, le cerveau traite l'information qui en provient. Il ne s'agit pas seulement des impressions sensorielles, mais aussi de leur organisation conceptuelle et de leur retentissement sur notre manière générale de penser, au sens de raisonner, mais aussi de vivre affectivement, car les événements de vie extérieure sont aussi à l'origine de nos affects. La théorie des réseaux neuronaux ne rend peut-être pas compte de manière exhaustive du mode de calcul cérébral, bien qu'il me paraisse peu probable qu'elle ne fasse pas partie de l'explication ; peu importe qu'on découvre éventuellement d'autres modes de calcul que nous ne soupçonnons pas aujourd'hui, la dépendance de la pensée par rapport au cerveau, que nous avons soulignée plus haut, oblige à considérer le cerveau comme une immense machine à calcul. Mais voilà que survient une difficulté énorme dans ce paysage scientifiquement stimulant : *la conscience n'ajoute rien au calcul de la pensée puisqu'elle peut exister à l'état de vide*. Au demeurant, si décisif qu'il me paraisse, l'argument n'est pas indispensable à la distinction entre la conscience et son contenu, comme le montrent le fait que je ne l'ai pas utilisé dans *La Mouche dans le Bocal* et la distinction qu'on verra dans le chapitre suivant que Chalmers établit, indépendamment de lui, entre le *hard* et le *soft problem*, qui est exactement celui de la conscience et du contenu de conscience.

La conscience de moi

Depuis Descartes, qui a véritablement fondé la question du moi en philosophie, jusqu'à la philosophie récente qui s'est efforcée de la démanteler, les thèses les plus contradictoires ont été émises à son sujet. Là encore, la neurologie peut apporter des éléments positifs dont il serait imprudent de ne pas faire usage.

Les questions posées me paraissent être les suivantes :

1) Le *je*, le sentiment d'exister comme sujet, est-il une invention du langage, comme l'a soutenu plus particulièrement Nietzsche ?
2) Si ce n'est pas le cas, est-il une intuition immédiate, une instance personnalisante intemporelle, l'ipséité, ou alors le sentiment d'une permanence procurée par la mémoire des faits autobiographiques qui permet de relier entre eux des événements successifs, de mêmeté, fût-ce au prix d'une illusion ? Les observations disponibles dans la littérature médicale devraient pouvoir mettre tout le monde d'accord.

LE *JE* N'EST PAS UNE INVENTION DE LA GRAMMAIRE

La première donnée provient de l'étude de l'apprentissage du langage signé chez les enfants sourds-muets. Dans le langage parlé le plus usuel, la désignation du doigt du sujet qui parle (pour dire « moi ») ou de son interlocuteur (pour dire « tu ») est, bien sûr, très naturelle et compréhensible dans toutes les cultures, mais ce n'est qu'un élément accessoire et, en quelque sorte, surérogatoire. En revanche, chez les sourds-muets « signeurs » (c'est-à-dire utilisant la langue des signes), ce geste de désignation est réellement le pronom lui-même. Il était donc naturel de penser que les jeunes signeurs éviteraient les erreurs des jeunes enfants entendants qui confondent si facilement les pronoms personnels, *je*, *moi*, *tu*, *toi* quand ils commencent à parler.

> « Au contraire, écrit Ursula Bellugi, en dépit de l'identité entre les pronoms personnels de l'ASL (*American signs language*) et de la gestuelle non linguistique, l'évolution de leur acquisition est étonnamment similaire à celle du langage parlé. Les enfants sourds entre neuf et onze mois pointent librement pour rechercher, indiquer et attirer l'attention vers eux-mêmes et vers les autres, comme le font les enfants entendants. Pendant leur deuxième année, se produit un événement spectaculaire. Les enfants sourds cessent de pointer vers eux-mêmes ou vers leurs interlocuteurs. Ils semblent éviter un tel pointage… Dans la période suivante, le pointage vers soi-même et vers les interlocuteurs réapparaît, mais il s'agit maintenant d'un élément dans un système linguistique. À ce stade, des erreurs surprenantes d'inversion apparaissent dans l'utilisation signée des pronoms : les enfants "signent" *toi*, alors qu'ils veulent dire *moi*, ignorant à l'évidence la transparence de la gestuelle signée. Ces inversions de pronom sont aussi rencontrées chez les enfants entendants du même âge. Puisque la forme pronominale est la même dans la langue des signes et dans la gestuelle spontanée, les erreurs et leur résolution montrent l'existence d'une discontinuité dans le passage de la gestuelle prélinguistique à un système linguistique formel. »[1]

---

1. BELLUGI U., KLIMA E.S., POIZNER H., *Sign Language and the Brain in Language, Communication and the Brain*, edited by F. Plum, New York, Raven Press, 1988.

Il est manifeste, d'après l'expérience des sourds-muets, que l'enfant, dès avant le langage, a une pleine conscience de son existence en tant que « je », en tant qu'auteur d'une pensée qu'il cherche à communiquer. À vrai dire, ces remarques auraient pu être faites chez les enfants entendants, car eux aussi pointent correctement, mais évidemment l'intervention de l'apprentissage de la langue des signes chez les sourds-muets rend leur comportement beaucoup plus spectaculaire et remarquable. Il est donc vrai que, dès avant le langage, l'enfant se connaît « je » ; possesseur d'un corps propre, comme en témoigne sa gestuelle, sans avoir lu les phénoménologues. La même gestuelle traduit sa connaissance de l'autre, de « toi » comme un corps doué des mêmes qualités pensantes que lui-même. Il est infiniment probable que cette reconnaissance de l'altérité influe sur la perception qu'il a de lui-même. L'enfant sait qu'il veut, qu'il meut, qu'il agit, sans avoir lu Maine de Biran. Ces fines analyses philosophiques se trouvent ainsi magnifiquement confirmées. En revanche, je propose aux philosophes de réévaluer la mesure dans laquelle le comportement des jeunes sourds-muets signeurs remet en cause « le primat de la médiation réflexive sur la position immédiate du sujet, telle qu'elle s'exprime à la première personne du singulier : je pense, je suis »[1]. Je pose aussi la question de la portée de la philosophie du langage, de la philosophie analytique en un domaine dont Ursula Bellugi a montré qu'il était d'abord non linguistique. Ce n'est pas ici le lieu d'examiner si réellement Descartes a fondé l'ensemble de sa philosophie sur une pensée première unique ; on remarquera seulement qu'en adoptant cette interprétation, on oublie simplement que tout son système est placé sous la garantie de Dieu ! En revanche, il me paraît difficile de contester, après l'impressionnante observation d'Ursula Bellugi que « je pense donc je suis » soit bien une vérité première[2]. Les sarcasmes de Nietzsche[3] contre le *cogito* de Descartes valent comme interrogation sur la philosophie en tant qu'elle est langage. Mais puisqu'il est avéré que la formule attaquée correspond à une réalité immédiate, prélinguistique, ils perdent toute leur virulence. On verra plus bas que si la conscience de soi est bien une donnée immédiate non réflexive de la conscience, alors, les philosophes qui ont essayé de dissoudre ou plutôt de noyer la conscience dans le langage ne peuvent pas être suivis.

1. RICŒUR P., *Soi-même comme un autre*, Paris, Seuil, 1990.

2. *Cf.* aussi sur ce point le cogito augustinien, l'évidence originaire de soi.

3. Cité par RICŒUR, loc. cit.

Identité ; ipséité ; mêmeté

« Identité » s'entend en plusieurs sens dont la superposition peut être périlleuse. Deux nous intéressent ici. Le premier sens est celui de la ressemblance parfaite qui se divise elle-même en deux, selon qu'elle s'applique à deux entités différentes ou à un seul et même objet : dans le deuxième cas, elle s'exprime plus clairement par « permanence » ou, mieux, « invariance ». Le deuxième sens est ainsi fourni par le Larousse :

> « Caractère permanent et fondamental de quelqu'un qui fait son individualité, sa singularité, qui le différencie des autres et permet qu'il se reconnaisse comme tel. »

Cette définition s'applique aussi à un groupe humain. Elle comporte un présupposé : l'existence justement de cet élément permanent et fondamental qui fait la singularité, presque indispensable à la réflexion éthique, que les philosophes ont reconnu soit comme le résultat du fonctionnement de la mémoire garante de l'invariance – ce que l'on a appelé *sameness* ou mêmeté –, soit comme une intuition immédiate d'être une personne distincte de toutes les autres, indépendamment de toute déduction et de toute comparaison de soi-même à soi-même conduisant à la constatation de la mêmeté. C'est l'équilibre, la dialectique entre ces deux pôles de mêmeté et ipséité qui forme l'ossature de *Soi-même comme un autre,* de P. Ricœur, auquel il me suffira de renvoyer pour situer le problème dans la grande tradition philosophique. Il introduit, avec la notion de promesse donnée et de parole tenue, une dimension éthique qui pose la question d'une autre variété encore d'identité. Il est intéressant de voir dans quelle mesure l'expérience confirme ses conclusions. Autrement dit, les amnésiques empêchés de vérifier leur mêmeté perdent-ils aussi le sentiment d'être une personne individuée ?

L'enfant possède donc, on vient de le voir, le sentiment de soi dès avant le langage. Mais l'âge de l'apprentissage du langage est aussi celui de la grande amnésie infantile. Comme la plupart des amnésies acquises de l'adulte, l'amnésie infantile est loin d'être universelle. L'apprentissage (encore appelé mémoire procédurale) est dès le berceau d'une prodigieuse efficacité et rapidité. Il est évident que l'enfant arrive à la fin de la période de l'amnésie infantile, vers 3 ou 4 ans, avec un extraordinaire bagage d'expérience. Comme les patients ayant subi une ablation des régions hippocampiques que nous verrons tout à l'heure, s'ils gardent les traces du résultat de cet apprentissage, ils ne se souviennent de rien qui concerne les circonstances dans lesquelles celui-ci s'est développé et ils seront incapables par la suite de la moindre évocation des circonstances de leur vie des trois premières années environ. Ils ont une absence complète de mémoire consciente, « mémoire déclarative » est le terme technique, contrastant avec une puissante capacité de mémoire procédurale. Ils sont à la fois conscients d'eux-mêmes et amnésiques. Le mécanisme de cette amnésie n'est pas exactement connu. L'hypothèse la plus simple repose sur des bases anatomiques certaines : l'immaturité cérébrale. On pourrait objecter que l'oubli des faits est peut-être plus tardif, que pendant le déroulement de ses premières années l'enfant garde en mémoire, mais seulement pour un temps, bien plus qu'il ne pourra en témoigner plus tard. Cette hypothèse n'est cependant pas très satisfaisante, précisément parce qu'elle ne tient pas compte du défaut de maturation cérébrale. Si celle-ci joue un rôle, comme c'est le cas pour d'autres fonctions, les capacités doivent donc plutôt s'améliorer que régresser. On a avancé aussi que l'incapacité de verbaliser pouvait être en cause, mais ce serait faire peu de cas de la pensée non verbale et le jeune enfant ne garde pas plus de souvenirs visuels que de faits anecdotiques, la mémoire visuelle est aussi vide que la mémoire dite épisodique, hormis, il est vrai, quelques « flashes » sans contexte. Il est difficile de dire si ce qui est en défaut, c'est l'inscription des faits dans la mémoire ou plutôt leur évocation. La dissociation entre la mémoire procédurale et la mémoire déclarative ferait bien plus penser au deuxième mécanisme qui est très probablement celui des amnésies hippocampiques acquises que l'on va voir dans un instant. En fait, ce détail n'a guère d'importance pour notre propos. Ces souvenirs resteraient donc dans le domaine de l'inconscient et, ici, nous sommes dans le très vraisemblable. Si l'on veut trouver une base organique à l'inconscient freudien, c'est presque certainement là qu'il faut la chercher. Cet inconscient serait-il la base de notre sentiment d'identité ? On ne prend pas un grand risque en soupçonnant qu'il y contribue, comme à l'ensemble de la vie mentale, mais on est très loin de la « mêmeté » des philosophes.

Le jeune enfant fournit ainsi un premier exemple de sentiment de conscience de soi dans lequel la mêmeté ne joue plausiblement aucun rôle. Il est donc lié à un sentiment immédiat d'ipséité. Cet exemple est particulièrement intéressant parce que chez l'enfant l'amnésie déclarative est vraiment complète. Si on n'a pas utilisé plus tôt cet argument, c'est probablement parce qu'on ne pensait pas avoir un témoignage suffisant du sentiment de soi chez l'enfant. La très fine observation d'Ursula Bellugi permet de trancher la question.

L'étude des patients souffrant de pertes de mémoire massives confirme cette conclusion. À la suite de lésions des structures temporales internes, appelées hippocampes, et des circuits qui en dépendent, on observe des troubles de la mémoire empêchant la fixation des souvenirs depuis l'installation de la lésion. Cette amnésie est dite antérograde. L'intensité du trouble est généralement telle que le malade ne se souvient pas de ce qu'il a fait dans les heures ou simplement les minutes qui précèdent la question. Le passé ancien est en général mieux conservé. Malgré ce handicap, aucun de ces patients ne se plaint du moindre sentiment de dépersonnalisation. L'exemple le plus spectaculaire et aussi le plus connu est fourni par l'observation H.M. initialement publiée par Scoville[1], mais surtout analysée et suivie par Brenda Milner[2] qui a ainsi apporté une contribution majeure à la neuropsychologie. H.M. fut opéré en 1953 pour épilepsie grave et rebelle à tout traitement médical et subit l'ablation bilatérale étendue de la région temporale interne. Depuis lors, il présente une amnésie antérograde massive et globale. S. Corkin, qui fut associée aux travaux de B. Milner sur cette observation, a fait le point en 2002[3] sur ce patient, alors âgé de 75 ans, soit 49 ans après l'opération. Il n'est pas nécessaire ici d'entrer dans le détail de cette observation historique que les lecteurs curieux pourront facilement se procurer. En revanche, il faut citer presque *in extenso* le commentaire fourni par S. Corkin qui s'est interrogée précisément sur la question qui nous intéresse : *Does H.M. have a sense of self ?*

Sa réponse nuancée est la suivante :

> « Les philosophes, les neuroscientifiques, ont avancé que sans mémoire une personne perd son identité, le sens de soi-même. De ce point de vue, H.M. devrait avoir perdu le sens de qui il est. Les observations suivantes valent la peine d'être prises en considération. L'amnésie ne correspond pas à une situation de tout ou rien. H.M., de temps en temps, est capable de réunir quelques maigres informations sur des événements post-opératoires. En outre, il a des souvenirs d'enfance, en particulier de vacances avec ses parents directs et des informations sur un certain nombre de membres de sa famille, encore que ces souvenirs soient surtout de nature sémantique. Par exemple, pour essayer d'éliciter un souvenir autobiographique, je lui ai demandé : "Quel est votre souvenir préféré de votre mère ?" "Bon, pour moi, simplement qu'elle est ma mère". "Mais pouvez-vous vous souvenir

1. Scoville W.B., The limbic lobe in man, *J. Neurosurg.*, 1954, 11, 64-66.
2. Scoville W.B. & Milner B., Lost of recent memory after bilatealhippocamal lesions, *J. Neurol. Neurosurg. Psychiat.*, 1957, 20, 11-21 ; et Milner B., Corkin S. & Teuber H.L., Further analysis of the hippocampal amnesic syndrome : 14 years follow-up study of HM, *Neuropsychologia*, 1968, 6, 215-234.
3. Corkin S., What's new with the amnesic patient HM. ?, *Nature Reviews Neuroscience*, 2002, 3, 153-160.

d'un événement spécial, comme des vacances, un Noël, ou Pâques". "Sur ce point j'ai une discussion intérieure sur le temps de Noël". "Pourquoi de Noël ?" "Eh bien, parce que mon père était du Sud et que là-bas, on ne le célèbre pas comme on le fait ici dans le Nord. Ainsi, ils n'ont pas d'arbres de Noël ou des trucs comme ça. Et il était venu dans le Nord, bien qu'il soit né dans le Sud. Et je connais le nom de sa ville de naissance." H.M. était incapable de se souvenir d'un seul épisode avec son père ou sa mère à une époque ou dans un lieu donné. [...] Bien que les souvenirs anciens de H.M. ne contiennent pas autant de détails que ceux des sujets-contrôles, ils fournissaient quelques apports à sa conception de lui-même. En outre, au-delà de ces souvenirs fragmentaires, il a des croyances, des désirs, des valeurs permanentes. Par exemple, il croit que les mots croisés sont amusants et qu'ils lui sont utiles pour retenir des mots. Il est altruiste : questionné sur le Dr Scoville qu'il avait rencontré plusieurs fois avant son intervention, il disait : "Il faisait de la recherche médicale sur les gens, toutes sortes de gens. Ce qu'il a appris sur moi a aidé d'autres personnes et j'en suis heureux." Son comportement social est approprié et courtois. [...] Il a des opinions morales élevées et sa conduite personnelle est en rapport, ce qui est en faveur d'une préservation de son cortex orbito-frontal. Il a une conscience morale. Par exemple, lorsqu'il explique pourquoi il n'a pas pu accomplir son rêve d'être neurochirurgien, il invoque le port de lunettes, et que si le sang venait à jaillir sur elles, il n'y verrait plus, qu'il manquerait alors sa cible et pourrait blesser le patient. Il a, de plus, une bonne reconnaissance de son trouble de mémoire. Quand je lui demande : "Que faites-vous pour essayer de vous souvenir", il répond : "Eh bien, je ne sais pas, parce que je ne me souviens pas de ce que j'ai essayé" et il rit. Il a un sens de l'humour et fait souvent des plaisanteries.
Un autre aspect du sens de soi-même est la connaissance de son apparence physique. Il se décrit lui-même comme fin, mais solide. Il ne connaît pas son âge et ignore s'il a des cheveux gris. Une fois où je lui montrais une photographie ancienne de lui et de sa mère, il répondit que l'homme ressemblait à son père, mais que cela ne pouvait être son père, car il ne portait pas de lunettes. Sa capacité à interpréter et à dire ses sentiments intérieurs est diminuée. Il est particulièrement peu capable d'identifier et de répondre à des stimuli douloureux et sa cotation de sa soif et de son appétit est la même avant et après un repas. »

J'ai rapporté par scrupule tout ce que S. Corkin considère comme faisant partie du *sense of self*, mais il va de soi que les derniers éléments n'ont probablement rien à voir avec la mémoire.

La conclusion d'une telle observation, et d'autres plus ou moins semblables, n'est pas aussi claire que celle que nous pouvons tirer de l'observation des enfants. La remarque préliminaire de S. Corkin est évidemment très importante : les troubles acquis de la mémoire ne sont pas à interpréter comme tout ou rien. Par rapport à notre interrogation, c'est leur défaut. Néanmoins, il ne paraît pas exagéré de dire que la préservation du sentiment de soi en dépit de troubles majeurs de la mémoire déclarative, ou consciente, conforte les données acquises chez l'enfant.

Beaucoup de traumatisés graves du crâne présentent des comas prolongés, de plusieurs mois, se retrouvent par la suite profondément différents de ce qu'ils étaient avant l'accident et s'en rendent parfaitement compte. Ces modifications portent aussi bien sur le caractère et le comportement que sur les activités cognitives. La famille se plaint de la profonde transformation de l'accidenté et le patient se trouve douloureusement diminué. Il se compare à ce qu'il était avant l'accident et souffre énormément de son nouvel état. Malgré cette profonde transformation, il conserve le sentiment d'être lui-même. À titre d'illustrations, voici deux extraits d'une auto-observation écrite (avec un peu d'aide de son entourage) par une femme médecin au cours de la phase de rééducation après un traumatisme crânien. Le premier montre clairement le sentiment de changement de personnalité : l'auteur se plaint de ceux qui pensent l'encourager en lui disant que les troubles qu'elle présente sont plus ou moins ressentis par tous. Elle écrit :

> « Personne ne sait à quoi ressemblent mes troubles. Les capacités de chacun et les ressources intérieures varient largement en degré et en variété. Mais ce n'est pas la même chose d'être privé de ses capacités alors qu'on les a possédées et appréciées. Les passages à vide occasionnels ou les caprices de l'intellect n'ont pas volé les échanges intellectuels (des gens normaux qui les subissent), ils ne les ont pas séparés d'une profession qu'ils aimaient, *ni rendus méconnaissables à leurs propres yeux* [c'est moi qui souligne]. »[1]

Le deuxième extrait insiste sur le caractère haché de l'existence de cette femme, du fait de ses troubles mnésiques :

> « Comme je voyage beaucoup, j'utilise de nombreuses toilettes publiques. Quand je suis seule dans un aéroport, je mets une note dans ma poche me disant dans quelle ville je suis et comment regagner ma porte d'embarquement. Aujourd'hui, je n'ai aucune note et je ne suis visiblement pas dans un aéroport, ainsi je dois être avec quelqu'un, probablement Marcia. Je m'appuie contre le mur, à l'extérieur de la porte des toilettes et j'attends. Un véritable sketch comique, entre rêve et réalité, pourrait être écrit à propos des toilettes. Vous entrez dans un tel lieu d'un aéroport du Kansas et vous en ressortez dans une station d'essence en Floride. À tout le moins, c'est ainsi que je le ressens. Je ne peux pas maintenir mon orientation pendant les minutes de mon séjour dans les toilettes. À la sortie, les lieux sont toujours inattendus. Mais une note écrite ou bien un ami résout le mystère.
> Personne n'est venu me chercher ; je commence à me sentir anxieuse. J'aurais dû dessiner le plan. Attendre Marcia ne paraît pas le bon pari.
> Je regarde alentour, ce couloir ressemble à un corridor d'hôpital. Je vois que les passants portent le badge de cet hôpital. Mon cœur sombre. Je suis à New York et seule. De façon illogique, je me sens abandonnée. Ces toilettes sont un mauvais coup du sort. Je voudrais retourner dans les toilettes et ressortir dans un meilleur endroit. »

1. OSBORN C.L., *Over my head*, Naples-Denver, The Peripatetic Publisher, 1998.

Dans ces situations, l'amnésie n'est pas aussi massive que dans le cas de la prime enfance, mais elle est cependant à la fois très intense et sans effet sur le sentiment d'être soi-même. Il est clair que la mêmeté ne joue pas un rôle majeur. N'était l'amnésie infantile, il serait difficile d'exclure qu'un certain sentiment de continuité, intuitivement si nécessaire, sinon de « mêmeté » soit effectivement une condition de la permanence de l'individu.

Reste la difficile question des amnésies identitaires dont on ose à peine parler, tant le terrain semble incertain. Il s'agit de ces cas, relativement rares, où, de façon subite, la personne atteinte ne se souvient de rien de ce qu'elle est, de son nom, de son adresse, de sa famille. La plupart des psychiatres qui ont eu à affaire à de tels patients ressentent un sentiment de malaise, car ils ne savent pas se déterminer avec sécurité sur leur réalité. Qu'il existe des simulateurs parmi ces « amnésiques » est établi, mais on n'utilise ce jugement avec sécurité que si un avantage évident est tiré de la présentation à l'entourage, aux médecins, parfois à la police, de l'état prétendu pathologique. Le plus souvent, cependant, aucun avantage ne vient renforcer la suspicion, et la comparaison avec l'hystérie vient immédiatement à l'esprit, elle qui laisse toujours le praticien dans le doute sur la sincérité des patients atteints de ce trouble et leur recherche d'avantages secondaires plus ou moins inconscients. Le terme « amnésie hystérique » est effectivement rencontré dans la littérature. Il reste néanmoins un doute sur sa nature purement névrotique. Le fait que le traumatisme qui génère habituellement ces troubles soit psychique plus souvent que physique, ou que l'amnésie soit presque toujours transitoire ne constitue pas une raison suffisante pour trancher. On connaît d'autres troubles mnésiques présentant ces caractéristiques, non lésionnels, dont personne ne doute qu'ils correspondent à un trouble transitoire du fonctionnement physiologique du cerveau encore à préciser, peut-être de nature migraineuse, comme je l'ai moi-même soutenu[1]. Même si on prend les amnésies identitaires pour une expérience humaine authentique, aucun de ces patients ne donne le sentiment de dépersonnalisation, au sens où il n'y aurait plus présence d'une ipséité, mais plutôt recherche d'une personnalité antérieure actuellement perdue. En définitive, quels que soient les troubles mnésiques, aucun n'entraîne la perte de l'ipséité, en dépit de graves amputations de la mêmeté. *Tout paraît confirmer que l'ipséité, la conscience d'être soi, n'est rien d'autre que la conscience elle-même.*

1. LAPLANE D., TRUELLE J.-L., *Le mécanisme de l'ictus amnésique. À propos de quelques formes inhabituelles*, Nouvelle Presse Médicale, 1974, 3, n° 12, p. 3141.

Une autre confirmation peut être obtenue de ces épileptiques ayant subi une commissurotomie séparant l'un de l'autre les deux hémisphères (qui, de ce fait, fonctionnent de manière relativement autonome, on l'a vu au chapitre 1), mais qui ne se sentent nullement dédoublés. Ainsi, la coexistence de deux activités hémisphériques distinctes, qu'une observation attentive peut constater comme parfois conflictuelles, ne suffit pas à entraîner la perte de l'ipséité qui apparaît vraiment comme le résultat du fonctionnement global du cerveau. L'idée de Sperry de doter l'hémisphère droit d'une conscience autonome ne repose sur aucune donnée précise et reste à la fois peu probable et entièrement invérifiable.

Quelles conclusions tirer de ces quelques exemples ? La plus certaine est que, contrairement aux données d'une introspection une fois de plus trompeuse, la mêmeté ne joue pas un grand rôle dans le sentiment de soi-même.

Ces résultats des données neuropsychologiques ne sont d'ailleurs peut-être pas aussi surprenants qu'il y paraît. Lorsque nous examinons nos souvenirs d'enfant, nos interprétations d'enfant, voire d'adolescent ou de jeune adulte, sommes-nous si sûrs de cette permanence ? Nous entrons ici dans un autre domaine de connaissance qui ne présente peut-être pas la même rigueur scientifique que la neuropsychologie, mais mérite cependant que nous nous y arrêtions un peu : c'est la question de l'identité morale soulevée par Ricœur à partir de la promesse et de la parole tenue. Ici, l'auteur qu'il nous faut est un psychanalyste, élève de Freud à Vienne, mais devenu américain sous le nom d'Erik Erikson, qui a adjoint à sa formation initiale celle d'ethnologue. Son livre, *Adolescence et crise : la quête de l'identité*, est le plus important que je connaisse sur cette question de l'identité. Malgré sa parution en 1968 et ses thèses à contre-courant, il a réussi à devenir un classique du sujet. Erik Erikson commence à se placer sous deux patronages illustres, celui de Freud et celui de Williams James. Voici ce que dit le premier sur l'identité prise en ce sens :

> « Ce qui m'a lié au judaïsme n'était (j'ai honte de le confesser) ni la foi ni l'orgueil national, car j'ai toujours été un incroyant, élevé sans religion bien que non sans respect pour ce qu'on a appelé les normes "éthiques" de la civilisation humaine… Mais il restait quantité d'autres choses qui rendaient irrésistible l'attraction qu'exerçaient sur moi les juifs et le judaïsme – maintes puissances émotives obscures et ineffables, d'autant plus accusées qu'elles ne pouvaient s'exprimer en paroles, et tout aussi bien la claire conscience d'une identité intérieure, intimité bien abritée d'une structure psychique commune. En plus de cela, il y avait l'intuition que deux caractéristiques, devenues indispensables pour moi au cours d'une vie difficile, étaient uniquement dues à ma nature juive. Parce que j'étais juif, je me

trouvais débarrassé de maints préjugés qui entravaient chez les autres l'usage de l'intelligence ; et toujours en tant que juif, j'avais tout ce qu'il me fallait pour rejoindre l'opposition et agir sans pactiser avec la "majorité compacte". »

Il n'est pas difficile de saisir les mots-clefs : « identité intérieure », « puissances émotives obscures et ineffables », trois qualificatifs de poids et « l'intimité bien abritée d'une structure psychique commune » signifiant que l'identité est au cœur de l'individu, mais aussi au cœur de la culture de sa communauté

Identité donc ou « véritable moi »... « le principe le plus profond de toute détermination à l'action et à la pensée », expressions empruntées cette fois à William James qui n'utilise pas le terme d'identité, mais qui la décrit en fait « d'une façon telle qu'elle peut être expérimentée par n'importe qui », commente Erik Erikson. Il est notable que de telles descriptions ne se trouvent pas dans les œuvres théoriques de ces deux pionniers de la psychologie, mais apparaissent, ou mieux, éclosent, dans leur spontanéité, à l'occasion de confidences de deux génies, l'une à ses « frères » juifs réunis en congrès, l'autre à sa femme. C'est probablement la seule fois où Freud parle d'identité, et c'est en un sens essentiellement éthique.

De cette base et de sa pratique, Erikson tire sa définition personnelle de l'identité :

> « En termes de psychologie, la formation de l'identité met en jeu un processus de réflexion et d'observations simultanées, processus actif à tous les niveaux du fonctionnement mental, par lequel l'individu se juge lui-même à la lumière de ce qu'il découvre être la façon dont les autres le jugent par comparaison avec eux-mêmes et par l'intermédiaire d'une typologie, à leurs yeux significative ; en même temps, il juge leur façon de le juger, lui, à la lumière de sa façon personnelle de se percevoir lui-même, par comparaison avec eux et avec les types qui, à ses yeux, sont revêtus de prestige. Heureusement et nécessairement, ce processus est en majeure partie inconscient, à l'exception des cas où des conditions internes et externes se combinent pour renforcer une conscience d'identité douloureuse ou exaltée. »

Qu'est-ce à dire ? Que l'identité, le « véritable moi »... « le principe le plus profond de toute détermination à l'action et à la pensée » se constitue sur la base d'un jugement éthique, en interférence étroite avec le milieu. Pour se former, cette identité doit trouver dans son milieu une typologie, une hiérarchie qui passent pour significatives. L'individu doit se juger lui-même par rapport à cette typologie, comme il se sent jugé par son entourage qui se réfère à elle. Mais ce processus n'a rien d'une automaticité mécanique, car l'individu, en même temps, juge la façon dont il est jugé et juge ses juges. Sur quelles bases s'appuie-t-il pour juger ainsi, objectera-t-on ? En partie par comparaison avec les types qui, à ses yeux sont revêtus de prestige, et en partie par sa façon personnelle de se juger lui-même.

Il faut ajouter, et cela est évidemment essentiel par rapport à la question que nous poursuivons, que ce processus est toujours sujet à *transformation et évolution.* Si tout se passe bien, il provoque une différenciation croissante à mesure que s'élargit le cercle des êtres qui ont un sens pour l'individu. Pour l'enfant :

> « [...] les parents ne doivent pas seulement avoir une certaine manière de diriger et d'éduquer par l'interdiction ou la permission, ils doivent être à même de représenter pour l'enfant la conviction profonde et presque somatique qu'il y a une signification dans tout ce qu'ils font. En ce sens, un système pédagogique traditionnel apparaît comme un facteur qui produit la confiance, même si certains points de cette tradition, pris à part, peuvent sembler arbitraires ou inutilement cruels ».

Il en résulte que :

> « L'un des conflits les plus profonds de la vie est provoqué par la haine à l'égard d'un parent qui primitivement a servi de modèle pour la conscience, mais qui, dans la suite, fut surpris à en prendre à son aise avec les transgressions mêmes qui pesaient tant à l'enfant. »

On mesure la responsabilité des éducateurs qui ne peuvent se contenter de beaux discours. La confiance est une nécessité psychologique pour l'enfant. Elle implique :

> « [...] non seulement que l'on a appris à *se fier à l'identité et à la continuité des tuteurs,* mais aussi que l'on peut *se fier à soi-même* [c'est moi qui souligne] et à sa capacité à tenir tête aux impulsions ; que l'on est capable de se considérer comme assez digne de confiance pour que les tuteurs n'aient pas besoin de rester sur leur garde ou de renoncer ».

Le sentiment d'autonomie apparaîtra également par identification aux parents, il sera le reflet de leur dignité à eux, en tant que personnes autonomes. Une identité réussie est, selon Erikson, une condition de l'autonomie. À l'âge scolaire, le cercle s'élargit, de nouveaux modèles possibles d'identification apparaissent, principalement les maîtres. Ils doivent en gros présenter la même « fiabilité » et le même jugement qui permet de maintenir une exigence qui est l'une des formes du respect, mais une exigence proportionnée aux capacités de l'enfant. Le discernement et la perspicacité ou, si on a peur des mots prétentieux, la jugeote sont, de ce fait, les vertus majeures de l'éducateur. À l'évidence, il faut aussi que les parents développent chez l'enfant une confiance dans leur maître, pour que l'enfant puisse développer un égal crédit en faveur des adultes qui lui servent de modèle, entre les adultes qui « *savent* », les enseignants et les adultes qui « *font* », c'est-à-dire les parents.

Le point le plus important est l'avertissement que nous donne Erik Erikson : l'identité n'est pas un acquis définitif !

> « Les conditions qui sapent le sentiment d'identité conduisent également des sujets plus âgés à se fixer au niveau des alternatives des adolescents ; un grand nombre d'adultes s'alignent sur ces derniers ou se trouvent paralysés dans leur résistance. »

Ce n'est pas le lieu ici d'étudier les conditions qui peuvent saper le sentiment d'identité. Le lecteur intéressé pourra consulter directement le travail d'Erik Erikson et regarder aussi le chapitre consacré à la tolérance dans *Un regard neuf sur le Génie du Christianisme*[1]. L'important est de reconnaître que le choix du terme « identité » traduit ici la grande illusion des sociétés stables sur la permanence des identités. La génération à laquelle j'appartiens a bien pu observer cette mutation des valeurs, autrement dit, celle des identités, avec comme conséquence immédiate la perte d'identité d'une grande partie de la population, jeune et moins jeune, et le retour de la quête identitaire, dont la revendication du voile islamique constitue l'un des aspects. L'une des conséquences les plus évidentes de la perte d'identité est l'hésitation des jeunes à s'engager, dans l'incertitude qui est la leur de savoir ce qu'ils seront demain.

La thèse d'Erikson a reçu une sorte de vérification expérimentale que nous pouvons éprouver tous les jours. *L'instant éternel*, du sociologue Michel Maffesoli[2], est une véritable démonstration de la dissolution de l'identité dans la jeunesse actuelle, démonstration bien involontaire, car bien différente des intentions de l'auteur. Pour ne pas nous égarer loin de notre objectif, on se contentera ici de quelques citations montrant l'instabilité actuelle de la prétendue identité : « La vie empirique n'est que l'expression de sentiments d'appartenance *successifs* » (p. 41 ; c'est moi qui souligne), ou encore : « sociologie de l'orgie, c'est-à-dire ordre de la fusion, voire de la confusion faisant que tout un chacun existe selon un principe d'hétéronomie ».

L'hétéronomie est bien le contraire de l'autonomie qui suppose une identité stable où puiser sa propre règle, la succession des sentiments d'appartenance s'oppose à la permanence au moins

1. LAPLANE D., *Un regard neuf sur le Génie du Christianisme*, Paris, François Xavier de Guibert, 2004, tome I, chapitre 1.
2. MAFFESOLI M., Paris, Denoël, 2000.

relative, disons la durée, sans laquelle aucune identité ne peut exister. Le terme d'« *identifications multiples* » (p. 118) reprend la même idée. Le livre encore plus récent de J.-C. Kaufmann[1], *L'invention de soi*, bien qu'il traite Erikson avec condescendance, confirme en définitive ses thèses. Mais il se livre à une surprenante déviation du vocabulaire. L'identité au sens de ressemblance à soi-même ayant très généralement disparu à l'époque postmoderne, du fait de la déstructuration des communautés, le mot subit une véritable distorsion : sa définition devient le maintien, à travers tous les changements, de l'estime de soi-même, au prix d'une auto-justification permanente de l'individu, livré exclusivement à ses pulsions et à leurs exigences contradictoires, à l'invention chaque fois nécessaire d'un nouveau sens donné à la vie. Le résultat est d'ailleurs déplorable pour l'individu livré au travail incessant et permanent de « l'invention de soi » qui oscille entre la dépression et la paranoïa :

> « Ce qui hier était une maladie réservée de quelques patients gravement atteints [la paranoïa], tend aujourd'hui à se répandre sous des formes atténuées, dans l'ensemble de la population. Comme la dépression, la paranoïa est une maladie sociale de l'âge des identités. »

L'idée de Ricœur était d'affirmer l'existence d'une personne morale capable de la continuité nécessaire à la tenue des promesses et de la parole donnée. Les données de fait prouvent sans équivoque le bien-fondé de sa lutte pour éviter de limiter le « soi » dans une mêmeté illusoire et de le laisser ainsi exposé aux attaques trop faciles de ceux qui veulent le dissoudre. Il faudra en tenir compte lorsque nous philosopherons sur ce thème. En revanche, c'est vouloir pousser la démonstration trop loin que de rapprocher de la question du soi celle de l'identité au sens moral dont la nature semble fort différente. Alors que l'ipséité est une fonction fondamentale, biologique, de l'individu, pratiquement assimilable à la conscience de soi, ou plus simplement la conscience, l'identité qui rend capable de se rendre responsable de ses promesses est une instance bien moins fondamentale, constituée par les interactions entre l'individu et la société dans laquelle il vit, dont la stabilité ou la volatilité est étroitement dépendante de l'éducation reçue. Le terme d'identité apparaît particulièrement inapproprié puisque c'est un élément devenu éminemment changeant. Le chamboulement survenu entre notre époque et celle de Freud, de James et même d'Erikson, celle de Ricœur faut-il encore ajouter, c'est en réalité la perte de l'identité vécue à l'échelon de la société presque

1. KAUFMANN J.-C., *L'invention de soi. Une théorie de l'identité*, Paris, Armand Colin, 2004.

tout entière. Ce relâchement porte un autre nom : la fracture sociale, par perte du sentiment de l'intérêt général, mais c'est évidemment un autre sujet.

Revenons donc à l'ipséité, au moi. Je ne puis conclure sur ce sujet sans faire allusion aux attaques dont il a été l'objet, mais qui jouent sur une confusion. Sans doute, le contenu de nos consciences est-il complexe, changeant et contradictoire, sans doute notre inconscient, pris ici au sens freudien, joue-t-il incontestablement un grand rôle dans notre vie mentale et ses tensions et, là, encore, ses contradictions sont nombreuses. Si surprenant que cela paraisse, ces incohérences n'ont nul effet sur la permanence de l'ipséité. Il est curieux d'ailleurs que l'on ait pu identifier l'ego cartésien au moi freudien alors qu'il ne s'agit tout au plus que d'une banale homonymie. Le moi cartésien est bien ce sentiment d'ipséité qui s'affirme dans la formule « je pense », tout aussi bien que dans l'auto désignation de l'enfant sourd-muet avant l'apprentissage de la langue des signes. C'est une réalité d'ordre expérimental. Tout au plus une critique contemporaine pointilleuse peut-elle reprocher à la formule du Descartes du *Discours de la Méthode* : « je pense donc je suis » le « donc » qui donne à sa formule une allure pseudo-logique. La réalité est en fait que « je pense » et « je suis » sont coextensifs, comme d'ailleurs l'écrit Descartes lui-même dans sa deuxième méditation : « je pense, je suis ». Ceci n'enlève rien au caractère « expérimental » (au sens où les anglophones utilisent le terme *experience* : expérientiel) de ce sentiment. Le moi freudien, tout au contraire, est une construction métapsychologique, un schéma sans doute commode, une vue de l'esprit que l'on peut estimer utilement descriptive, mais, quelque vertu qu'on lui prête, il n'en reste pas moins dépourvu de la moindre existence dans la réalité. Ce n'est jamais qu'une façon de parler. Utiliser le moi freudien pour attaquer le moi cartésien, comme Lacan en a lancé la mode, ce n'est rien d'autre que tomber dans le piège des mots de façon factuellement si patente que j'ai cru pouvoir en parler dans ce chapitre où je suis censé m'abstenir de philosopher. C'est une bévue.

L'idée que je veux retenir de ce sous-chapitre est bien *le caractère inné, spontané, non réflexif de l'ipséité, son indépendance par rapport à tout langage et sa résistance à la perte de continuité dans les souvenirs, caractère partagé avec la conscience elle-même jusqu'à suggérer l'identité de référence des deux mots : « conscience » et « ipséité » qui n'est que la conscience d'être soi-même*. D'ailleurs, le substitut de définition de la conscience, ou plutôt la proposition de monstration de la conscience, que j'ai avancée en la désignant comme présence à soi-même, montre bien que soi-même, autrement dit ipséité ne fait qu'un avec la conscience.

Les paradoxes de la conscience

Avant d'en terminer avec les données de fait que nous aurons à utiliser pour philosopher, il faut encore ajouter quelques paradoxes de la conscience. On sait que les mouvements volontaires sont précédés d'une onde électrique cérébrale, dite de préparation motrice, qui débute près d'une seconde avant l'initiation du mouvement lui-même. Considérons maintenant la situation d'un joueur de tennis qui va recevoir le service de son adversaire : s'il devait attendre une seconde avant de réagir, il est certain que toutes les balles arriveraient dans le grillage. Pensez aussi aux chasseurs qui doivent épauler leur fusil et tirer de façon tout aussi instantanée.

Une étude systématique des relations temporelles entre la décision volontaire et son exécution est encore plus instructive. Benjamen Libet[1] demande à un volontaire sain de mouvoir à volonté un petit levier. Il installe le sujet d'expérience devant une horloge sur laquelle il devra noter la position de l'aiguille au moment où il enclenche son geste. Quel que soit le sujet, la décision est prise environ 300 milli secondes avant le déclenchement effectif du mouvement, c'est-à-dire environ 500 millisecondes (une demi-seconde !) *après* le début de l'onde de préparation motrice. Les processus préparatoires sont donc lancés bien avant la décision consciente de l'acte, à temps toutefois pour que l'interruption du mouvement soit possible comme Libet l'a effectivement démontré. Maigre consolation ! En fait, le mouvement « *volontaire* » est déjà programmé *avant* que la conscience n'en soit avertie. La conscience en tant que telle ne sert à rien dans le déclenchement du mouvement, elle ne peut que le bloquer *in extremis*. Il est évident que le tennisman aussi bien que le chasseur a entraîné à de nombreuses reprises des circuits spécifiques qui lui permettent de réagir « instantanément » et de façon fructueuse à la stimulation que représente l'arrivée de la balle ou le passage du gibier. L'action volontaire se limite par conséquent à la présence du joueur sur le court ou du chasseur sur le passage du gibier. Si cela est vrai du chasseur contemporain, on peut estimer que cela a dû être vrai pour les hommes primitifs et même pour les hominidés. On peut

1. LIEBET B., The neural time-factor in perception, volition and free will, *Revue de Métaphysique et de Morale*, 1992, n° 2, 255-272.

donc dire, à coup sûr, que la conscience n'ajoute certainement rien au processus élémentaire de la chasse. À ce niveau, il n'est pas possible d'imaginer que la sélection naturelle ait choisi les êtres doués d'une conscience, puisque celle-ci ne peut augmenter les chances de survie. Pour pouvoir maintenir que le seul le moteur de l'évolution est la sélection naturelle, on invoquera l'utilité de la conscience pour dresser un plan de chasse, c'est-à-dire pour coordonner les données environnementales et les programmes de calcul qui leur sont appliqués. Mais cette coordination nous ramène dans le domaine du calcul. Non seulement ceci nous écarte de la conclusion à laquelle nous étions parvenus sur la non-participation de la conscience au calcul, mais nous ajoutons arbitrairement à la conscience la vertu de coordination, alors qu'à l'évidence, dans la mesure même où ils ne sont que calculs, ces programmes n'ont nul besoin de conscience. On voit qu'il est décidément bien difficile de faire l'exposé objectif de données concernant la conscience sans empiéter sur le domaine philosophique que nous avons réservé pour plus tard.

Les expériences du même Libet sur le cortex et les voies sensitives sont tout aussi surprenantes, mais un peu plus difficiles à expliquer. Elles sont pratiquées à l'occasion d'interventions chirurgicales sur le cerveau. On sait depuis fort longtemps que la stimulation du cortex sensitif produit une sensation consciente dans une région du corps déterminée correspondant à la zone stimulée. Libet a montré que pour une stimulation par un train d'ondes *d'intensité liminaire* (la plus faible ayant une efficacité) au niveau cortical, le seul paramètre indispensable au déclenchement d'une sensation consciente est sa durée d'environ 500 msec. La fréquence des stimuli, la surface de l'électrode, sa polarité sont sans importance à ce niveau d'intensité liminaire. Il en est de même si on stimule les voies sensitives sous-corticales cérébrales, c'est-à-dire au niveau du bulbe ou au-dessus. En revanche, il n'en est pas ainsi si la stimulation porte sur les voies sensitives situées plus bas, c'est-à-dire au niveau de la moelle ou des nerfs périphériques. Ici, une seule stimulation est suffisante. Au niveau cérébral, avec des intensités plus fortes, des stimulations plus brèves que 500 msec peuvent être efficaces, mais, inférieures à 100 msec, si forte que soit l'intensité, elles perdent leur efficacité. En aucun cas, une stimulation unique n'est effective à ce niveau. Ce manque d'efficacité n'est pas dû à l'absence d'excitation neurale pour les stimuli trop brefs, car on peut enregistrer de grandes réponses électrophysiologiques dès le début de la stimulation et durant autant que celle-ci. Ceci suggère que le processus neural impliquant la sensation consciente exige que les neurones concernés par elle déchargent pendant un temps minimum. Il est suggéré aussi que l'expérience consciente est du tout ou rien. Elle apparaît d'un seul coup à partir d'une certaine durée de décharge. Bien qu'un stimulus unique appliqué à la peau, sur les nerfs ou sur les voies sensitives de la moelle élicite une expérience consciente, plusieurs arguments conduisent à penser que le délai du processus cérébral reste de 500 msec avant que l'expérience consciente puisse se manifester. Une seule volée périphérique entraîne une réponse évoquée primaire corticale précoce, environ 10 à 20 msec plus tard. Cette réponse primaire est suivie d'une série de réponses neurales endogènes persistant 500 msec ou plus, et cette décharge est nécessaire à la perception consciente, comme l'a également prouvé Libet. Un tel ébranlement n'est pas provoqué par une stimulation supra bulbaire *unique* et c'est probablement pour cela qu'il n'existe pas de sensation consciente dans ce cas. Si un ébranlement neuronal durable est nécessaire pour la perception consciente, il est probable que celle-ci est retardée d'autant, même si nous ressentons l'impression subjective d'une perception instantanée.

Pour en avoir le cœur net, Libet stimule un même sujet à la fois par un train d'ondes d'intensité liminaire appliqué sur le cortex et par une stimulation unique sur la peau. Et il demande au sujet lequel des deux stimuli est perçu en premier. La réponse est uniforme : la sensation cutanée est perçue la première, même si la stimulation cutanée est portée quelques centaines de msec après le début de la stimulation corticale. En d'autres termes, la perception déclenchée par la stimulation cutanée est perçue sans délai subjectif par rapport à la sensation par stimulation corticale qui est forcément retardée. Comment est-ce possible puisque la décharge neuronale primaire survenant 10 à 20 msec après la stimulation cutanée ne suffit pas à entraîner la perception consciente, mais qu'il faut aussi l'*after discharge* de 500 msec ? La seule hypothèse imaginée par Libet, et personne n'en a suggéré d'autre, est que le moment de la perception de la stimulation cutanée est subjectivement antidaté à l'arrivée pourtant inconsciente de la décharge primaire au niveau du cortex qui n'existe pas en cas de stimulation cérébrale.

Ces considérations, plus quelques autres, ont conduit Libet à formuler une théorie du *time-on,* selon laquelle la grande différence, sinon l'unique, entre les phénomènes conscients et inconscients serait la durée du maintien de l'activité neurale à un certain niveau. Il a proposé d'étendre cette théorie depuis la perception sensitive où elle est née à l'ensemble des activités cérébrales qu'on pourrait dire mentales, conscientes et inconscientes, la séparation entre le mental et le non-mental résidant dans l'utilisation des mêmes structures, mais selon un tempo différent. Il est évidemment difficile de tenir cette hypothèse pour avérée, mais, sans aller jusque-là, les arguments avancés par Libet paraissent tous plaider, une fois de plus, contre le fait que la conscience puisse ajouter quoi que ce soit au calcul de la pensée.

6

Et maintenant, philosophons

En introduisant ce travail nous avons cité une formule de Piaget qui nous semble particulièrement éclairante, stigmatisant « l'illusion fondamentale contre laquelle nous cherchons à nous élever [qui] consiste à croire que l'on peut trouver la vérité par simple réflexion, sans sortir de son cabinet de travail ou de sa bibliothèque », mais soulignant en même temps que la philosophie « pose un tout autre problème qui peut être moins un problème de connaissance que d'attitude générale et de vie ». Dans un premier temps, nous sommes donc sortis de notre tour d'ivoire pour nous mettre au contact de la réalité expérimentale en prenant le terme d'expérience dans le sens des mots anglais *experience* et *experiment* à la fois. Certes, nous n'avons pas fait le tour complet des acquis scientifiques utilisables pour philosopher, mais de ceux qui se sont présentés à nous dans l'exercice de la neurologie, concernant tout particulièrement la question du langage et celle de la conscience. Nous en avons tiré la distinction entre la conscience, non calculable, et les contenus de conscience dont nous avons admis qu'ils étaient calculables. La neurologie nous a montré que les deux aspects étaient bien liés au fonctionnement du cerveau. Nous utiliserons encore quelques données des sciences physiques, mais nous renvoyons pour ces sujets aux exposés d'auteurs spécialisés, comme le *Traité de physique et de philosophie,* de Bernard d'Espagnat[1]. Le champ reste grand ouvert à l'utilisation d'autres acquis scientifiques pour d'autres secteurs de la philosophie. J'en prendrai pour exemple l'utilisation par mon collègue et ami Élie Bernard-Weil[2]

1. ESPAGNAT (D') B., *Traité de physique et de philosophie,* Paris, Fayard, 2002.

2. BERNARD-WEIL É., *Stratégies paradoxales en Biomédecine et Sciences humaines,* Paris, L'Harmattan, 2002.

des systèmes ago-antagonistes (où l'action entraîne la réaction) que ses études d'endocrinologie lui avaient donné l'occasion d'étudier, mais qui se trouvent dans tous les systèmes biologiques : le principe en est que les objets (ou concepts) s'y présentent sous la forme de couples dont les pôles ont à la fois des actions adverses et coopératives, ce qui implique que toute stratégie provoquée par un déséquilibre et ciblée sur un seul pôle peut entraîner un accroissement du pôle déjà prédominant, annulant ainsi la correction du déséquilibre, voire l'aggravant ; cette dynamique pathologique est à l'origine des stratégies dites bipolaires dont le but est d'éviter une telle réaction. Ce principe me paraît certes être une simplification quand il s'agit de systèmes complexes où les réactions ago-antagonistes ne peuvent se réduire à une seule, mais cet auteur a su étendre ce principe aux « réseaux » ago-antagonistes qui pourraient plaider pour l'existence d'un couple associant simplicité et complexité. En tout cas, le mérite de Weil est justement, de mon point de vue, d'avoir schématisé ces principes en sorte de les rendre opératoires et d'en fournir l'application à de très nombreuses situations concernant les sciences humaines, de la sociologie et de la gestion des entreprises à la philosophie.

Il existe certainement bien d'autres voies qui peuvent être explorées de la sorte par qui sait saisir des vérités expérimentales et s'en servir comme base pour philosopher. Toutefois, notre ambition n'est pas de couvrir tous les domaines, mais seulement ceux qui paraissent pouvoir être éclairés par la neurologie. Ils se trouvent être aussi les plus fondamentaux.

L'homme autoréférentiel

J'ai hésité à inclure dans les données de fait, sur lesquelles doit aujourd'hui reposer nécessairement toute philosophie, un chapitre sur l'homme en tant que système autoréférentiel. Cette idée est tirée des travaux de Francisco Varela et repose sur des éléments factuels peu discutables, et mérite donc d'être insérée comme telle dans le socle fondamental de toute réflexion, mais elle est englobée chez cet auteur dans une telle organisation philosophique qu'il devient difficile, sans discussion préalable, de la ranger parmi les données acquises de la science. J'ai donc préféré l'insérer dans ce chapitre, explicitement placé sous l'enseigne de la philosophie.

La thèse de Varela, résumée à l'extrême, est que tout organisme vivant, le nôtre en particulier, est un système clos, autopoïétique (se fabriquant lui-même) et autoréférentiel ; les modifications du milieu dans lequel il est plongé ne sont pas pour lui des messages, mais des accidents qui induisent une adaptation selon les lois intérieures de son système, encore une fois autoréférentiel et dont le seul but est de maintenir sa cohérence. Varela analyse les systèmes vivants comme des systèmes autonomes à l'opposé des machines créées par l'homme qui sont hétéronomes, c'est-à-dire sous commande externe.

> « Or, écrit-il, il se trouve que ces mécanismes (des systèmes autonomes) sont liés à un type d'interactions circulaires partout présentes dans le monde naturel. Ce qui nous amène à prendre au sérieux l'image traditionnelle du serpent qui se mord la queue, en tant que représentation paradigmatique de l'autonomie comme loi propre et autorégulation. L'attention accordée à cette question est un des fils conducteurs [...], elle nous conduit à décrire les processus récursifs, autoréférentiels, en tant que mécanismes fondamentaux de l'autonomie naturelle. »[1]

En se plaçant au niveau moléculaire, le premier acte consiste en la constitution d'une clôture :

> « Une cellule émerge de la soupe moléculaire en définissant et en spécifiant la frontière (la membrane) qui la distingue de ce qu'elle n'est pas. Toutefois, cette spécification des frontières se fait à travers des productions de molécules, qui nécessitent la présence même de ces frontières. Il y a donc une spécification mutuelle des transformations chimiques et des frontières physiques. La cellule surgit elle-même de l'arrière-plan homogène ; si le processus d'auto production s'interrompt, les composants cellulaires cessent de former une unité et retournent à la soupe moléculaire homogène. »[2]

Comment est née la première cellule est évidemment totalement mystérieux. Cette question est aussi insoluble que celle de savoir qui a commencé, de l'œuf ou de la poule. Il y aurait donc, bien évidemment, des « lois » présidant à l'autopoïèse, mais il est saugrenu de demander si ces lois existent, car si c'est le cas, alors le système n'est pas réellement autonome. Pour cette raison, sans doute, Varela préfère rester dans son cercle qu'il refuse de considérer comme vicieux par l'une de ces inconséquences qui sont souvent filles des préjugés dont nous aurons à reparler, préjugés qui nous apparaîtront inévitables, mais qui sont fréquemment aveuglants, tant pour celui qu'ils habitent, qui devient incapable de les critiquer, que pour ceux qui les partagent, cela va de soi, et ceux qui ne les acceptent pas, mais en même temps ne voient plus le bien-fondé de certaines propositions. La seule façon de ne pas se laisser abuser soi-même est de les expliciter, ce qui est rarement le cas.

---

1. VARELA Francisco J., *Autonomie et Connaissance. Essai sur le vivant*, Paris, Seuil, 1989, p. 8.
2. VARELA Francisco J., loc. cit., p. 21.

Le cerveau lui-même, notre cerveau, doit être considéré, selon Varela, comme un système clos sans entrée ni sortie, tel que cela apparaît de fait à l'observateur extérieur tombant dans le cas général des accidents déclenchant une action propre à préserver la cohérence du système autoréférentiel. L'argument central est le suivant : toutes les informations, pour garder ce terme, parvenant au système nerveux sont travaillées, calculées en fonction d'autres informations qui proviennent du système nerveux lui-même, c'est-à-dire en fonction de son système interne. Le résultat n'est plus une tentative de représentation objective du monde extérieur, mais son interprétation en fonction des besoins de la préservation du mode de fonctionnement interne du cerveau.

On en trouve un exemple particulièrement convaincant dans l'étude du système visuel. Les neurones en provenance de la rétine font relais dans le ganglion géniculé avec d'autres neurones aboutissant dans le cortex occipital. La conception classique est que l'on peut suivre l'information depuis la rétine jusqu'à sa représentation dans les cartes visuelles occipitales. Deux notions sont ici centrales : le flux de l'information et la représentation corticale du monde extérieur. En réalité, une telle vision néglige un fait anatomique et fonctionnel fondamental : les neurones d'origine rétinienne représentent moins de 20 % des afférences du ganglion géniculé, les 80 % restants proviennent de diverses formations cérébrales dont le cortex visuel lui-même. La disproportion entre les deux quantités d'afférences est impressionnante. Les informations provenant de la rétine sont ainsi traitées, calculées, modifiées par les données provenant d'autres parties du système nerveux. L'efférence vers le cortex n'est certes pas sans rapport avec les informations rétiniennes, mais revues et corrigées par une censure permanente, si l'on ose cette comparaison. Cette « trituration » de l'information lui fait définitivement perdre, s'il en était besoin, toute prétention à une reproduction objective du monde extérieur. Varela suggère que le but de cette manipulation de l'information est de la rendre compatible avec l'état interne du système nerveux et conforme à son autorégulation, au maintien de la cohérence de ses relations internes. Le point de vue de la représentation corticale objective est totalement abandonné. Il faut ajouter que ce qui est vrai du système visuel l'est tout autant pour les informations sensitives, qu'elles proviennent du milieu extérieur ou du milieu interne, avec des « filtres » multiples, pour l'audition et même pour la motricité, régulée de multiples manières par des rétroactions sensorielles. Ce qui justifie de dire que le système nerveux est lui-même un système clos à l'intérieur de l'organisme et, si je comprends bien, que les informations provenant de notre propre corps sont tout aussi « truquées » que les autres. Le système nerveux se situe donc comme un élément autorégulé de notre organisme, lui-même système clos, autoréférentiel. Auquel cas nous allons trouver en lui-même, et dans son fruit, la cognition, la même circularité que nous avons trouvée au niveau cellulaire.

Varela propose une comparaison qu'il tire de l'œuvre de son maître, Maturana :

> « Prenez par exemple ce qui se passe au cours d'un vol aux instruments : le pilote ne voit pas le monde extérieur ; il se contente de modifier les commandes de l'avion en fonction des indications du tableau de bord. Cependant, lorsque le pilote descend de l'avion sa famille, ses amis l'embrassent avec joie et lui disent : "quel bel atterrissage vous avez fait, nous étions si inquiets en raison du brouillard !" Et le pilote, étonné, de répondre : "Que voulez-vous dire ? Je n'ai ni volé, ni atterri ; j'ai simplement manipulé certaines relations internes de l'avion afin d'obtenir une séquence particulière d'indications sur un ensemble d'instruments." Tout ce qui a eu lieu à l'intérieur de l'avion était déterminé par la structure de l'avion et le pilote ne faisait que compenser les perturbations en transformant les états dynamiques de l'avion, indépendamment de la nature de l'environnement qui produisait les perturbations. Cependant, du point de vue de l'observateur extérieur, la dynamique interne de l'avion ne peut produire un vol que si la structure de l'avion est adéquate à celle de l'environnement. Sans quoi, l'avion ne vole pas, même si cette dynamique d'états internes est indistinguable de celle qu'on observe au cours d'un vol. »[1]

Cet exemple est parfaitement éclairant sur la valeur et les limites de cette idée de système clos, autoréférentiel, appliquée au cerveau : il est tout à fait clair que le pilote n'a fait que maintenir l'avion en état de stabilité, réagissant aux actions contraires dues au vent, aux trous d'air, etc., et d'ailleurs un pilote automatique pourrait se charger de le faire. La faiblesse est remarquée par les auteurs mêmes de la comparaison : il faut aussi que la structure de l'avion soit adéquate à celle de l'environnement, sans quoi l'avion ne vole pas. Ce qui n'est pas dit, et qui fait la faiblesse de la démonstration, c'est que la structure de l'avion doit être adéquate non seulement à l'environnement, mais aussi au but pour lequel il a été construit, c'est-à-dire pour voler. La réponse de Varela serait à coup sûr qu'en effet la comparaison n'est pas parfaite, car l'avion est un système construit de la main de l'homme et de ce fait hétéronome, autrement dit, soumis à une loi extérieure à lui-même, tandis que les organismes vivants sont autopoïétiques et autonomes et, de ce fait,

1. MATURANA H., Biology of language : the epistemology of reality, in G.A. MILLER & E. LENNEBERG (ed.), *Psychology and Biology of language and thought*, New York, Academic Press, 1978, p. 27-64.

sont construits sans aucun but particulier si ce n'est celui de « persévérer dans l'être ». Mais on voit aussitôt qu'il s'agit d'une conception philosophique et, peut-on dire métaphysique, qui nous éloigne des données expérimentales. Soulignons aussi que Varela apporte une forte correction à ses vues, puisqu'il déclare qu'il faut trouver une voie moyenne entre « Charybde (l'objectivité, postulant un monde donné de traits à représenter) et Scylla (le solipsisme niant toute relation avec le reste du monde) »[1]. Cette voie moyenne est ce qu'il appelle « énaction » dans laquelle le couplage sensorimoteur qui caractérise les relations de l'organisme avec le milieu extérieur module une activité neuronale endogène permanente qui lui est préexistante. La conclusion essentielle que l'on doit retenir, laissant de côté ce que la théorie de la clôture et de l'autonomie pourrait avoir d'excessif, est que nos actions, notre façon de voir et notre milieu sont en interactions permanentes, inséparables, sans possibilité de trouver un point de départ à cet enchaînement entre l'extérieur et l'intérieur, si bien que nous devons abandonner de façon définitive toute recherche d'un point de référence solide. L'idée de Varela est de nous défendre contre tout dogmatisme, mais il est évident aussi que c'est la plus forte attaque d'origine scientifique contre l'idée, progressivement envahissante, que l'esprit humain serait capable de trouver une base lui permettant de dire par ses propres moyens aussi bien le vrai que le bon. Une formule de Varela me paraît pleine de promesses : l'autonomie et l'hétéronomie ne sont pas la négation l'une de l'autre. C'est effectivement le cas de l'énaction qui concilie action extérieure et régulation intérieure, mais elle ne fournit pas à l'homme, on le verra, ce qui peut le rendre autonome au sens éthique du terme, celui de la philosophie des Lumières. Il faudra donc trouver à cette conciliation entre l'hétéronomie et l'autonomie une autre dimension si l'on veut accorder à un niveau philosophique profond cette relativisation extrême de nos connaissances et de l'esprit des Lumières.

On ne philosophe que sur ses préjugés

Le premier thème que nous a fourni l'étude des fondements expérimentaux inévitables de toute philosophie est celui de la pensée sans langage. D'avoir placé « la pensée complète » sous la direction de la pensée sans langage nous oblige à conclure que les sentiments qui

---

1. VARELA Francisco J., loc. cit., p. 223-224.

tiennent une si grande place dans cette dernière jouent nécessairement un rôle déterminant dans la pensée langagière et notamment en philosophie.

Les pré-jugés

Avant toute chose, il faut donc regarder en face cette nécessité que l'on ne peut philosopher (ou plus généralement penser) que sur des préjugés, c'est-à-dire ce qui est jugé d'avance[1]. La phrase de Piaget, sous le patronage de laquelle j'ai placé ce livre, le dit aussi, mais de façon moins brutale : « la philosophie pose un tout autre problème qui peut être moins un problème de connaissance que d'attitude générale et de vie ». Rappelons que j'ai soigneusement choisi le terme « préjugés » et non pas « présupposés », car finalement ce sont nos engagements vitaux qui déterminent l'orientation de nos réflexions, formule plus forte, peut-être, que celle utilisée par Piaget : « d'attitude générale et de vie ». Il serait bien imprudent, ou plutôt impudent, celui qui oserait affirmer que son *attitude générale dans la vie*, ses *engagements vitaux* sont exclusivement basés sur des données logiques. Bien que cette affirmation me paraisse bien banale et évidente, elle est tellement essentielle que je crois devoir y insister. Sur ce thème, je commence toujours par citer Nietzsche[2], car personne ne l'a dit mieux que lui, dans son style mordant et sarcastique :

> « 5. Ce qui incite à considérer tous les philosophes moitié avec défiance, moitié avec ironie, ce n'est pas que l'on s'aperçoit sans cesse combien ils sont innocents, combien ils se trompent et se méprennent facilement et

1. P. Ricœur a fait l'analyse du préjugé comme catégorie par excellence des Lumières : « Le préjugé est une catégorie de l'*Aufklärung*, la catégorie par excellence, sous la double forme de la précipitation (juger trop vite) et de la prévention (suivre la coutume, l'autorité). Le préjugé est ce dont il faut se débarrasser pour commencer à penser, pour oser penser – selon le fameux adage *sapere aude* – pour accéder à l'âge adulte. Pour retrouver un sens commun univoquement moins négatif du mot « préjugé » devenu quasiment synonyme de jugement non fondé, de jugement faux) et pour restaurer l'ambivalence que le *praejudicium* latin a pu voir dans la tradition juridique antérieure aux Lumières, il faudrait pouvoir remettre en question les présuppositions d'une philosophie qui oppose raison et préjugé ; or, ces présuppositions sont celles mêmes d'une philosophie critique ; c'est en effet pour une philosophie du jugement – et une philosophie critique est une philosophie du jugement – que le préjugé est une catégorie négative dominante ; ce qui doit donc être mis en question, c'est le primat du jugement dans le comportement de l'homme à l'égard du monde ; or, seule érige le jugement en tribunal une philosophie qui fait de l'objectivité, dont le modèle est fourni par les sciences, la mesure de la connaissance. Jugement et préjugé ne sont des catégories dominantes que dans la sorte de philosophie issue de Descartes qui fait de la conscience méthodique la clé de notre rapport à l'être et aux êtres. C'est donc sous la philosophie du jugement, sous la problématique du sujet et de l'objet, qu'il faut creuser pour mener à bien une réhabilitation du préjugé qui ne soit pas une simple dénégation de l'esprit des Lumières. » *Du texte à l'action. Essais d'herméneutique II*, Paris, Seuil, 1998, p. 373.
2. Nietzsche F., *Par-delà le Bien et le Mal. Prélude d'une philosophie de l'avenir*, traduction Henri Albert, Mercure de France, Paris, 1903.

souvent – bref, ce n'est pas leur enfantillage et leur puérilité qui nous choquent, mais leur manque de droiture. Eux, tout au contraire, mènent grand bruit de leur vertu, dès que l'on effleure, ne fût-ce que de loin, le problème de la vérité. Ils font tous semblant d'être parvenus à leur opinion par le développement naturel d'une dialectique froide, pure et divinement insouciante (différents en cela des mystiques, qui, plus qu'eux, honnêtes et lourds, parlent d'« inspiration »), tandis qu'ils défendent au fond une thèse anticipée, une idée subite, une « inspiration », et, le plus souvent un désir intime qu'ils présentent d'une façon abstraite, qu'ils passent au crible en l'étayant de motifs laborieusement cherchés. Ils sont tous des avocats qui ne veulent pas passer pour tels [...].
6. On ferait bien, en effet... de se demander comment se sont formées les affirmations des métaphysiques les plus lointaines d'un philosophe ? On ferait bien, dis-je, de se demander à quelle morale on veut en venir ? »

Le but ici poursuivi n'est certes pas d'évaluer en quelques mots une œuvre aussi riche et complexe que celle de ce philosophe poignant dans son effort désespéré qui se terminera dans la folie, mais d'utiliser un exemple particulièrement éloquent de la prédominance des sentiments, des préjugés, dans une démarche philosophique dont il est difficile d'oublier la violence dans sa proclamation de la loi du plus noble, de la plus grande force d'âme, du surhomme qui doit étouffer l'avachissement que représente la loi des masses, des médiocres. C'est la question du mal qui fonde sa démarche. Si Dieu avait voulu quoi que ce soit, il aurait dû assumer « une somme de douleur et d'illogisme qui abaisserait la valeur totale du devenir », comme l'écrit Albert Camus dans un commentaire sur Nietzsche[1]. Dieu ne veut donc rien ; le monde est abandonné à l'aventure. On sait que Nietzsche enviait publiquement à Stendhal sa formule : « La seule excuse de Dieu est qu'il n'existe pas ». Une fois disparue la volonté divine, aucun jugement ne peut être porté sur le monde, faute de référence. On en viendrait à juger :

« [...] par référence à ce qui devrait être, royaume du ciel, idées éternelles, ou impératif moral. Mais ce qui devrait être n'est pas ; ce monde ne peut être jugé au nom de rien. »

Dès lors, tout est vrai, tout est permis.

« La conduite morale, telle que Socrate l'a illustrée, ou telle que le christianisme la recommande, est elle-même un signe de décadence. »[2]

Puisque Dieu est mort, le seul fondement de toute réalité, le seul point où se raccrocher est notre nature, et notre nature est le

1. CAMUS A., *L'Homme révolté*, Paris, Gallimard, 1951, p. 88.
2. CAMUS A., loc. cit., p. 90-91.

« vouloir être ». Tout ce qui tient du renoncement, de l'abnégation, de la pitié est la négation du vouloir vivre.

> « La volonté de puissance qui seule permet d'atteindre le plus haut degré de puissance et de splendeur du type humain. »[1]

Il s'agit d'une véritable transmutation des valeurs proclamant :

> « [...] dans toute sa nouveauté salvatrice : contre une humanité domestique, courbée devant trois juifs et une juive : Jésus de Nazareth, Pierre le pêcheur, Paul, le fabricant de tentes et Marie, mère de Jésus ; contre le mouvement de ressentiment plébéien d'où est sortie la Réforme ; contre la Révolution dans laquelle s'effondra la dernière noblesse de l'Europe, qui affirma les prérogatives du plus grand nombre et inaugura le règne des faibles (qui finissent toujours, quoi qu'en dise Darwin, par se rendre maîtres des forts). »[2]

Le modèle, c'est Napoléon « en qui s'est incarné « l'idéal noble par excellence » : la volonté de puissance, la volonté créatrice, la volonté de vivre, seule vérité qui compte.

Nietzsche est certainement, parmi les philosophes, l'un des plus transparents et de ce fait l'un des plus honnêtes. Et il a bien raison de penser que les philosophes raisonnent avant tout sur leurs préjugés. J'ai toujours été frappé que Kant ait conçu la *Critique de la Raison pure* « pour faire place à la Foi », comme il l'écrit dans l'introduction à la seconde édition de cette œuvre (en matière de philosophie, la Foi est bien un préjugé), et que Marx ait placé en exergue de sa thèse inaugurale cette épigraphe : « Je hais tous les Dieux ». Les scientifiques qui tentent de fréquenter la réflexion philosophique ne sont d'ailleurs pas en reste : « prouver la justesse de la vérité fondamentale selon laquelle seules les forces physiques et chimiques, à l'exclusion de toute autre, agissent sur l'organisme », tel est le manifeste que le célèbre physiologiste Hermann von Helmholtz a signé en 1842, en compagnie de trois de ses collègues. L'affirmation est banale, venant de matérialistes, mais le point frappant est que ces quatre physiologistes signèrent le manifeste, avec leur sang ! Comme le souligne Daniel Pinkas[3], qui relate cette anecdote, cette profession de foi matérialiste prend une tournure quasi religieuse et magique allant à l'encontre du contenu explicite du serment. Plus jeune, j'ai été surpris par la passion que manifestent bien des matérialistes dans la défense de leur croyance. La

1. NIETZSCHE F., *La généalogie de la morale*, Paris, Le Livre de Poche, 2000, Avant-propos.

2. Texte extrait de CHEVALIER J., *Histoire de la Pensée*, tome IV : *La pensée moderne de Hegel à Bergson*, Paris, Flammarion, 1966, p. 141 et 142.

3. PINKAS D., *La matérialité de l'esprit. Un examen critique des théories contemporaines de l'esprit*, La Découverte, 1995.

logique voudrait que l'on ne se mobilise pas passionnément pour « rien ». L'exemple de Helmholtz suffit à montrer que la logique n'est pas toujours au rendez-vous. L'un de mes collègues et ami, affiché comme étudiant catholique, s'est éloigné de l'Église en raison des exigences éthiques de celle-ci et ultérieurement d'un divorce. Il est devenu non seulement matérialiste, mais athée militant, lui aussi, et ne voulait voir en toute foi religieuse qu'une manière de combattre une supposée angoisse devant la mort. Son attitude me persuadait au contraire que sa préoccupation était de ne pas laisser renaître le moindre doute qui risquerait d'éveiller un sentiment de culpabilité. Russell lui-même expliquait la divergence philosophique de Whitehead par rapport à la sienne par le fait que celui-ci était fils de pasteur et que c'est l'épreuve de la mort de son fils qui l'avait conduit vers une philosophie ouvertement théiste[1]. Que l'on songe aussi à la violence des diatribes des néo-darwiniens, sitôt que l'on touche ne serait-ce que de loin au dogme néo-évolutionniste. Nous avons signalé que même un homme comme Chomsky, s'exprimant dans le domaine du langage où il est presque ridicule de prétendre parler scientifiquement de l'évolution, a été mis au ban de la société scientifique pour sacrilège ! La disqualification, on dirait presque la *fatwa* tient en un seul chef d'accusation : créationnisme ! Il s'agit de jouer sur une ambiguïté et de confondre sous un même mot une position philosophique parfaitement respectable qui voit un principe créateur à l'origine de l'Univers et une doctrine évidemment désuète qui veut une intervention directe du créateur à chaque saut évolutif. Je ne doute pas que le même sort me soit réservé et l'on risque de me voir en caricature comme cela s'est trouvé pour d'autres naguère, brandissant une crosse d'évêque pour assommer mes contradicteurs. Une telle manifestation de violence et de haine présente du moins l'avantage de révéler la vraie nature de la position prétendument scientifique de ses auteurs, en fait philosophique ou plutôt fidéiste et passionnée. Dans l'immense majorité des cas, il est impossible, faute de confidences ou d'éléments révélateurs, de savoir quels événements biographiques ont été déterminants dans les prises de position philosophiques et, bien sûr, il ne faut pas minimiser l'impact, sur une personnalité en recherche d'identité, d'une ambiance culturelle ou des attraits intellectuels de tel ou tel enseignant, de tel ou tel auteur. Le point commun de tous les philosophes matérialistes est de ne guère se pencher sur la question de la liberté de

1. RUSSEL B., Causerie radiodiffusée, 3 juillet 1953, citée par P. DUBOIS, in *Langage et métaphysique dans la philosophie anglaise contemporaine*, Paris, Méridiens Klincksieck, 1972.

l'homme, sur l'homme en tant que personne, autrement dit sur l'anthropologie que véhicule nécessairement une philosophie si on la pousse au bout de sa logique. Comme je l'ai rappelé plus haut, en citant Nietzsche :

> « On ferait bien en effet… de se demander comment se sont formées les affirmations des métaphysiques les plus lointaines d'un philosophe ? On ferait bien, dis-je, de se demander à quelle morale on veut en venir ? »

Je dirais même, dans bien des cas, quelle vision éthique initiale, préalable, on cherche à soutenir.

Il est évident qu'après une telle déclaration, je me dois moi-même de passer aux aveux et ce n'est donc pas par hasard si mon premier livre, daté de 1979, *Le Bonheur est-il pour les Imbéciles* a été un livre d'éthique, tirant profit de mon expérience médicale et personnelle. Il est intéressant de savoir que la citation de Nietzsche m'a longtemps et sourdement travaillé. J'en ai eu la révélation il y a une vingtaine d'années lorsque, rangeant un coin oublié de ma bibliothèque, je tombai sur les feuillets presque épars d'un exemplaire de *Par-delà le Bien et le Mal*, édité en 1903, celui-là même d'où j'ai tiré le passage cité plus haut, rongé par le « feu » des papiers acides de cette époque. Je l'avais complètement oublié, mais le reconnus immédiatement comme une récupération opérée dans la corbeille à papiers de la bibliothèque de la conférence Laënnec[1] qui l'avait jeté en raison de sa détérioration, mise aux ordures parfaitement datée, puisque s'y trouvait insérée comme marque-page une carte de ladite bibliothèque pour l'année 1947-1948, année de mes vingt ans. Mais quel ne fut pas mon étonnement lorsque je vis marqué en marge le passage que j'ai cité plus haut et dont j'avais depuis totalement oublié l'existence ! Mais la culture n'est-elle pas, comme on l'a dit, ce qui reste quand on a tout oublié ? Le fait est que, sous d'autres formulations, cette idée m'a toujours habité que l'important chez un philosophe était bien antérieur à ce qu'il essaie de démontrer. D'ailleurs, je n'ai pas fait mystère sur la nature éthique de ma préoccupation première. « L'éthique comme philosophie première », je l'ai pratiquée avant d'en reconnaître la nécessité et plus avant encore le titre utilisé par Lévinas. Encore aujourd'hui, le livre d'éthique[2] qui fut mon premier n'a pas pris une ride à mes yeux, mis à part que les grands sujets de bioéthique se sont posés depuis. Bien plus, l'évolution de la société me paraît une confirmation de tout ce que j'y ai écrit.

1. Cercle des étudiants en Médecine catholiques.
2. LAPLANE D., *Le bonheur est-il pour les Imbéciles ?*, Paris, Fayard, 1979.

Mais, pour qu'une éthique soit possible, il faut une liberté pour l'homme. Or, ma profession de neurologue, mes connaissances sur le système nerveux me contraignaient de plus en plus à ne voir que le corset, l'étau qui enserrait nos attitudes et nos décisions éthiques qui traduisaient le fonctionnement matériel de la machinerie cérébrale, la dépendance de notre pensée par rapport à l'état chimique du cerveau, à la survenue de lésions, tous nos conditionnements sociaux, sans parler des données génétiques que nous n'avions pas davantage choisies. Longtemps, j'ai agi comme tout le monde, face à des problèmes insolubles, je vivais en schizophrène, avec ma liberté d'une part et mon système nerveux d'autre part, profitant seulement du fait que personne n'avait de solution à proposer. Comme je le raconte dans l'introduction de *La Mouche dans le Bocal,* je dînais un soir avec un neuroscientifique autour d'un problème commun. Une fois réglées ces questions, nous bavardâmes librement sur la « neurophilosophie » et je vis devant moi un homme qui admettait que la liberté était impossible à insérer dans son système, mais qui s'en moquait éperdument et n'en perdait pas l'appétit. Mais pour moi, il s'agissait de questions vitales. J'étais viscéralement attaché à l'éthique qui avait épanoui ma vie et la perspective d'avoir à l'abandonner, contraint par l'évidence, me bouleversait, car il n'y avait pas de place pour le faux-semblant. C'est dans ce contexte, en majorité non verbal, tournant et retournant les contradictions du problème, que j'eus comme une illumination intérieure : tout devenait clair, les oppositions irréconciliables se résolvaient, la liberté pouvait s'insérer si… Je n'avais plus qu'à chercher laborieusement non pas les arguments, comme le dit Nietzsche, mais les modalités verbales de l'exposé. Je n'ai pas la prétention de fournir une démonstration de quoi que ce soit, mais une axiomatique viable permettant de sauvegarder la liberté et d'échapper ainsi à la contradiction de ceux qui y croient sans expliquer comment elle est possible et de ceux qui n'y croient pas en mots, mais vivent comme s'ils étaient libres.

De cette mise en première ligne des préjugés, faut-il déduire que philosopher est inutile ? Loin de là, me semble-t-il, car on pourrait aussi bien demander s'il est utile de respirer. Déclarer qu'on ne philosophera pas est déjà philosopher, comme on l'a relevé depuis toujours. Mais il vaut mieux le faire au grand jour et sous une lumière sincère. Alors, il est possible de juger non seulement de la cohérence, mais aussi de la valeur anthropologique de chaque philosophie. S'il est vrai que nos connaissances sont définitivement limitées par notre situation autoréférentielle, il en résulte une certaine outrecuidance à vouloir démontrer en toute rigueur « scientifique » n'importe quelle position philosophique, matérialiste entre autres. En revanche, il nous reste toujours la possibilité de juger les conséquences sur la vision de l'homme qu'impose la cohérence. Il nous suffit alors d'admettre comme critères de vérité deux affirmations aussi indémontrables l'une que l'autre, mais toutes deux également indispensables : l'exigence de non-contradiction et la valeur de l'homme.

Les sentiments nous gouvernent

Mettre sa réflexion philosophique sous la bannière de ses engagements vitaux, même traduits en éthique, peut paraître inacceptable à ceux qui voudraient n'y voir figurer que de la logique et des raisonnements. Mais avant de crier au scandale, remémorons-nous quelques résultats de notre recherche de bases expérimentales pour la philosophie.

Première donnée : la pensée sans langage. À coup sûr, celle-ci ne peut à elle seule nous permettre de philosopher, mais elle n'en gouverne pas moins le langage. Cette affirmation ne devrait pas nous gêner, du moins si nous faisons du langage un usage devenu *rationnel* ou, si l'on préfère, raisonnable, c'est-à-dire conforme à la réalité des choses. C'est en elle que se trouvent les éléments de notre identité que nous avons vus au chapitre 5. Nous sommes avertis que nos sentiments y jouent un rôle prédominant ; il va falloir être bien conscient de la part prépondérante des sentiments dans cette gouvernance du langage et, si nous sommes honnêtes, reconnaître nos préjugés, car ce sont eux qui nous fourniront nos principes ou axiomes sur lesquels nous développerons nos arguments logiques[1].

Deuxième donnée : s'il existe une pensée sans langage, il peut aussi exister un langage sans pensée. C'est le cas de la logique formelle qui peut aussi bien être exécutée par une machine. Évidemment, la pensée (peut-être pourrions-nous dire la raison ?

1. Contre la critique du préjugé inaugurée par les Lumières, Gadamer affirme que l'interprétation peut comprendre les significations originelles d'un texte transmis par la tradition. Celle-ci, loin d'être pour nous un élément étranger, est un héritage conservé dans la langue et dans la culture, dans l'art. Les philosophes des Lumières ont dénoncé comme *préjugé* cette *tradition inconsciente.* C'est à elle que Gadamer rend sa valeur : « les préjugés de l'individu sont, bien plus que ses jugements, la réalité historique de son être ». « La réflexion sur soi-même de *l'individu n'est qu'un éclair dans le courant de la vie historique* ». Dans la critique de l'autorité de la tradition par les Lumières, Gadamer dénonce « le préjugé contre les préjugés ». Se trouver placé au sein de traditions ne constitue pas une aliénation de la liberté, c'est plutôt se trouver au cœur du sens des choses déjà dites par ceux qui nous ont précédés ; c'est donc être au sein d'un héritage à déchiffrer comme vecteur du sens auquel nous sommes voués et pouvoir le réexprimer par soi-même après l'avoir compris, se l'être approprié. L'héritage compris est le remède à la déshérence contemporaine.

Russell disait ainsi : « En mathématiques, on ne sait jamais de quoi on parle ni si ce qu'on dit est vrai ») contrôle généralement l'usage de la logique, formelle ou non, mais nous avons vu à propos de la physique que l'usage de cette méthode n'est valable que si elle est vérifiée par l'expérimentation. Encore la prédiction de résultats expérimentaux n'est-elle pas une preuve de la validité de la théorie dans laquelle ces résultats ont été obtenus, en raison de la sous-détermination des théories.

Nous devons nous défier des raisonnements purement verbaux. Nous avons vu que cette affirmation banale et généralement acceptée comme telle n'est pas clairement définie et ne peut l'être tant qu'on n'a pas admis l'existence d'une pensée sans langage. Un raisonnement purement verbal est le résultat d'une activité langagière sans plus de correspondance avec la pensée sans langage qui doit lui servir de guide et aussi de contrôle. Si la pensée sans langage a besoin d'être contrôlée par le langage qui lui donne son efficience, la réciproque n'est pas moins vraie. La pensée purement verbale est celle qui n'évoque rien dans notre pensée sans langage.

Tout raisonnement trop abstrait, trop purement logique tombe sous le coup de cette suspicion. La logique ne nous fournit qu'une forme vide, une structure. Est-il nécessaire de préciser qu'il ne s'agit pas d'un plaidoyer en faveur de l'irrationalité et que la cohérence des propositions reste exigible de tout raisonnement qui se veut philosophique ? Le point fort de la logique est de nous obliger à rester cohérents avec nos axiomes. Il s'agit là, bien entendu, d'une qualité essentielle, et je ne voudrais pas qu'on lise ces lignes comme un plaidoyer contre la rigueur du raisonnement. En revanche, la difficulté de définition (de verbalisation) de la conscience ne doit pas nous faire cesser de réfléchir sur la conscience et sur ses rapports avec notre corps et notre cerveau : la question de l'esprit est clairement une interrogation très concrète persistant en l'absence de langage. Des aphasiques se posent encore et malgré tout des questions de cet ordre.

Le solipsisme

En lui-même, le solipsisme est un sujet de bien faible intérêt, comme je vais essayer de le montrer. Sa seule utilité à mes yeux est de servir d'exemple à une réfutation qui ne fait aucun appel à la logique, sans perdre pour autant de sa puissance. Si je décide que je suis seul au monde, aucun argument logique ne pourra m'obliger à changer d'avis. Bien sûr, on peut argumenter contre lui, mais les arguments utilisés sont eux-mêmes tout à fait discutables. Un certain L. Robinson aurait argumenté contre le médecin Claude Brunet qui paraît avoir été le promoteur de cette bizarre théorie. Robinson, très kantien, lui reproche de ne pas avoir « suffisamment reconnu la différence entre le moi personnel empirique et le moi transcendantal ». Je crois que si le Dr Brunet avait pu lire cette critique, il n'aurait pu que rire des complications de son propre cerveau ! J'ai eu mieux à faire, me semble-t-il, que de recenser les arguments élevés contre le solipsisme. Au hasard des lectures, je trouve cependant l'assertion suivante :

> « Le solipsiste ayant poussé le pronom personnel qu'il privilégie (je) en dehors du jeu de langage dans lequel ce pronom remplit une fonction différenciatrice, il lui a du même coup retiré toute opérativité sémantique. »[1]

Cet argument n'est évidemment pas valable pour le solipsiste, puisqu'il est seul et qu'il n'existe pas d'autre pronom personnel pourvu de sens que « je ». Si le « tu » existe dans son vocabulaire, c'est pour désigner des personnages illusoires. Il peut très bien avoir en tête cette idée du « je » sans le biais du langage, puisque nous avons vu que le sentiment de première personne est antérieur au langage et, par conséquent indépendant, de lui. Mais le Dr Brunet aurait, là encore, été surpris par la fécondité de son propre cerveau ! Dans son système, le langage ne peut dépendre, de toute manière, d'aucune convention linguistique, puisqu'il ne peut être conventionnel pour un individu seul au monde, etc. Il ne faut donc pas perdre son temps à discuter du solipsisme. Il est plus intéressant, me semble-t-il de se poser la question de la façon suivante : comment se fait-il qu'une idée aussi logiquement inexpugnable n'ait finalement retenu la faveur de quiconque ? La réponse vient alors immédiatement à l'esprit : parce qu'elle est absurde. Et qu'est-ce qui nous garantit qu'elle est absurde ? C'est que si elle était vraie, rien n'aurait plus aucune signification, ni dans le domaine de l'action, ni dans le domaine de la réflexion, ni dans le domaine des sentiments. Voici le véritable critère de vérité : celui qui permet de donner sens à nos propos. Empêche aussi d'adhérer au solipsisme cette évidence que :

> « [...] la conscience n'est pas une réalité individuelle, isolable. [...] L'homme n'existe pas, en tant qu'homme, sans les autres hommes – morts et vivants. Il n'y a pas d'homme sans éducation par d'autres hommes. Même lorsqu'on est isolé physiquement, les autres continuent d'être présents et d'agir dans la pensée. Même un ermite a une vie sociale. Par cela même qu'on pense, les autres sont là. »[2]

---

1. BITBOL M., *Physique et philosophie de l'esprit*, Paris, Flammarion, 2000, p. 175.
2. REY O., *Itinéraire de l'égarement. Du rôle de la science dans l'absurdité contemporaine*, Paris, Seuil, 2003.

Ces considérations n'appartiennent pas au domaine de la logique, pas davantage que la décision solipsiste, d'ailleurs, et c'est parce qu'on croit devoir toujours argumenter sur un mode logique que cet argument de l'absurdité ne figure pas à sa place, la première, voire la seule. Alors même que l'absurdité éclate, on croit devoir discuter à longueur de page. Quel rapport avec les préjugés ? C'est en vertu d'un jugement préalable à une impossible démonstration logique que nous nous amusons à soulever cette hypothèse farfelue, mais surtout refusons d'envisager le solipsisme au nom du Sens qui s'impose à nous dans le discours comme en dehors de tout discours. Nous savons que nous ne sommes pas seuls au monde, et rien ne pourra nous faire changer d'avis. Cette décision peu sujette à révision devrait faire jurisprudence ! Les préjugés peuvent être bien fondés. Le théorème d'incomplétude de Gödel sape tout espoir de fonder les mathématiques sur des bases strictement logiques, mais sa démonstration est strictement formelle. De même, il est impossible de fonder une philosophie, quelle qu'elle soit, sur une base logique, parce que tout raisonnement doit partir de quelque axiomatique. Dans un cas comme dans l'autre cela ne dispense pas de la nécessité d'utiliser la logique comme moyen mais non comme fondement.

Importance du débat sur la conscience

Le deuxième thème essentiel fourni par la neurophilosophie est celui de la conscience. Derrière lui se profile tout le débat devenu essentiel de la philosophie entre matérialistes et spiritualistes dont les thèses opposées ont une telle importance pour l'anthropologie qui devrait rester la préoccupation essentielle de tout philosophe bien né.

L'indétermination du statut scientifique de la conscience nous contraint à en parler sur un mode autre que scientifique. On se souvient des points essentiels que nous fournit l'expérience : la conscience est bien « fabriquée » par le cerveau et doit donc être considérée comme homogène avec lui, mais ses caractéristiques ne peuvent s'appliquer à la matière si bien que la conscience doit aussi être considérée comme hétérogène au cerveau, c'est-à-dire à la matière-énergie. Cette contradiction n'a jamais été levée jusqu'à présent et, pour cette raison, on peut dire que le statut de la conscience reste scientifiquement indéterminé. Il faut bien comprendre l'enjeu de notre réflexion : les partisans des thèses spiritualistes récusent les thèses matérialistes (quels que soient les arguments qu'ils utilisent) pour des raisons anthropologiques : ils ne voient pas comment la liberté au sens plein du terme pourrait survenir à un homme s'il est vrai que « seules les forces physiques et chimiques, à l'exclusion de toute autre, agissent sur l'organisme », selon la formule de Helmoltz. Si leur préoccupation anthropologique est fondée, ils n'ont pas tort. Certes, comme on l'a souligné, la solution dualiste, dont Descartes lui-même voyait la difficulté, n'est pas tenable au regard de la philosophie « expérimentale ». Cela paralyse quasiment les tenants du spiritualisme, ou plutôt, ils ont dû abandonner ce terrain de discussion. Ils peuvent seulement (et à bon droit) faire remarquer que l'impossibilité de la thèse dualiste ne signifie pas que la solution matérialiste ou « physicaliste » se trouve pour autant démontrée. Il n'est que de voir combien sont divisés les partisans de cette dernière dès qu'il s'agit de la préciser et à quel point la question de la conscience reste problématique. De leur côté, les matérialistes ont évité de répondre en profondeur à l'objection anthropologique sur la liberté parce que ce n'est pas leur problème, en fonction de leurs préjugés. Ils veulent en rester à une philosophie de la connaissance, même infirme, sans tenir pour sérieux l'argument de la limitation de nos connaissances, y compris dans le domaine de la conscience où ils pensent pouvoir confiner le débat, confiants en la toute-puissance de l'explication scientifique bien que la plupart admettent en même temps que l'approfondissement de nos connaissances aboutit toujours à soulever de nouvelles questions. Encore moins acceptent-ils que la limitation de notre point de vue autoréférentiel entraîne nécessairement une limitation de l'ambition de tout vouloir expliquer radicalement, c'est-à-dire à la racine. Pourtant, rien ne sert d'être logique sur des axiomes sans fondements.

Il faut donc, si nous voulons faire œuvre utile, ouvrir notre âme avec candeur. Il revient presque au même de donner dès le départ nos critères de jugement final sur la philosophie que nous aurons cherché à bâtir, car il est clair que nous avons déjà nos conclusions en tête. Il est parfaitement vain de nous fier à la rigueur logique pour nous conduire à une conclusion irréprochable, puisque, encore une fois, tout dépend de notre axiomatique de départ et celle-ci ne peut être certaine au sens absolu du terme, celle de la vision directe et immédiate de la vérité. Après bien des philosophies sceptiques, voici que la science elle-même, par la plume de Varela, nous en administre la preuve, une de plus peut-on dire. La vraie question est de savoir si la non-contradiction est notre *seul* critère de vérité ou si nos sentiments n'en font pas partie. L'admettre ne conduirait d'ailleurs à rien d'autre qu'à un retour à la grande tradition platonicienne. Nous avons indiqué en passant comment il suffisait de sortir les grandes Idées platoniciennes, le Beau, le Bien, de la catégorie des concepts afin de les replacer parmi les intuitions, les sentiments pour les préserver de l'anéantissement auquel les vouaient les logiciens du nominalisme. La vraie question philosophique, la question fondamentale, est de savoir si oui ou non il n'est de contradiction que logique ou s'il existe des contradictions vitales, comme refuser à l'homme la liberté et se comporter en homme libre et responsable, ou, de façon plus sournoise, proclamer la liberté de l'homme sans lui en accorder les moyens.

Le combat philosophique ne se situe pas entre des obscurantistes négateurs de la science et des esprits éclairés et affranchis de tout préjugé, mais entre les tenants de deux systèmes de préjugés, ceux qui veulent conserver de l'homme la vision que leur a léguée le judéo-christianisme et ceux qui n'ont rien à en faire et veulent s'en tenir à ce qu'ils estiment être VÉRITÉ scientifique, en dépit du lent reflux de la prétention des sciences à fournir une explication globale, tant de notre univers que de notre propre existence : un préjugé comme un autre.

Peut-on dissoudre le problème corps-esprit ?

La difficulté du sujet, l'impossibilité apparente de trouver une solution ont poussé certains auteurs à vouloir ignorer ce problème, à montrer par conséquent qu'il s'agit d'un faux problème. C'est l'idée dominante du livre très dense de Michel Bitbol qui examine longuement et savamment les positions des auteurs tant matérialistes que spiritualistes qui se sont penchés en physiciens sur les rapports entre matière et esprit ou pensée. Je n'en extrairai que deux notions qui me paraissent particulièrement importantes. La première est que les particularités de la physique quantique justifient cette étude :

> « La perte du rapport de coextensivité entre objectivité et spatialité ordinaire, caractéristique de la physique quantique, pourrait en particulier être mise à profit pour surmonter une aporie traditionnelle des philosophies de l'esprit physicalistes : celle qui consiste à se demander comment la chose non spatiale qu'est l'esprit selon une tradition d'inspiration cartésienne, peut bien provenir du fonctionnement de choses spatiales comme le cerveau et les réseaux neuronaux. De fauteurs de trouble ou d'obstacle qu'il semblait être, le processus d'auto-redéfinition des sciences physiques suscité par la réflexion sur la mécanique quantique se transformerait ainsi en meilleur allié du physicalisme. »

J'aurai à y revenir, car c'est sur cette « dématérialisation de la matière » que j'ai proposé de fonder une vision matérialiste-spiritualiste sur laquelle j'attirerai l'attention et de récuser l'idée que, dans ce cadre, la seule solution soit physicaliste. La deuxième notion retenue est que la discussion entre matérialistes physicalistes et spiritualistes est un dialogue de sourds. Tout d'abord, les physicalistes ne parviennent pas à surmonter les difficultés de passage du niveau quantique au niveau supérieur et le « gouffre » explicatif est encore plus profond entre le niveau neurologique et la conscience, la simple expérience vécue.

> « La science neurologique parvient en effet à exhiber de remarquables concomitances entre comptes rendus d'expérience et configurations neuronales, mais rien qui ressemble de près ou de loin à ce qu'on attend couramment d'une explication des uns par les autres. »

Le physicalisme se réfugie finalement dans l'opposition d'« un programme d'expansion indéfinie des sciences sur un mode objectivant (dont la physique offre l'archétype) au désir de clore prématurément le système des sciences par une entité "esprit" au statut ambigu ». Cette revendication de la science à poursuivre ses investigations sans être bridée par des décisions théoriques est certainement un point fort de cette attitude, mais il n'en reste pas moins que cette exigence d'objectivité poursuivie jusqu'au terme idéal de l'accomplissement des sciences en bannit définitivement tout phénomène subjectif, et qu'ainsi conçue elle est gravement incomplète. Schrödinger[1] résume parfaitement cette situation lorsqu'il écrit :

> « Tandis que je persiste à considérer le retrait du Sujet de la Connaissance du tableau du monde objectif comme le prix élevé payé pour obtenir un tableau assez satisfaisant, du moins pour l'instant, Jung va plus loin et nous blâme de payer une telle rançon, alors que nous sommes dans une situation inextricablement compliquée. Il dit : la science dans sa totalité est cependant dépendante de l'âme, dans laquelle toute connaissance est enracinée. L'âme est le plus grand de tous les miracles cosmiques, elle est la condition *sine qua non* du monde comme objet. Il est extrêmement étonnant que le monde occidental (en dehors de quelques rares exceptions) semble mal apprécier cette situation. La marée d'objets externes de connaissance a poussé le sujet de toute connaissance à se retirer à l'arrière-plan, souvent jusqu'à sembler ne pas exister. »

> « De leur côté [*je reprends ici la discussion de M. Bitbol*], les partisans de la solution "spiritualiste" au problème de philosophie de la physique se sont installés dans la posture romantique du refus de ce qu'a de partiel et de réducteur la représentation d'un achèvement totalisant de la connaissance objective… Dans leurs excès d'émotion, les partisans de solutions

1. SCHRÖDINGER E., *L'Esprit et la Matière*, Paris, Seuil, 1990, p. 184-185.

"spiritualistes" aux problèmes de philosophie de la physique ont cependant perdu de vue ce qu'avaient de principiellement incorrect leurs propres essais de combler la lacune qu'ils dénonçaient. Voulant contrebalancer l'oubli en demeurant à l'intérieur du discours, voire à l'intérieur du système des sciences, ils n'ont rien pu faire d'autre que donner à la subjectivité manquante une expression quasi objectivée. »

Les deux analyses sont donc renvoyées dos à dos. Ce constat d'échec et les difficultés à résoudre fondamentalement la question poussent Michel Bitbol à chercher à la dissoudre. Il s'appuie pour ce faire sur deux piliers reposant tous deux sur le même principe que nous vivons fort bien sans nous embarrasser du problème des relations entre le corps et l'esprit : le premier pilier est l'approche neurophénomènologique de Varela, le deuxième une critique du langage inspirée du deuxième Wittgenstein.

Pour Varela, donc, nous ne devons pas attendre des sciences de l'esprit une théorie, une loi ou un concept nouveaux, mais une discipline établissant les concordances réciproques entre les données neurobiologiques et les données phénoménologiques, particulièrement les données intersubjectives, celles que l'étude phénoménologique permet de retenir comme partagées par tous. De ce fait, peut-on ajouter, elles deviennent des faits objectifs, (au sens de l'objectivité faible, telle que la définit B. d'Espagnat comme le consensus de tous les observateurs). La prise en compte de ces données en première personne comme des faits observables permettrait d'établir des programmes de recherche surmontant l'obstacle de la non-observabilité des phénomènes de conscience. Les exemples d'application possible de pareils programmes fournis par Varela sont l'attention, la conscience du temps, et particulièrement du présent, l'image du corps et la motricité volitionnelle, dont l'étude a été si bien menée par Libet (vide *supra*). Il paraît vraisemblable que de telles recherches permettraient de mieux comprendre les bases physiologiques des contraintes mutuelles qui existent entre les deux domaines de la conscience et de la neurobiologie. En revanche, on voit mal comment, après avoir affirmé que les deux domaines « ont un statut égal, demandant chacun une pleine attention et un respect de leur spécificité », après avoir réaffirmé l'irréductibilité ontologique de l'expérience consciente, il est possible de soutenir qu'il n'existe plus de problème d'explication du phénomène de l'expérience consciente (« *in our case, phenomenal experience does represent an irreducible ontological level but it retains its quality of immediacy because it plays a role in structural coherence via its intuitive contents, and thus keeps alive its direct connection to human experience, rather than pushing it into abstraction.* »). Soit.

On admet bien que ces observations précises permettront de mieux cerner les corrélats entre les deux domaines, mais on ne voit pas la moindre amorce d'une explication de ces corrélations : le fossé explicatif demeure aussi profond. En outre, il va de soi que l'expérience de conscience vide n'est pas prise en compte.

L'autre partie de la tentative de « dissolution » du problème est fondée sur une étude du langage. Cette tentative est parfaitement justifiée, même dans le cadre de la philosophie du langage que nous avons soutenue, puisqu'il reste évident qu'il peut y avoir abus de langage soit par excès de logicisation, soit parce qu'on laisse le module verbal s'emballer sans correspondance précise à une pensée véritable ; c'est un raisonnement creux, purement verbal. Le cas visé par la démonstration que veut conduire Michel Bitbol se rattacherait à cette deuxième variété. Il enrôle sous sa bannière de nombreux auteurs, mais principalement Wittgenstein, Autant aller directement à la source de l'erreur telle que la présente M. Bitbol :

> « Selon Wittgenstein, c'est la conception "augustinienne" du langage et qui est à sa source (de l'erreur) ; une conception selon laquelle "les mots individuels du langage dénomment des objets et les phrases sont des combinaisons de ces noms". La question qui en découle consiste à savoir à quelles entités les noms font référence et à quels états de choses les phrases renvoient. Appliquée à un langage comprenant des pronoms personnels et une terminologie mentaliste, une telle conception a pour conséquence immédiate d'inciter à penser qu'il existe des mondes intérieurs remplis, comme le monde extérieur, d'objets affectés de détermination. Ces objets particuliers sont les ego ou les esprits, et leurs déterminations sont des états internes, des qualités sensibles, des désirs et des craintes, des intentions et des croyances. »

Laissons de côté le qualificatif d'augustinien pour nous concentrer sur la vraie question : est-ce un langage mentaliste qui crée les ego et le concept de conscience ? Il fait partie des données de la philosophie expérimentale, on s'en souvient, que le sentiment de soi, l'ipséité, l'ego est antérieur à l'acquisition du langage, il n'y a donc pas à y revenir. On a vu que cette conclusion vaut également pour la conscience. C'est une donnée immédiate que les tentatives de verbalisation peuvent obscurcir, mais non abolir ! Wittgenstein apporte d'ailleurs indirectement la preuve que c'est bien un élément de notre mode de pensée non verbale. Il s'interroge en effet ainsi :

> « Le sentiment de l'infranchissable abîme entre la conscience et le processus cérébral : comment se fait-il que ce sentiment n'intervient pas dans les considérations de la vie ordinaire ? »

Investigations philosophiques, § 412.

Mais, quand on examine les raisons de cette absence d'interrogation, la réponse est en sans ambiguïté et, je pense, sans grande contestation possible : le cerveau est un organe totalement discret. Il fonctionne sans se signaler ! Au point que son rôle comme organe de la pensée est très récent. Il n'a guère été établi scientifiquement, de manière probante, que depuis la localisation de l'aphasie par Broca en 1861. Il est stupéfiant qu'il ait fallu attendre cette époque pour que soit établi par Dax et Broca que l'aphasie correspondait à une atteinte de l'hémisphère gauche dans 80 % des cas ! Qu'un fait aussi grossier n'ait été décelé qu'après tant de siècles de médecine est significatif. C'est de tout le corps qu'émanait l'âme. Platon logeait bien dans la tête l'âme supérieure, la « semence divine », mais aussi une âme à tous les niveaux fonctionnels du corps. Beaucoup plus tard, Galien localisait dans le cerveau diverses fonctions cérébrales. Selon les cultures, les différents viscères y participaient à leur manière. On ne mettait pas en doute philosophiquement l'existence de l'âme et, jusqu'à Descartes, on ne s'est pas interrogé sur le comment de l'articulation entre corps et âme, pas plus qu'on ne le faisait sur le comment de la circulation du sang qu'on ne connaît que depuis Harvey, au XVIIe siècle, ou sur la respiration. La fragmentation de la pensée en différentes fonctions n'a pas été imaginée avant Gall, à la fin du XVIIIe siècle. Si mal fondée qu'elle ait été, elle a rendu possible la découverte de la localisation du langage par Broca. On ne pouvait même pas imaginer qu'il existait un organe de la pensée. Il fallait bien entendu que l'« évidence » hors de discussion d'un tel cadre de pensée fût aveuglante pour que la très forte corrélation entre hémiplégie droite et aphasie passât inaperçue durant tant de siècles ! L'humanité, depuis l'animisme de ses débuts, est spontanément dualiste ; elle se reconnaît corps et esprit sans se poser de question. Jusqu'à Descartes, la philosophie (occidentale) a ainsi vécu dans l'indétermination sur ce qui nous paraît aujourd'hui une question centrale. Du même mouvement sont nés, on peut presque le dire, le dualisme réfléchi, cartésien, et le matérialisme de la Mettrie, l'homme-machine et les robots. On le voit, il ne s'est agi initialement que d'une préoccupation de philosophes et de savants. Seule la vulgarisation de la culture a généralisé le problème. La non-matérialité de l'esprit n'a pas fait problème jusqu'à ce qu'on découvre les liens qui l'unissent à la matière. Vu que de « l'esprit », pour utiliser ce terme vague, ou de la pensée, on ne peut guère douter, puisque c'est la seule donnée immédiate, il aurait été au moins aussi légitime de s'interroger sur la matière, mais on ne l'a fait que tardivement. Dans les deux problématiques, celle des relations pensée-matière et celle de la nature de la matière, il a fallu attendre que la question soit scientifiquement mûre. Plus exactement, la maîtrise que semblait procurer sur la matière la physique débutante, puis régnante, a réussi à faire croire que le seul point de départ ferme offert à la réflexion était la matière. On sait ce qu'il est advenu de la *res extensa* ! On a beau jeu, après tant de siècles de latence, de minimiser l'importance du problème en disant, comme Wittgenstein tout à l'heure ou comme M. Bitbol et ses inspirateurs :

> « La conscience phénoménale n'est pas quelque chose que l'on a, mais quelque chose que l'on vit ou que l'on est ; elle n'est pas quelque chose que l'on peut connaître et décrire, mais seulement quelque chose que l'on peut habiter et exprimer ; les composantes de cette conscience ne sont pas quelque chose que nous pouvons observer d'un point de vue désengagé, mais ce dans quoi nous sommes nativement engagés, qui nous définit à chaque instant plutôt qu'il ne nous fait face. »

Ce à quoi on ne peut que souscrire, au besoin en reformulant quelques expressions. La question n'est pas en effet d'exprimer la conscience, mais de l'éprouver, et l'idée de découper la conscience en « composantes » doit être abandonnée si on découple, comme je l'ai soutenu plus haut, la conscience des contenus de conscience. Paradoxalement, le mot important est peut-être le plus vague de tous : « quelque chose », à condition, bien sûr de ne pas profiter des ambiguïtés du langage pour réifier la conscience ni pour l'objectiver, mais de prendre ce mot dans le sens le plus général de « ce qui n'est pas rien ». Mais est-il justifié ou non de dire que tout ce qui n'est pas rien est susceptible de concerner la philosophie, surtout lorsque ce non-rien est susceptible de retentir si fortement sur notre vision anthropologique ? J'entends bien que la conclusion qui nous est proposée : « Circulez, il n'y a rien à voir » est le résultat de la recherche infructueuse d'une solution, comme en témoigne le passage suivant :

> « Non seulement ces problèmes trouvent quotidiennement leur (dis)solution dans une manière répandue de vivre, mais *le philosophe qui les a énoncés s'aperçoit, au terme infructueux de son long itinéraire de pensée* [c'est moi qui souligne], que l'engagement effectif dans une vie est l'ingrédient, à la fois indispensable et inassimilable par quelque ordre descriptif que ce soit, de la solution cherchée. »

Mais la non-solution d'un problème est-elle une raison suffisante pour le considérer comme dissous ? Disons que *la question de la conscience résiste à cette tentative de dissolution : en tant qu'elle précède le langage, il n'est pas exact d'affirmer que c'est le langage qui la crée.* La question reste donc ouverte, ce qui n'a pas les mêmes conséquences que sa clôture par non-lieu, au point que l'on peut se demander si cette conclusion d'apparence sceptique n'est pas là pour instiller dans l'esprit du lecteur les premiers jalons d'une philosophie de la dissolution du moi qui serait dans la ligne des attirances bouddhiques dont Varela ne faisait pas mystère[1]. On aboutirait alors à une foi philosophique respectable, mais qu'il vaudrait mieux signaler comme telle si on veut une philosophie transparente et candide telle que j'ai indiqué la souhaiter.

Retour sur la conscience et son contenu

L'importance philosophique de la distinction entre conscience et contenu de conscience rend nécessaire de revenir sur ce thème qui n'a été envisagé que sous son angle factuel.

Conscience de la conscience

Une objection vient en effet immédiatement à l'esprit : si les états de conscience vide existent réellement, le fait même d'être conscient de sa conscience n'est-il pas un contenu de conscience ?[2] L'extrême logique de cette formulation ne doit cependant pas tromper. Elle n'est qu'apparente, car elle part d'un principe de récursivité, de boucle ou de *feed back* qui suppose qu'on se place en quelque sorte comme un observateur extérieur à soi-même. Cette proposition logique est, comme il se doit, profondément marquée par le langage dont le propre est d'être discursif. Il lui faut donc un processus. Si nous sortons du domaine du langage, la présence à soi-même devient une donnée immédiate où l'on est conscient sans être conscient de sa conscience. C'est, je pense, ce que tentait d'exprimer la phrase citée plus haut :

> « La conscience phénoménale n'est pas quelque chose que l'on a, mais quelque chose que l'on *vit* ou que l'on *est* ; elle n'est pas quelque chose que l'on peut connaître et décrire, mais seulement quelque chose que l'on peut habiter. »

La conscience nous est coextensive au fait d'être ; elle ne devient réflexive, excusez la lapalissade, que si nous réfléchissons sur elle. Il va de soi que lorsque nous demandons à nos patients ce à

1. Mais, d'une façon plus réductionniste encore, Ernst Mach disait au début du XXe siècle, que « le moi est insauvable »…

2. C'est très exactement ce que Kant entend lorsqu'il parle du *je* transcendantal que la grammaire la plus élémentaire exprime : *Je* (transcendantal, c'est-à-dire condition de possibilité de l'expérience) *me* (moi empirique, concret) promène, *je me* regarde, etc.

quoi ils pensent pendant leurs moments de solitude, nous les obligeons à réfléchir ; aucun, néanmoins, n'a répondu qu'il pensait à sa conscience : ils se bornent à répondre qu'ils ne pensent à rien, ils parlent de vide ou de néant. C'est l'observateur qui demande au patient : vous ne dormez pas, vous ne perdez pas conscience ? Les expressions utilisées sont très différentes de celles qui relatent les pertes de connaissance, syncopes, crises d'épilepsie, traumatismes crâniens, etc. Dans ce dernier cas, personne ne parle de sentiment de vide ou de néant ; les plus laconiques disent ou qu'ils ont perdu connaissance, tout simplement, ou qu'ils ne se souviennent de rien ; aucun ne confond cet état avec celui de sommeil et le sentiment étrange qui nous occupe ne vient à l'idée de personne. En un mot, la conscience de la conscience est bien un contenu de la conscience, mais être conscient ne demande pas qu'on y prête attention, encore moins qu'on réfléchisse sur elle.

Les niveaux de conscience

L'un des points fondamentaux de la thèse de G.M. Edelman sur la conscience[1] est la description de deux niveaux de conscience, une conscience primaire à laquelle auraient accès les animaux inférieurs et une conscience supérieure dans laquelle le langage jouerait un rôle déterminant, au point d'ailleurs que nous autres, humains, ne pouvons avoir une idée de ce que peut bien être une conscience primaire. Cette idée est très attrayante, car elle nous permet d'exprimer un sentiment que nous partageons tous plus ou moins consistant à accorder un certain degré de conscience aux animaux supérieurs, mais pas équivalent à celui de l'homme. La voie choisie pour exprimer cette croyance commune, à savoir juger du niveau de conscience sur des contenus de conscience, n'est cependant pas acceptable si l'on fait la distinction entre conscience et contenus de conscience, comme y invitent les états de conscience vide. Ici, il faut être très précis et ne pas se laisser guider par un simple état d'esprit populaire sur la conscience des animaux. Nous ne connaissons la conscience que par expérience personnelle. Nous l'attribuons aux autres humains en vertu de nos ressemblances avec eux et parce que la nier aboutirait à une absurdité vitale évidente, proche du solipsisme et tombant sous le coup du même jugement. Il ne nous est guère possible de nous représenter ce que pourrait être un état de conscience atténué, primaire, pour reprendre la terminologie d'Edelman, car la conscience se vit mais ne se décrit pas.

1. EDELMAN G.M., Biologie de la conscience, Paris, Odile Jacob, 1992.

Nous avons donc le choix entre deux possibilités : ou bien il existe réellement des niveaux de conscience plus ou moins évolués dont nous ne pouvons avoir une idée, faute d'expérience ; ou bien il existe un seul niveau de conscience qui ne prend son effet plein et entier qu'en fonction du niveau des contenus de conscience. Si l'on essaie de fonder son choix sur les données de la science, la première hypothèse paraît de loin la plus tentante. Il est manifeste que, quelle que soit l'interprétation que l'on en donne, l'évolution des espèces apparaît comme une lente montée vers la conscience. Les darwiniens rechercheront quel est l'avantage en termes de survie de l'apparition de cette conscience, mais nous avons vu que cet avantage est assez problématique. Ceux qui croient que notre univers a un sens considéreront que le sens en tant que signification induit nécessairement un sens directionnel et verront dans l'évolution une lente montée vers des niveaux de conscience de plus en plus élevés. Tous devraient, en tout cas, tomber d'accord sur cette idée d'évolution de la conscience. Mais, encore une fois, il paraît difficile de trancher la question sur des données factuelles indiscutables. Restons donc sur cette indétermination.

La conscience comme matériau de l'univers

LE *HARD PROBLEM*

Dans un article paru en 1995[1], puis un livre paru en 1996[2] Chalmers s'attaque aux fondements mêmes de la philosophie de l'esprit telle qu'elle est pratiquée aux États-Unis. Il sépare le *hard* du *soft problem*, il critique toutes les positions préalablement prises par les grands ténors, réfutant toutes les thèses matérialistes et physicalistes en plus des théories dualistes et en proposant que l'on ne puisse pas avancer dans ce domaine tant qu'on ne prendrait pas la conscience pour ce qu'elle est : un matériau de l'Univers « au même titre que l'espace-temps, la masse, la charge », c'est-à-dire les « aspects fondamentaux » de la physique, que nous avons l'habitude de considérer comme tels sans avoir à les expliquer. Ces travaux ont eu un énorme retentissement. La raison en est sans doute la qualité de l'argumentation dans un style très technique, logique, décomposant

1. CHALMERS D., CHALMERS D.J., Facing up to the problem of consciousness, *Journal of Consciousness Studies*, 1995, 2 : 200-19.

2. CHALMERS D.J., *The Conscious Mind : in Search of a Fundamental Theory*, Oxford, Oxford University Press, 1996.

minutieusement toutes les attitudes prises sur ce sujet extrêmement couru par tous ceux qui comptent dans la philosophie américaine contemporaine.

Une autre raison, peut-être, est que le coup vient de là où on ne l'attendait pas, car Chalmers est un philosophe et aussi un spécialiste de l'Intelligence Artificielle, collaborateur de Douglas Hofstadter, l'auteur remarqué de *Gödel, Escher, Bach : Les brins d'une guirlande éternelle* (1985). Un homme bien formé dans le sérail et, si j'ose dire, parlant le patois du milieu. Quoi qu'il en soit, un grand nombre d'articles ont été écrits pour le réfuter dont un numéro spécial du *Journal of Consciousness Studies* dont nous avons extrait les idées de Varela sur la neurophénoménologie. Tous ligués contre le *hard problem*, quel succès ! Ce que Chalmers appelle le *soft problem*, c'est ce que j'ai appelé les contenus de conscience, et le *hard problem*, c'est évidemment ce que j'ai appelé conscience et que Chalmers dénomme « *experience* ». Cet article est très technique et d'une rigueur implacable. On ne peut qu'en recommander la lecture très attentive, d'autant que sont discutés minutieusement les arguments pour et contre chaque thèse formulée sur les relations entre « *experience* », ressenti, qualia, etc. d'une part, et matière (cerveau) d'autre part. Je ne puis fournir ici que ses conclusions très abrégées.

L'article se divise en deux parties : la démonstration du caractère intenable de la position matérialiste et l'inventaire des propositions alternatives dont on admettra en conclusion que certaines d'entre elles ne sont pas intrinsèquement contradictoires, mais que toutes sont hautement spéculatives. Autant dire que l'article ne se termine pas par une proposition ferme et définitive. Évidemment, si cela était possible, cela se saurait ! La démonstration de l'impossibilité de la thèse matérialiste se résume ainsi : tous les arguments tournent autour du fossé épistémologique entre le domaine physique et celui de l'experience phénoménale, la conscience. Un sujet qui connaîtrait tout du monde physique, mais qui n'en aurait pas l'« expérience » ne pourrait pas déduire de ses connaissances son existence et son éprouvé ; concrètement, ce serait le cas d'un physicien atteint d'une achromatopsie congénitale : il ne pourrait avoir aucune idée de ce qu'est l'expérience du « rouge ». À ce fossé épistémique s'adjoint un fossé ontologique, car si le matérialisme correspond bien à l'idée que le monde physique implique nécessairement (*necessitates*) tout ce qui est vrai, comme le monde physique n'implique pas nécessairement les vérités phénoménales, alors, le matérialisme (ou physicalisme) est faux. Bien sûr, les matérialistes « éliminativistes » qui nient l'autonomie des phénomènes psychologiques nieront l'existence du fossé, mais c'est au prix de la négation de ce qui est manifeste et une théorie aussi violemment contre intuitive demanderait, pour être acceptable, une argumentation très serrée et non pas seulement une analogie avec le vitalisme, que les connaissances scientifiques ont fait disparaître. Chalmers n'a guère de peine à montrer que le statut d'une théorie comme le vitalisme et celui d'une donnée phénoménologique comme la conscience ne sont pas les mêmes. Bien sûr, on ne peut empêcher le « matérialisme prometteur », selon le mot de Popper, de croire que la science va nous expliquer tout cela, mais cela revient à peu près à nier le fossé et à en revenir aux attitudes précédentes. Cette attitude paraît intenable si l'on admet que le concept de conscience n'est pas en lui-même un principe fonctionnel et que les descriptions physiques sont des descriptions structurelles dynamiques. Cette opposition est finalement très proche de celle que nous avons opérée entre la calculabilité des contenus de conscience et la non-calculabilité de la conscience, et Chalmers conclut qu'il n'y a simplement pas de place conceptuelle pour la conscience dans la description physique[1].

Reste à fournir une alternative viable au matérialisme incapable de donner une explication convaincante : « si les vérités physiques n'impliquent pas nécessairement la conscience, alors celle-ci doit représenter quelque chose d'ontologiquement nouveau dans le monde ». La description du monde physique ne peut pas se limiter aux fondamentaux classiques que sont l'espace-temps, la masse, la charge ; il faut élargir le catalogue des fondamentaux de l'univers. Il se pourrait, selon Chalmers, que la conscience soit ce matériau au même titre que les fondamentaux classiques, à moins qu'il n'existe un niveau encore plus élémentaire. Chalmers énumère trois possibilités : celle d'une conscience capable d'interférer avec le monde physique, celle d'une existence distincte des propriétés physiques, mais sans influence sur le monde physique, la conscience est alors un simple épiphénomène, au fond sans importance, et la troisième est un monisme, les propriétés phénoménales ou protophénoménales sont situées au niveau le plus fondamental de la physique et sont en quelque sorte sous-jacentes à la réalité physique elle-même, d'où une sorte de panpsychisme. Il ne faut pas se cacher, on l'a déjà souligné, que toutes ces tentatives de donner à la conscience une place définie dans l'univers sont hautement spéculatives, mais le travail spécifique de Chalmers aura été de montrer qu'aucune d'elles n'entre en contradiction avec les

1. *Cf.* Schrödinger, loc. cit.

données de la science (essentiellement la physique quantique). Il est souvent répété, toujours selon Chalmers, que bien qu'il soit difficile de tenir pour vraies les thèses matérialistes, il faut cependant les admettre comme telles tant qu'on n'a pas trouvé d'alternative plausible, mais à la fin de sa minutieuse étude, il montre que nous avons de bonnes raisons de croire *que la conscience occupe une place fondamentale dans la nature*.

Cette conclusion est déjà d'une extrême importance. Il va de soi que Chalmers, malgré la logique foncière de son exposé, n'aura pas convaincu tout le monde, (puisqu'on ne raisonne que sur ses préjugés), mais la charge de la preuve a en quelque sorte changé de camp. Ce qui frappe à la fin de la lecture de cet article, c'est que, quelle que soit la logique de l'argumentation, certains paraissent vouloir y échapper, fût-ce au prix d'arguments très faibles, comme si seule importait la survie du système matérialiste. Chalmers, de son côté, paraît satisfait de sa conclusion, selon laquelle il faut bien admettre que la conscience est en effet l'un des matériaux de l'univers, satisfait comme d'une belle performance intellectuelle, mais il n'en tire explicitement aucune conclusion, aucune sagesse, et donc aucune philosophie, aucun essai de vision concernant l'homme. Par ailleurs, le caractère purement spéculatif des théories non matérialistes nous interdit de choisir une théorie ou une autre sur des bases purement factuelles et logiques. Rien de tout cet exposé ne fait réellement partie de la philosophie fondée sur l'expérience et nous devons nous demander quels autres éléments philosophiques, d'une autre nature, doivent nous guider.

Finalement, nous nous trouvons dans une sorte d'indécidabilité, pour au moins deux raisons : la première est que nous ne savons pas ce qu'est la matière et pas beaucoup mieux ce qu'est la conscience. Dans ces conditions, affirmer doctement, sur des bases prétendument scientifiques, ce que sont leurs rapports est proprement absurde. Nous oublions que la nature ignore les lois de la nature ou ce que nous croyons qu'elles sont. L'exemple le plus connu en est le paradoxe EPR, dont l'expérience a prouvé la validité, qui veut que deux particules ayant interféré entre elles restent en permanence « au courant » de l'état l'une de l'autre[1]. Au courant et non pas informées, car « l'information » en question irait plus vite que la lumière : c'est en cela que l'on peut dire que la nature viole ses propres lois, ou plutôt les lois que nous avons cru possible de lui attribuer.

1. Non-séparabilité démontrée par ASPECT A., DALIBARD G.R. : « Experimental test of Bell's inequalities using time varying ananlyzers », Physical Review Letters, 49, 25, 1804 (20 dec. 1982).

La seconde raison est que lorsque nous *parlons* de notre conscience nous violons facilement les règles de notre raison, et nous dissimulons alors sous le langage la faute de notre raisonnement. Lorsqu'un homme (nécessairement conscient) affirme : « la conscience n'existe pas », il commet la même erreur que celui qui écrit « la phrase que j'écris n'est pas une phrase », mais il la commet dans l'ordre de la pensée sans langage et la masque sous le langage. Il en va de même lorsqu'il désigne sous le mot de conscience ce qui n'est justement pas conscience.

Épilogue

De la philosophie à la sagesse

Au terme de l'analyse du débat sur la question du statut de la conscience dans l'univers et ses rapports avec la matière énergie, nous n'avons trouvé aucune solution vraiment satisfaisante : impossibilité de « dissoudre » la question en voulant n'y voir qu'une question de mots, inacceptabilité des thèses matérialistes et caractère spéculatif des diverses thèses non matérialistes. J'ai choisi l'argumentation de Chalmers parce qu'elle est particulièrement rigoureuse, mais elle est loin d'être originale dans ses conclusions. Avec des arguments semblables, présentés de manière moins académique, moins préoccupée de formalisme logique, j'étais parvenu aux mêmes résultats tout simplement parce que la thèse matérialiste est vigoureusement contre-intuitive et qu'il faut un très fort préjugé pour nier l'existence même de la conscience, comme le font les éliminativistes, ou pour ne pas pressentir que la conscience n'est pas calculable et éviter la conclusion qu'elle est d'une autre nature que la physique et la chimie cérébrale qui lui sont cependant nécessaires[1]. Finalement, le bilan est loin d'être négatif puisque les thèses *purement* matérialistes apparaissent comme bien difficiles à admettre, mais on reste sur sa soif de comprendre comment d'autres thèses pourraient fonctionner.

Un autre élément frappant a surgi : l'absence totale de débouché de cette discussion sur une vision de l'homme, sur une anthropologie, sur une sagesse, ou du moins une recherche de sagesse, qui devrait rester le but de toute philosophie. En conclusion de *La Mouche dans le Bocal*, qui repose sur une proposition spéculative sur les relations entre cerveau-matière et pensée, j'ai

1. LAPLANE D., *La Mouche dans le Bocal*, Paris, Plon, 1987.

affirmé, au risque de surprendre, que je n'avais aucun goût pour la spéculation et je crois pouvoir, sans mentir et sans forfanterie, confirmer cette déclaration. Ce qui m'occupe et me préoccupe, c'est l'Homme dont je reconnais avec le psalmiste qu'il est « à peine moindre qu'un dieu ». Cette grandeur n'est pas un acquis de toujours ni forcément pour toujours. L'esclavage fut la grande marque du monde antique. Pour l'ébranler, il a fallu l'entrée dans le christianisme et l'affirmation inouïe[1] que « désormais, il n'y a plus ni homme ni femme, ni Juif ni Grec, ni esclave ni homme libre », pour que lentement, non sans erreurs et non sans fautes, s'établisse, du moins en terre baignée de culture chrétienne, l'évidence de la dignité de tout homme. Mais il ne faut pas se voiler les yeux : l'esclavage qui avait disparu, du moins dans ses formes les plus grossières, est réapparu au XVIe siècle dans toute son horreur et la dignité de l'homme, de tout homme, ne s'est pas imposée sans conteste depuis sa nouvelle disparition officielle. Les abominations des idéologies hitlérienne ou communiste sont encore dans toutes les mémoires et l'on voit combien l'évidence de la dignité est sans cesse remise en cause. La foi religieuse devrait être le rempart le plus fort contre toute tentation d'oubli de la grandeur de l'homme, car elle n'est pas soumise à la discussion, comme l'est, par essence la philosophie. Elle n'a plus, aujourd'hui du moins, l'autorité dont elle a joui et, de toute manière, elle s'adresse malheureusement à des hommes qui tous devraient dire comme Paul « Malheur à moi qui fais le mal que je déteste et non le bien que je désire » ! En ce qui concerne la philosophie, il ne faut pas oublier que les atrocités des idéologies du XXe siècle ont eu pour origine des doctrines par certains côtés pleines d'idées « humanitaires », mais qui n'ont pas pris le soin élémentaire de garantir en premier lieu la dignité humaine. Une philosophie qui fait obstacle à la dignité de l'homme est une philosophie potentiellement dangereuse : ce n'est qu'une idéologie qui a renié la prudence de toute recherche authentique de sagesse. Le marxisme et le nazisme sont à situer dans la filiation directe du scientisme, du dogmatisme scientiste, non de la philosophie. Une philosophie qui ne s'en préoccupe pas est de peu d'utilité, voire fautive par omission. Voici pourquoi je ne saurais souscrire à cette proposition de Bitbol[2] :

> « Porter assistance à une personne qui en a besoin ne demande pas que l'on se soit auparavant posé la question de l'essence de la dignité humaine. Cela suppose seulement que nos conduites soient conditionnées par une véritable

1. Paul, Gal., 3. 28.
2. BITBOL M., loc. cit., p. 180.

éthique incarnée (Varela). Comme le remarque Wittgenstein, dans les rapports que j'entretiens avec quelqu'un d'autre, “mon attitude à son égard est une attitude à l'égard d'une âme. Je n'ai pas l'opinion qu'il a une âme”. Cette opinion que mon interlocuteur a en propre une âme ou une conscience est non seulement absente, mais inutile aussi longtemps que toutes les attitudes sont équivalentes à celle que j'aurais si je l'entretenais. »

Comme si porter assistance était une attitude automatique, instinctive. Qui ne sait la banalité du délit de fuite après un accident de la route ? Il est vrai que la « morale naturelle » existe (voir *infra*), mais elle n'est pas si incontournable qu'elle ne demande aucun soin, aucun fondement dans des « raisons supérieures ». Il est vrai qu'au moment de l'action urgente, nous n'avons pas le temps de nous pencher sur nos opinions, mais il me paraît au contraire que notre attitude dépendra largement de l'éthique que nous avons cultivée, terme que je préférerais nettement à « conditionnée », persuadé que je suis qu'elle demande une attention vigilante et une volonté constante.

Nous constaterons d'ailleurs que si le débat sur l'énigme des relations entre conscience et cerveau n'est plus pris comme le but ultime de la recherche, mais seulement comme un moyen, une étape, dans l'établissement de notre vision sur l'homme, alors nous aurons les moyens de trancher un débat qui peut sans grand inconvénient demeurer stérile tant qu'il reste purement académique.

En fait, derrière « le développement naturel d'une dialectique froide, pure et divinement insouciante » se cache le débat sur la mort de Dieu et même celle de l'homme avec tout l'engagement vital que comportent ces questions. L'enjeu final est celui de la liberté de l'homme, c'est-à-dire de sa dignité.

Liberté et dignité

Que la liberté soit la base nécessaire de toute dignité, voilà une affirmation qui ne devrait pas avoir besoin de commentaire. Une machine dont le fonctionnement est purement lié à des causalités externes ou internes prédéterminées ne saurait prétendre ni à la liberté, ni à la dignité. Je n'irais pas jusqu'à mettre en doute la bonne foi de ceux qui affirmeraient que la dignité de l'homme n'a nul besoin de liberté, mais il me faudrait une dose exceptionnelle d'indulgence envers leur aveuglement. Pour pouvoir parler de liberté, il faut une *individualité* réellement source indépendante de ses propres décisions vitales, de son propre mouvement, non imposées par les « seules forces physiques » ; un tel système non limité au jeu des forces physiques ne saurait être strictement matériel, il faut lui adjoindre une autre instance, spirituelle, lâchons le mot, mais il faut aussi que celle-ci, pour rester en accord avec les données d'expérience, soit issue du fonctionnement cérébral, un fonctionnement nécessairement matériel ! La quadrature du cercle !

Le bon sens, « divinement insouciant » de ses conséquences, nous dicterait de nous en tenir aux données de l'expérience et d'admettre que cette instance est une illusion, qu'en fait, nous ne sommes pas libres. Mais cela ne marche pas non plus ! Il se trouve, en effet, que si les plus déterminés des scientifiques ou philosophes matérialistes nient la liberté, justement au nom de l'évidence psycho-biologique, aucun ne se *comporte* en harmonie avec cette affirmation. Cela ne les empêche nullement d'avoir une éthique et de la défendre, d'argumenter en sa faveur, d'y croire au lieu de se dire simplement que c'est là le résultat de leur histoire génétique et environnementale et des dispositions cérébrales qui en découlent. Nous avons même eu à la tête de notre comité national d'éthique un « homme-machine », dont « L'identité entre états mentaux et états physiologiques ou physico-chimiques du cerveau s'impose en toute légitimité », selon sa propre affirmation. D'ailleurs, tous les prétendus matérialistes que j'ai pu connaître d'un peu près exerçaient sur leurs collègues des jugements moraux tout à fait comme le restant de l'humanité et ceux qui leur faisaient des misères dans leur carrière, par exemple, leur paraissaient bien plutôt des salauds que des individus mal conditionnés ou d'organisation cérébrale contrariante ; ils étaient capables de rancunes et de haines, sentiments qu'ils n'auraient jamais eus vis-à-vis d'un chien qui les aurait mordus, simplement parce qu'un chien ne paraît pas responsable de ses actes. Un chien qui mord, on l'abat, sans lui en vouloir, un homme nuisible, on lui en veut, mais, sauf cas extrêmes, on ne l'abat pas et, en tout cas, nous considérons en général qu'il est mieux de ne pas l'abattre. Mais que faut-il pour être responsable si ce n'est être libre ? La contradiction vitale n'est pas de moindre intérêt que la contradiction logique. Confronté aux sophistes, Aristote n'y va pas par quatre chemins : « ce qu'on dit, il n'est pas toujours nécessaire qu'on le pense »[1] ! Et voici le commentaire de Pierre Aubenque[2] :

> « Ainsi celui qui nie en parole le principe de contradiction ne peut le nier en esprit et en vérité... Il s'agira de montrer que la doctrine vécue de ces philosophes est en contradiction avec leur discours explicite. D'ailleurs, il est

1. Aristote, *Métaphysique*, Livre Gamma, chap. 3, 1005 a, 25.

2. AUBENQUE P., *Le problème de l'Être chez Aristote*, Paris, PUF, 2002, p. 80.

moins intéressant de savoir ce que ces philosophes pensaient, puisqu'ils pensaient au fond comme tout le monde, que de savoir pourquoi ils ont dit ce qu'ils ne pouvaient raisonnablement penser et d'expliquer cette contradiction. »

Selon moi, ces remarques s'appliquent à merveille aux négateurs de la liberté et montrent que si l'on peut la nier en parole, il est beaucoup plus difficile de la nier en esprit et en vérité. La question sous-jacente est celle de la valeur du fonctionnement de la pensée humaine, car avoir le sentiment de sa propre liberté ne garantit pas *logiquement* qu'elle existe réellement, mais si nous nions un principe aussi profondément inscrit, pourquoi ne pas le faire, comme les sophistes, de la non-contradiction ? Dira-t-on que la non-contradiction a fait ses preuves logiques, grâce à la science ? Mais la nécessité de la liberté a fait ses preuves aussi, puisque nous ne pouvons vivre sans elle. Ferons-nous, oui ou non, confiance à notre capacité de penser ? La question devient alors : comment les négateurs de liberté peuvent-ils être amenés à tenir un discours contraire à ce qu'ils pensent réellement, puisqu'ils se comportent à l'opposé de ce qu'ils disent ? La réponse est alors toute simple : on ne peut imaginer introduire la liberté dans un être purement matériel, un être exclusivement de chair, totalement soumis aux contraintes de la matière et du conditionnement. Ici apparaît une fois de plus l'importance des préjugés. La réalité est que l'on sent que pour introduire la liberté, il va falloir introduire une instance non matérielle et que l'on a posé *a priori* que cette instance ne pouvait pas exister. En partie parce qu'on ne voit pas trop comment elle pourrait s'insérer dans le système matériel qu'est le cerveau, dont on a vu à quel point il façonne nos pensées et nos comportements, mais bien davantage par des décisions éthico-métaphysiques, car on sent que si on introduit cet élément non matériel, et donc spirituel selon le vocabulaire le plus habituel, on risque de voir réapparaître Dieu dans le raisonnement et que, de Dieu, on ne *veut* pas, pour des raisons diverses, mais qui n'ont aucun rapport avec une quelconque démonstration logique. Paradoxalement (on verra plus loin pourquoi « paradoxalement », *cf.* notre paragraphe *Une autonomie informée*, p. 181), dans l'esprit de beaucoup, c'est la crainte de voir Dieu nous voler notre liberté ! Et la preuve complémentaire ou symétrique de l'importance des préjugés est que lorsqu'on *veut* d'abord la liberté de l'homme et sa dignité, comme ce fut mon cas, eh bien, on parvient à trouver la possibilité d'introduire la liberté dans le système matériel et ainsi de « naturaliser » la liberté !

Qu'est-ce que la liberté ?

Avant d'aborder un défi aussi insensé, il faut être clair sur ce qu'on entend par « liberté » et ne pas prendre pour telle une simple indétermination : l'impossibilité de prévoir l'évolution des systèmes loin de l'équilibre ou encore les degrés de liberté mécanique qui expriment les possibilités de déplacement dans un espace. Je n'aurais pas imaginé de telles confusions si je ne les avais entendu énoncer. Être libre, c'est être autonome, c'est être sa propre loi, c'est agir selon sa propre nature et de son propre mouvement. Être autonome, être sa propre loi, c'est aussi, soit dit en passant, diminuer son degré de liberté au sens mathématique du terme, limiter la gamme de ses comportements. Lorsque l'on dit de quelqu'un qu'il ne ferait pas de mal à une mouche, on n'entend pas qu'il n'a pas la liberté de faire mal à une mouche, mais que sa loi autonome l'en empêche.

L'une des difficultés de cette question, c'est que nous voyons bien clairement qu'à supposer que nous soyons libres, nous ne le sommes assurément que fort peu. L'opinion publique pense d'abord aux conditionnements sociaux, aux circonstances éducationnelles. Le neurologue, quant à lui, ajoute à ces déterminations psychosociales toutes celles qui dépendent de l'état du cerveau, au sens anatomique, organisationnel et biochimique. Toute la neurologie qui touche à la question mentale tend à la recherche des déterminations du comportement des individus dans ces divers domaines, au point que le discours sur la non-liberté s'impose si l'on en reste à une philosophie bornée aux données de la biologie. On ne voit plus que cela. L'homme machine ne saurait logiquement être libre. C'est là qu'on se trouve confronté à une contradiction flagrante entre le sentiment de liberté qui nous habite et les données de l'observation psychosociale ou biologique, dans son sens le plus large. C'est d'abord là que la réflexion philosophique doit trancher. Il lui reste à concilier cette intuition irrépressible de notre liberté avec une autre évidence, celle de sa limitation.

Faut-il préciser que si la science peut nous montrer les limitations de notre liberté, elle ne saurait démontrer son inexistence si fortement appelée par la pénétration dans les arcanes biologiques de notre fonctionnement mental ? Je reprendrai, pour le faire comprendre, la comparaison que j'ai employée dans *Le Bonheur est-il pour les Imbéciles* ? . L'homme est :

> « [...] tel le pilote d'un bateau à voile qui ne peut choisir son chemin en raison de vents contraires, mais sait au moins où il veut aller. Il doit tenir

> compte des qualités nautiques de son esquif, de son gréement, de la vaillance de son équipage. Dès son départ, il bénéficiera ou souffrira des plans de l'architecte et de la prévoyance de l'armateur. Selon qu'il est bien ou mal monté, il affrontera la tourmente ou fuira devant la tempête. À chaque instant, la course de son bateau paraîtra dépendre bien davantage des données brutes de la situation : vents, courants, état du matériel, moral de l'équipage. Mais par touches successives il imprimera néanmoins une certaine direction à son navire. Il est vrai qu'elle s'écartera de la trajectoire idéale, peu ou prou, souvent beaucoup. Elle n'en sera pas moins porteuse d'une intentionnalité. Et, peut-être, en cas de maladie mentale, ne pourra-t-il même plus suivre une route par panne de gouvernail. Ce pilote ne pourra plus exprimer une liberté qui restera fondamentalement sa propriété, comme on parle des propriétés physiques des substances.
>
> Ainsi de l'homme dont on peut décrire les particularités physiques, héréditaires et psychologiques, et qui à chaque instant paraît bien plus le jouet de la vie que le maître de son destin. L'observateur ne peut constater que les effets des éléments sur sa conduite et les expliquer en fonction de ce qu'il connaît de sa psychologie, mais jamais n'apparaîtra, sauf peut-être à celui qui suivra longuement sa course, cette orientation, ce but de la vie qui seront la marque de sa liberté.
>
> Ainsi, pour le médecin, pour l'homme de science, la liberté n'est pas de l'ordre de l'expérience, (au sens scientifique du terme) contrairement au sentiment commun. À coup sûr, plus nous irons, plus la science réduira la distance qui sépare ses possibilités de prévision et le comportement réel des individus, mais rien ne prouve qu'elle ne se heurtera pas à des difficultés insurmontables. Il est au contraire infiniment plausible que l'espace ne sera jamais entièrement comblé. La science espérera toujours avancer davantage. Mais la place pour une liberté demeurera. »

Mais d'où peut venir ce que, faute de mieux, je postulais dans le livre cité qui est déjà ancien ? Puisque ce n'est pas de la matière-énergie qui ne saurait nous constituer en être autonome, source de ses comportements, ce ne peut être que de cette part de nous qui n'est pas de l'énergie-matière, mais fait néanmoins partie de l'Univers : la conscience ou ipséité, source de notre identité en tant que personne, source reconnue par Husserl de tout sens, unique source possible de notre liberté. Pour cela, il faut qu'elle puisse nous rendre réellement autonome, source de nos propres déterminations. À ce titre, elle doit même être une source *informée*, comme on va le préciser.

L'AUTONOMIE

La toute première condition de notre autonomie est que nous soyons constitués en individualités à l'origine de nos comportements. Il est nécessaire que le « je » de l'ipséité dont nous avons montré le caractère inné et préverbal ne soit pas une pure illusion. Nous n'entrerons pas ici dans la discussion sur la permanence ou l'impermanence du moi, autrement dit, avec la philosophie bouddhiste, dans ses rapports avec la réincarnation. J'ai essayé de montrer ailleurs[1] combien l'idée d'impermanence du moi rendait difficilement compréhensible l'idée même de réincarnation qui semble devoir nécessiter un élément permanent passant de corps en corps. L'idée qu'il ne s'agisse que de courants ou de flux, selon les comparaisons que l'on peut lire dans ce genre de littérature, n'est guère satisfaisante. Mais, temporairement ou non, il est indispensable que ce « je » nous constitue en individu. On y reviendra plus bas.

Une autonomie informée

Nous avons laissé l'homme autonome de Varela ballotté entre « Charybde (l'objectivité, postulant un monde donné de traits à représenter) et Scylla (le solipsisme niant toute relation avec le reste du monde) ». L'enaction, interférence entre les messages du monde extérieur et l'activité neuronale endogène permanente, on s'en souvient, fait que notre façon de voir et notre milieu sont en interactions permanentes, inséparables, sans possibilité de trouver un point de départ à cet enchaînement entre l'extérieur et l'intérieur, si bien que nous devons abandonner de façon définitive toute recherche d'un point de référence solide.

Nous voici donc, pour reprendre la comparaison nautique, non seulement comme le capitaine d'un esquif, mais, pire encore, comme un sous-marin précipité dans les océans d'une planète inconnue, sans compas ni carte, capable de faire surface ou de plonger, de virer à bâbord ou à tribord, mais incapable de tracer raisonnablement une route vers un but quelconque, sauf peut-être son propre entretien immédiat, ce qui n'est guère enthousiasmant. Notre liberté, si nous osons conserver ce terme, est celle de la mouche dans un bocal. L'indétermination de son vol est toute la liberté dont elle peut jouir ! Notre être, si nous le voulons libre et autoréférentiel, doit posséder en lui-même les connaissances nécessaires pour faire intelligemment route.

Il nous faut donc des renseignements sur notre « planète », sur notre vie et sur son sens, il nous faut un compas pour suivre notre route une fois le but déterminé. Il faut en un mot que notre vie ait un sens, ce qui veut dire ici non seulement une direction, mais une signification. Je n'ai pas l'intention de prouver que la vie et l'Univers ont un sens ; je sais cette démarche impossible dans une

1. Laplane D., *Un regard neuf sur le Génie du Christianisme*, Paris, François Xavier de Guibert, 2004.

perspective de démonstration logique. Je me contenterai d'essayer de montrer que c'est la condition de la liberté. Je n'ignore pas que certains agnostiques ou athées affirment qu'il appartient à chacun de fixer le sens de sa propre vie. Je passerai sur le fait qu'il s'agit d'une démarche individualiste assez peu raisonnable quand on sait, comme je l'ai souligné plus haut, à quel point notre société nous façonne ; y insister serait revenir en arrière sur les limitations de notre liberté. La remarque valait cependant d'être faite, alors même que nous cherchons les conditions de notre liberté, pour éviter de démarrer dans l'utopie. La raison véritable est que nous ne pouvons pas doter notre vie de sens si elle n'en a réellement aucun. Nous pouvons nous donner l'illusion qu'elle a un sens, nous pouvons nous faire une psychothérapie, genre méthode Coué, qui nous permettra de « tenir le coup » dans une réalité nihiliste. Si nous ne sommes qu'un paquet de neurones, régi par des lois anonymes, essentiellement transitoire, destiné à l'effacement définitif après quelques scintillements perçus (?) seulement par quelques autres minuscules étoiles tout aussi éphémères, nous ne pouvons que nous mentir et nous suicider quand, face à la dureté de certaines épreuves de la vie, à l'inanité de nos souffrances, le mensonge ne suffit plus à nous faire tenir debout. Ainsi aurons-nous l'impression de mourir dans la dignité. On ne peut que sourire de la naïveté des darwiniens renforcés pour lesquels l'altruisme est sélectionné par l'évolution comme favorable à la préservation de l'espèce. S'il fallait d'autres démonstrations de la puissance des préjugés dans les croyances qui sont les nôtres, cet exemple serait parmi les meilleurs, car ce genre d'affirmation n'est guère regardant quant aux preuves et néglige totalement les données historiques ! On fabrique quelques logiciels qui montrent que les conduites altruistes sont favorables à l'évolution du groupe et le tour est joué ! On a rappelé plus haut le lent cheminement des droits de l'homme depuis l'éclosion du christianisme, comment ils n'ont commencé d'exister et ne se sont développés que dans les pays chrétiens, puis de tradition chrétienne, au point d'apparaître comme un ultime effort du colonialisme dans maints pays relevant d'autres traditions. Que seraient devenus les droits de l'homme si l'issue de la Deuxième Guerre mondiale avait été différente[1] ? Or, il ne s'agit de rien d'autre que de sa liberté et de sa dignité. Non, il faut tenir que l'une et l'autre sont profondément inscrites dans le cœur de l'homme, mais qu'elles doivent aussi lui être enseignées. Lorsqu'il les a découvertes, il préfère être illogique plutôt que de les abandonner. Mais l'illogisme

1. Sur le non-sens de la tentative de baser une éthique sur la science, *cf.* O. Rey, loc. cit., p. 310-311.

n'est nullement obligatoire ; il nous faut « naturaliser » cette autonomie éclairée, c'est-à-dire, montrer qu'elle répond aux lois de la nature comme les autres phénomènes de l'univers.

COMMENT NATURALISER L'AUTONOMIE ?

Dans cette idée de « naturaliser » l'autonomie complète et informée, se trouve, bien sûr, une part de provocation, car chez les promoteurs d'ouvrages tels que *Naturalizing phenomenology*[1], il existe une arrière-pensée évidente, à savoir que nous connaissons les lois de la nature et que c'est à partir d'elles que le travail de « naturalisation » doit être fait. À l'opposé, nous admettrons que :

> « [...] le tort de bien des philosophes a été de prendre la matière pour acquise, en supposant que c'est l'esprit plutôt que la matière qui est problématique... [*Cette attitude*] a beaucoup à voir avec le fait qu'ils tendent à penser la matière suivant une ligne essentiellement newtonienne. [*Mais*] la matière de la mécanique quantique est profondément problématique et mal comprise philosophiquement... Il faut donc admettre qu'aujourd'hui l'esprit et la matière se ressemblent dans leur caractère profondément mystérieux... Par conséquent, ce que le problème esprit-corps demande presque certainement est une accommodation mutuelle, qui implique des ajustements conceptuels sur les deux versants du clivage esprit-corps. »[2]

J'avais moi-même abordé cette question du rapport entre pensée (conscience) et cerveau dans *La Mouche dans le Bocal*, comme une étape pour pouvoir loger la liberté dans notre économie. Après avoir mis en évidence, dans le premier chapitre, que le cerveau fabrique bien la pensée, puis constaté qu'il nous était impossible de parler de la pensée dans les mêmes termes qui nous servent à parler du cerveau, je remarquais :

> « Cela veut dire que la pensée est, ou nous paraît, totalement hétérogène à la matière. Mais deux séries d'événements totalement hétérogènes, qui n'ont pas la possibilité de se rencontrer, ne peuvent avoir de relations de cause à effet. Et pourtant cette relation existe. »

Et je concluais :

> « Comment résoudre la contradiction entre les deux caractéristiques nécessaires à l'interprétation de la relation matière et pensée : homogénéité et hétérogénéité, qui doivent toutes deux être tenues simultanément ? »

---

1. *Naturlizing Phenmenology Issues in contemporary phenomenology and cognitive science*, J. PETITOT, F.J. VARELA, B. PACHOUD J.M. ROY eds, Stanford, Stanford University Press, 1999.

2. LOCKWOOD M., *Mind, Brain and Quantum*, Blackwell, 1989, cité par BITBOL, loc. cit., p. 68 s.

Il n'existe que deux possibilités : ou bien la pensée est l'autre face de la matière-énergie, ou bien il y a transformation de l'une dans l'autre.

La première possibilité est fort proche de ce que Chalmers appelle le « matérialisme de type B ». Je renvoie à son article pour la démonstration de sa fausseté. Personnellement, je n'avais pas cherché à la réfuter du fait que si cette façon de voir paraissait permettre réellement de surmonter la contradiction qui naît de la nécessité de tenir pensée et énergie-matière simultanément comme homogène et hétérogène, au moins en apparence, de toute manière elle est incapable de nous fournir une possibilité réelle d'introduire en l'homme la liberté. Cette incapacité provient du fait que si la conscience est l'autre face du monde matériel, elle doit nécessairement suivre les mêmes lois, celles que, au niveau macroscopique, celui de notre cerveau, nous voyons limiter notre liberté. S'il n'existe qu'elles, adieu la liberté ! L'autre raison est que cette même vision des choses conduit à un panpsychisme qui, par la participation *indifférenciée* à une conscience universelle, ne nous laissera pas de possibilité de nous constituer en individus autonomes, comme on va le voir.

Concernant la deuxième possibilité, celle de transformation, je m'appuierai rétrospectivement sur l'argument utilisé par Nagel, cité par Chalmers comme l'un des philosophes qui font confiance aux progrès de la science pour tout nous expliquer. « De même, écrit-il, que les présocratiques n'auraient pas pu comprendre comment la matière pouvait être de l'énergie, nous ne pouvons comprendre comment la conscience pourrait être un principe physique, mais une révolution conceptuelle pourrait nous rendre accessible la compréhension correspondante »[1]. Comment Nagel n'a-t-il pas été tenté de la formuler en généralisant la notion d'identité de la matière et de l'énergie en y incorporant la conscience et lui donner, dès lors, le statut de principe physique ? C'est cette révolution conceptuelle que j'ai proposée en 1987, bien après la boutade de Nagel, que j'ignorais alors. À noter, cependant, que le lien qui unit matière et énergie n'est pas celui de l'identité, comme le suggère l'expression utilisée par Nagel : « comment la matière pouvait être de l'énergie », car ce que dit l'équation d'Einstein n'est pas que la matière est énergie, mais que la masse peut se transformer en d'autres formes d'énergie. Il faut être attentif au fait que dans l'équation $E = m C^2$, comme dans toute équation physique, mais contrairement à l'équation mathématique, le signe « = »

1. NAGEL T., What is it like to be a bat ?, *Philosophical Review,* 1974, 83 : 435-50.

signifie le changement équivalent et non l'identité. Admettre, sans plus, que la matière est énergie, c'est présenter notre univers comme non différencié, or nous ne savons même pas encore établir l'unité de toutes les énergies ! Il va de soi cependant que, si nous voulons adhérer à la vision encore idéale, mais qui est celle de beaucoup de physiciens, qui tend à réunir tous les composants de l'univers en leur faisant prendre leur source dans un même X originel, alors, il est indispensable d'y faire participer la conscience. La seule alternative consiste à dire que la conscience n'existe pas, ce qui est une absurdité que seuls des préjugés très forts permettent de ne pas voir.

Voici pourquoi j'ai proposé de prendre au sérieux l'hypothèse de transformation de matière-énergie en conscience. Cette conception purement philosophique, car évidemment non démontrable expérimentalement, du moins dans l'état actuel de la science, peut passer pour spéculative dans le plus mauvais sens du terme, c'est-à-dire purement verbale ou purement gratuite. Purement verbale, elle ne l'est sûrement pas, car l'image mentale non verbale à laquelle le mot « transformation » est attaché est très claire, c'est le passage d'un état dans un autre dont la physique ou la chimie nous offrent tant d'exemples ; « gratuite » ne s'applique pas davantage, car le but poursuivi reste toujours aussi précis, l'introduction de la liberté dont le principe nous est aussi indispensable que la non-contradiction dans un système qui ne peut être purement matériel. Dans la misère où nous nous trouvons, que demander de plus ? Aucune position n'étant démontrable, toutes sont spéculatives, ni plus ni moins, les thèses matérialistes comme les autres ; vu la nature problématique de la matière, ce n'est pas parce qu'elles sont matérialistes que le terrain sur lequel elles se fondent est solide[1] ! La proposition de transformation peut surprendre par sa nouveauté et sa hardiesse, mais on est assuré que toutes les voies du sens commun mènent à l'aporie. L'attraction universelle bravait le sens commun et pour cette raison a eu beaucoup de mal à s'imposer. Elle doit son triomphe à son caractère explicatif. Car il n'est pas intéressant de faire des spéculations qui n'expliquent rien. Nous suggérons de prendre la proposition de transformation comme un axiome, car, en définitive, expliquer, c'est bien fournir une axiomatique d'où on pourra dériver logiquement les propriétés que l'on veut expliquer. Or, la proposition de transformation est extraordinairement explicative.

---

1. Ce que nous appelons matière a toujours, au moins dans une philosophie thomiste, été considéré comme un esprit limité et pour ainsi dire « frigorifié » (K. RAHNER, *Science, évolution et pensée chrétienne*, Paris, Desclée De Brouwer, 1967). Même idée chez Leibniz qui définissait la matière comme *mens momentanea*, de l'esprit qui dort, qui est en latence.

Avant tout, la conscience se trouve « naturalisée », il n'est plus antinomique de tenir la conscience comme simultanément homogène et hétérogène à la matière énergie. C'est là que prend toute sa valeur la remarque banale que j'ai faite sur les deux sens du signe =. Il ne s'agit pas de dire que les propriétés de la conscience sont celles de la matière ou de l'énergie, pas plus que celles de la masse ne sont celles de la lumière. Il est clair que nous ignorons les règles de la « physique » de la conscience. C'est là que la réclamation par Penrose d'une physique du non-calculable prend tout son intérêt. Peu importe que les raisons qu'il invoque soient mauvaises. Penrose admet, en effet, que cette physique du non-calculable peut seule expliquer que nous puissions trouver des vérités mathématiques certaines par des voies non logiques, conclusion qu'impose le théorème de Gödel. Ce que nous avons dit précédemment sur les modalités de calcul du cerveau suffirait à écarter ce raisonnement, mais l'argument le plus décisif tient au fait que ce qui n'est pas calculable, c'est la conscience et l'argumentation de Penrose ne connaît pas la distinction entre conscience et contenu de conscience. En revanche, je crois que nous avons tous cette intuition que la conscience n'est pas calculable, et les arguments fournis par « l'expérience » sont puissants.

Grâce à cette continuité découverte entre matière-énergie et conscience et cette distinction maintenue entre elles, l'opposition entre matérialisme et spiritualisme se trouve résorbée et ce n'est pas le moindre mérite de cette axiomatique. Grâce à elle, je puis comprendre comment le cerveau produit à la fois le versant calculable et le versant non calculable de la pensée, autrement dit, comment le cerveau fabrique la pensée, et en ceci je suis profondément matérialiste. En revanche, en reconnaissant à la conscience toute son originalité, en admettant que ses lois ne sont pas celles de la matière et de l'énergie, je puis lui conserver son caractère spécifique, non matériel, non calculable, j'oserai dire spirituel ! Je suis un matérialiste spiritualiste ! Une synthèse qui paraissait totalement inimaginable…

L'un des mystères les plus épais de la nature est la possibilité d'interaction entre le cerveau, matière-énergie et la conscience dans les deux sens ; la profondeur de ce mystère tient au fait que deux mondes qui sont totalement dépourvus de point commun ne peuvent interférer. Notre axiomatique surmonte sans peine cette difficulté. On arguera peut-être que cette axiomatique est vague, car elle n'entre pas dans le détail de la transformation. Les essais malheureux de Eccles, les fantaisies de Penrose sur la fonction des tubules et bien d'autres montrent qu'il est possible d'imaginer autant de théories que l'on veut ; faute de pouvoir les expérimenter, elles sont toutes plus vaines les unes que les autres. Je n'ai donc pas cru nécessaire, vu l'inutilité pratique, d'en fournir une supplémentaire et, vu mon incapacité à le faire, d'en choisir une dans le catalogue tout en pensant que la vérité est encore ailleurs. Mais leur abondance révèle à quel point le principe de transformation peut constituer la voie de « naturalisation » de la conscience, c'est-à-dire son incorporation dans les mécanismes de l'univers.

La principale difficulté qu'auront à surmonter les esprits contemporains, vu les préjugés ambiants, est sûrement que, si la conscience est l'un des matériaux de l'univers, il n'est plus difficile d'imaginer une conscience universelle, une Pensée Universelle dans la terminologie utilisée dans la *Mouche dans le Bocal*. Plus exactement, il devient difficile de ne pas l'imaginer ! Il devient même possible de donner une « explication » de la création, au sens de la rendre compréhensible sans invoquer je ne sais quel miracle. On retrouve alors, comme on me l'a fait remarquer, la longue tradition occidentale inaugurée par Anaxagore pour qui « c'est l'Intelligence qui a tout ordonné », tradition reprise et remaniée par Platon, puis par toute la tradition chrétienne jusqu'à Hegel. À juste titre, des auteurs comme Francis Kaplan montrent que la création est inimaginable puisqu'un pur esprit ne saurait interférer avec la matière, faute de terrain de rencontre. Le maillon manquant, c'est évidemment la transformation de l'un dans l'autre. Cela pourrait être une formulation contemporaine de la création *ex nihilo*.

Il nous reste à voir en quoi cette conscience « fabriquée » par le cerveau peut être la source de la liberté de l'homme. Il nous faut alors admettre que la « conscience universelle », Dieu, on l'a compris, est aussi capable d'agir librement, c'est-à-dire, rappelons-le, de son propre mouvement, par la seule spontanéité de sa nature, *motu proprio*, si j'ose dire ! Mais c'est la conséquence naturelle de la présence à soi-même et par conséquent du « Je » qui est le sien. On ne voit pas quel conditionnement pourrait limiter sa liberté ni qu'elle puisse agir sans « savoir ce qu'elle fait », sans donner un sens à l'univers ! Pour que nous soyons libres et autonomes, il faut que la conscience « restituée » le cerveau à partir de la matière ait conservé de la « conscience universelle » originelle à la fois la puissance de dire « je » et la connaissance nécessaire du Sens de l'Univers.

Une précision encore est tout à fait indispensable : si la « conscience » qui nous habite est la reproduction à l'identique de la « Conscience Universelle », si notre « je » est le même et le même pour tous, faute d'agent individualisé, l'autonomie et la liberté ne sont pas possibles. Il faut admettre au contraire que :

> « […] le « je » de la conscience humaine est comme celui de Dieu, le "je" d'une personne, mais la personne n'est pas la même. Cette conscience peut être informée, de manière inchoative, c'est-à-dire débutante, embryonnaire, du sens de l'univers, de sa signification, source de cette loi naturelle qui rend chaque homme responsable. Elle est à la ressemblance de Dieu, mais elle n'est pas Dieu. »[1]

La liberté n'est pas compatible avec le panthéisme qui ferait de notre conscience une simple étincelle de celle de Dieu.

De mon bureau tranquille, je vois monter l'exaspération de certains parmi ceux qui, comme moi d'ailleurs, font de cette autonomie le principe philosophique sous-jacent à la philosophie des Lumières et aux Droits de l'Homme. Parce qu'ils n'ont retenu que la version athée et antireligieuse de cette philosophie, ils ne peuvent concevoir une autonomie qui serait informée par Dieu. Pour des raisons de susceptibilité personnelle, « Être suprême » leur irait peut-être un peu moins mal, sauf que dans notre montage, l'Être suprême en question est nécessairement un Dieu personnel, comme on l'a vu. Mais il faut être précis, cette réflexion n'est pas religieuse (même si elle peut coïncider avec ma foi chrétienne). Il s'agit d'affirmer l'autonomie de l'homme et son droit d'adopter la philosophie et la religion qui lui permettent de s'épanouir au mieux et de préciser les conditions nécessaires pour envisager cette autonomie. « Informée par Dieu » ne signifie pas « gouvernée par Dieu » ni non plus « légiférée », ce qui serait contradictoire avec l'autonomie, mais seulement « informée ». D'ailleurs, en dépit des apparences que lui ont données les circonstances politiques et idéologiques, c'est bien le cœur de la foi chrétienne, de la doctrine de St Thomas sur la liberté de conscience, celle qui a été particulièrement reprise et explicitée au XVIe siècle par Bartolomeo de Las Casas, ou plutôt par ses frères dominicains dont il a été le porte-parole le plus connu. C'est la lecture de sa *Brevissima relacion de la destruccion de las Indias* qui a révélé les Droits de l'Homme aux philosophes des Lumières, Voltaire en particulier, qui lui rend hommage, tout en le laïcisant[2].

Puisqu'il s'agit de philosophie, nous sommes face à un problème « moins de connaissance que d'attitude générale et de vie », pour reprendre notre leitmotiv. Les divergences philosophiques et leur irréductibilité ne s'expliquent clairement que par ces

1. LAPLANE D., loc. cit., annexe I.
2. LAPLANE D., loc. cit. chap. 7.

différences de préjugés. Certains philosophes nous paraissent plus profonds que d'autres, ou plus inventifs, mieux à même de saisir les questions de leur époque, mais peu sont sots. S'il nous arrive de constater combien « ils sont innocents, combien ils se trompent et se méprennent facilement et souvent », c'est nécessairement parce qu'ils ne partagent pas les mêmes préjugés que nous et que les préjugés nous ferment les yeux aux uns et aux autres.

On aura remarqué que je n'ai pas essayé de montrer que l'univers avait un sens, mais seulement que la condition nécessaire de notre liberté était qu'il en ait un. J'évite de la sorte d'affronter la question de la vérité sur le terrain de l'*adequatio rei et intellectus*, autrement dit sur celui de la logique et de la démonstration, miné par les limites de nos connaissances, par notre situation d'autoréférence. La vérité à laquelle je prétends accéder est de l'ordre non du discours, mais de l'évidence immanente en nous.

Je pense, néanmoins, me battre sur un terrain particulièrement solide, celui, après tout, de la tradition philosophique occidentale depuis Platon, en passant par la grande tradition chrétienne qui fut l'honneur de l'Occident et qui est aujourd'hui redécouverte, relue avec les yeux neufs de ceux qui président à une Renaissance. « J'attends la Renaissance », dit Ricœur[1] qui a tant fait dans la deuxième moitié du XXe siècle pour faire contrepoids aux délires idéologiques. Puisque nous ne pouvons pas nier notre liberté, ni non plus les vérités éthiques qui éclatent naturellement dès que l'univers est doté de sens, c'est là que nous pouvons trouver le terrain ferme qui nous est indispensable. Prenons comme exemple de cette vérité : on ne peut pas condamner un innocent. Autant que j'aie pu m'en rendre compte, cette vérité paraît universelle, même si l'innocence subit des définitions propres à chaque culture et même si la « raison d'État » prend trop souvent le pas sur cette vérité. Elle s'impose à nous avec la même évidence que notre liberté, mais elle ne trouve sa justification que parce qu'elle fait partie de la « loi naturelle », cette information essentielle de notre conscience indispensable à notre liberté. Il s'agit, somme toute, d'une sorte de garantie divine à la Descartes (ou tout au moins transcendante, dans les civilisations orientales), car si elle ne sortait que du jeu de la matière et de l'énergie, elle pourrait n'être qu'une illusion et donc être finalement niée, tout comme si elle était extraite d'une quelconque philosophie. Aussi surprenant que cela puisse paraître, en définitive, la capacité de l'homme à se gouverner

---

1. À quoi pensent les philosophes ? Interrogations contemporaines, p. 175, Revue *Autrement*, n° 12, novembre 1988.

lui-même passe par là. Malgré son incroyance, Albert Camus l'avait bien vu, lui qui écrit :

> « Les Jacobins ont durci les principes moraux éternels dans la mesure même où ils venaient de supprimer ce qui soutenait jusque-là ces principes. Il n'y a plus alors de pouvoir légitime. La loi évolue jusqu'à se confondre avec le législateur et un nouveau bon plaisir... Si les grands principes ne sont pas fondés, si la loi n'exprime rien qu'une disposition transitoire, elle n'est plus faite que pour être tournée ou pour être imposée. »[1]

Et encore : « Pour adorer longtemps un théorème, la foi ne suffit pas, il faut encore une police... »[2]. Ce que je n'accepte pas, c'est que, sans une explicitation précise, et pour cause, on tienne simultanément que l'homme est digne, mais irresponsable, ou qu'il est libre, mais dans un univers dépourvu de signification. Certes, l'incohérence est préférable à la négation des valeurs, mais les valeurs et leurs repères peuvent être perdus sans même être niés. L'expérience que nous vivons le montre, me semble-t-il. Si du moins on partage mon point de vue que la philosophie n'est pas seulement un jeu stérile pour esthètes initiés, mais un exercice inéluctable, pour le meilleur et pour le pire (aux philosophes de ne pas oublier les antécédents catastrophiques), que chacun doit faire pour son propre compte, mais en s'aidant des pensées des autres, elle doit être prise très au sérieux ; si ce qui nous importe est la vision de l'homme qu'elle véhicule, alors, on se sentira en droit d'exiger de quiconque philosophe, c'est-à-dire, plus ou moins savamment, de chacun d'entre nous, qu'il vérifie la cohérence de la vision de l'homme qu'il proclame avec ses préjugés et la philosophie qui leur sert de support. Dans ces conditions du débat, l'intrusion *avouée et même proclamée* des préjugés ne détruira pas la philosophie, mais la clarifiera.

---

1. CAMUS A., *L'homme révolté*, Paris, Gallimard, 1951, p. 165-166.
2. CAMUS A., loc. cit., p. 155.

Bibliographie

AGNATI L.F., FUXE K., Volume Transmission as a Key Feature of Information Handling in the Central Nervous System. Possible New Interpretative Value of the Turing's B-Type Machine, *Progr. Brain Res.*, 125, 3-19, 2000.

AGNATI L.F., BJELKE B., FUXE K., Volume Transmission in the Brain, *Am. Scientist*, 80, 362-373, 1992.

AUBENQUE P., *Le problème de l'Être chez Aristote*, Paris, PUF, 2002.

BEEMAN M., CHIARELLO C., *Concluding remarks : getting the whole story right in Right hemisphere language comprehension. Perspectives from neuroscience*, BEEMAN M. & CHIARELLO CH. eds, Lawrence Erlbaum assocates publishers, Mahwah New Jersey & London, octobre 1997.

BELLUGI U., KLIMA E.S., POIZNER H., *Sign Language and the Brain in Language, Communication and the Brain*, New York, F. Plum Raven Press, 1988.

BENJANI B.P., DAMIER P., ARNULF I., THIVARD L., BONNET A.M., DORMONT D., CORNU P., PIDOUX B., SAMSON Y., AGID Y., Transient acute depression induced by high frequency deep brain stimulation, *N. Engl. J. Med.*, 1999, May 13, 340 (19), 1478-80.

BERGSON H. (1896), *Matière et mémoire : essai sur la relation du corps à l'esprit*, Paris, PUF, collection Quadrige, 1999.

BERNARD-WEIL É., *Stratégies paradoxales en Biomédecine et Sciences humaines*, Paris, L'Harmattan, 2002.

BIANCHI L., *Vérités dissonantes. Aristote à la fin du Moyen Âge*, Paris, Le Cerf, 1993.

BISIACH E., *Language without thought in Thought without language*, L. WEISKRANTZ ed., Oxford, Oxford Science Publication, 1988, 464-483.

BITBOL M., *Physique et philosophie de l'esprit*, Paris, Flammarion, 2000, p. 175.

CAMUS A. *L'Homme révolté*, Paris, Gallimard, 1951.

CHALMERS D., CHALMERS D.J., Facing up to the problem of consciousness, *Journal of Consciousness Studies*, 1995, 2, 200-19.

CHALMERS D.J., *The Conscious Mind : In Search of a Fundamental Theory*, Oxford, Oxford University Press, 1996.

CHANGEUX J.-P., *L'Homme Neuronal*, Paris, Fayard, 1983.

CHEVALIER J., *Histoire de la Pensée des présocratiques à Platon*, Paris, éd. Universitaires, 1991.

CHEVALIER J., Histoire de la Pensée, tome IV, *La pensée moderne de Hegel à Bergson*, Paris, Flammarion, 1966.

CHIARELLO CH., On codes of meanings and the meaning of codes. Semantic access wiyhin and between hemispheres, in *Right hemisphere language comprehension. Perspectives from neuroscience*, BEEMAN M. & CHIARELLO CH. eds, Lawrence Erlbaum assocates publishers, Mahwah New Jersey & London, octobre 1997.

COHEN L., DEHAENE S., CHOCHON F., LEHÉRICY S., NACCACHE L., Language and calcuation within the parietal lobe : a combined cognitive, anatomical and MRI Study. *Neuropsychologia*, 2000, 38, 1426-40.

CORKIN S., What's new with the amnesic patient HM ?, *Nature Reviews Neuroscience*, 2002, 3, 153-160.

CRICK F., *L'Hypothèse stupéfiante.* À La recherche scientifique de l'âme, Paris, Plon, 1999.

DAMASIO A.R., *L'erreur de Descartes. La raison et les émotions*, Paris, Odile Jacob, 1995.

DAMASIO A.R., *Le sentiment même de soi. Corps, émotions, conscience*, Paris, Odile Jacob, 1999.

DEHAENE S., COHEN L., Cerebral pathways for calculation : double dissociation between rote verbal and quantitative knowledge of arithmetic, *Cortex*, 1997, 33, 219-250.

DEHAENE S., SPALKE E., PINEL P., STANESCU R., TSIVKIN S., Sources of mathematical thinking : behavioraland brain imaging evidence, *Science*, 1999, 284, 970-974.

DELPORTE Y & PEYO, *Le Schtroumpfissime,* Paris, Dupuis, 1978.

DEUTSCH E., Advaita Vedanta. A philosophical reconstruction (Honolulu : East-West center Press), cité par M.B. WOODHOUSE, On the possibility of pure consciousness, in *The problem of pure consciousness. Mysticism and philosophy,* R.K.C. FORMAN ed., New York-Oxford, Oxford University Press, 1990.

DOCKRELL J.E., MESSER D., GEORGE R., RALLI A., Beyond naming patterns in children with WFDS – definitions for nouns and verbs, *Journal of neurolinguistics*, 2003, 16, 191-211.

DUNETON C., *La Puce à l'oreille,* Paris, Stock, 1978.

EDELMAN G.M., *Biologie de la conscience*, Paris, Odile Jacob, 1992.

ESLINGER P.J., DAMASIO A.R., Severe disturbance of higher cognition after bilateral frontal lobe ablation : Patient E.V.R., *Neurology*, 1985 35, 1731-1741.

ESPAGNAT (D') B., *Traité de physique et de philosophie*, Paris, Fayard, 2002.

FEYNMAN R., *The character of physical law*, Cambridge Mass. MIT Press, 1965.

GALILÉE, *L'essayeur*, in Christiane Chauviré, *L'essayeur de Galilée*, Paris, PUF, 1989.

HOFSTADTER D. and the fluid analogies research group, *Fluid concepts and creative analogies*, New York, Basic Books, 1995.

JAMES W., *The Principles of Psychology*, vol. 1, New York, New York Dover, 1950.

KAUFMANN J.-C., *L'invention de soi. Une théorie de l'identité*, Paris, Armand Colin, 2004.

KERBRAT-ORECCHIONI C., *La sémantique*, in Encyclopaedia Universalis, 2002.

LAPLANE D., *La Mouche dans le Bocal. Essai sur la liberté de l'homme neuronal*, Paris, Plon, 1987.

LAPLANE D., *La Pensée d'Outre-Mots. La pensée sans langage et la relation pensée-langage*, Paris, Les empêcheurs de penser en rond, 1997.

LAPLANE D., *Le bonheur est-il pour les Imbéciles ?* Paris, Fayard, 1979.

LAPLANE D., TALAIRACH J., MEININGER V., BOUCHAREINE A., Motor consequences of motor areas ablations in man, *Journ. of the Neurological Sciences*, 1977, 31.

LAPLANE D., TRUELLE J.-L., *Le mécanisme de l'ictus amnésique. À propos de quelques formes inhabituelles*, Nouvelle Presse Médicale, 1974, 3, n° 12.

LAPLANE D., *Un regard neuf sur le Génie du Christianisme*, Paris, François Xavier de Guibert, 2004.

LHERMITTE F., BEAUVOIS M.F., A visual-speech disconnexion syndrome. Report of a case witn optic aphasia, agnostic alexia ans colour agnosia, *Brain*, 1973, 96.

LIEBET B., The neural time-factor in perception, volition and free will, *Revue de Métaphysique et de Morale*, 1992, n° 2, 255-272.

LOCKE J., *Essai Philosophique concernant l'Entendement Humain*, trad. COSTE 5e éd. ; 1755 ; rééd. E. NAERT, Paris, Vrin, 1972.

LOCKWOOD M., *Mind, Brain and the Quantum*, Oxford, Basil Blackwell, 1989.

LORDAT J., Analyse de la parole pour servir à la théorie de divers cas d'alalie et de paralalie (de mutisme et d'imperfection de parler) que les nosologistes ont mal connus, *Journal de la Société de Médecine pratique de Montpellier*, 1843-7 : 333-353

LURIA A.R., *The higher cortical functions in Man*, New York, Basic Books, 1966.

MAFFESOLI M., *L'instant éternel*, Paris, Denoël, 2000.

MAUNDLER J.M., Development of categorization : Perceptual and conceptual categories, *in* G. BREMER, A. STAR, G. BUTTERWORTH (eds), *Infant development. Recent advances*, Howe, England UK, Psychology Press, 1997.

MILNER B., CORKIN S., TEUBER H.L., Further analysis of the hippocampal amnesic syndrome : 14 years follow-up study of HM, *Neuropsychologia*, 1968, 6, 215-234.

NAGEL E., NEWMAN J.R., *Gödel's proof*, New York University Press, 1958, trad. française J.B. SCHERRER, Paris, Seuil, 1989.

NAGEL T., What is it like to be a bat ? *Philosophical Review*, 1974, 83 : 435-50.

NIETZSCHE F., *La généalogie de la morale*, Paris, Le Livre de Poche, 2000.

NIETZSCHE F., *Par-delà le Bien et le Mal. Prélude d'une philosophie de l'avenir*, trad. Henri Albert, Paris, Mercure de France, 1903.

OSBORN C.L., *Over my head*, Naples-Denver, The Peripatetic Publisher, 1998.

PERGNIER M., *Du sémantique au Poétique avec Baudelaire, Cocteau, Magritte*, Paris, L'Harmattan, 1997.

PETITOT J., VARELA F.J., PACHOUD B. ROY J.M. eds, *Naturlizing Phenomenology Issues in contemporary phenomenology and cognitive science*, Stanford, Stanford University Press, 1999.

PIAGET J., L'épistémologie et ses variétés., in *Logique et connaissance scientifique*, dir. J. PIAGET, Encyclopédie de la Pléiade, Paris, Gallimard, 1967.

PIET P., SHEPARD R. ; Tuning the hard problems upside down and sideaway too, *J. Consc. Studies*, 1996.

PINKAS D., *La matérialité de l'esprit. Un examen critique des théories contemporaines de l'esprit*, Paris, La Découverte, 1995.

PINKER S., *L'instinct du Langage*, Paris, Odile Jacob, 1999.

PREMACK D., *Minds with and without language in Thought without language*, L. WEISKRANTZ ed., Oxford, Oxford Science Publication, 1988.

PUTNAM H., *Représentation et réalité*, Paris, Gallimard, 1990.

Revue Autrement, À quoi pensent les philosophes ? Interrogations contemporaines, n° 12, novembre 1988.

REY O., *Itinéraire de l'égarement. Du rôle de la science dans l'absurdité contemporaine*, Paris, Seuil, 2003.

REY O., *Itinéraire de l'égarement. Du rôle de la science dans l'absurdité contemporaine*, Paris, Seuil, 2003.

RICŒUR P., LACOQUE A., *Penser la Bible*, Paris, Seuil, 1999.

RICŒUR P., *La métaphore vive*, Paris, Seuil, 1975.

RICŒUR P., *Soi-même comme un autre*, Paris, Seuil, 1990.

RUSSEL B., Causerie radiodiffusée, 3 juillet 1953, citée par P. DUBOIS, in *Langage et métaphysique dans la philosophie anglaise contemporaine*, Paris, Méridiens Klincksieck, 1972.

SABOURAUD O., *Le langage et ses maux*, Paris, Odile Jacob, 1995.

SCHRÖDINGER E., *L'Esprit et la Matière*, Paris, Seuil, 1990.

SCOVILLE W.B., MILNER B. ; Lost of recent memory after bilatealhippocamal lesions, *J. Neurol. Neurosurg. Psychiatr.*, 1957, 20, 11-21.

SCOVILLE W.B., The limbic lobe in man. *J. Neurosurg.*, 1954, 11, 64-66.

SELESKOVITCH D., De l'expérience aux concepts, *in* D. SELESKOVITCH & M. LEDERER, *Interpréter pour traduire*, Paris, Didier Érudition, 2e éd. ; 1986.

SIEGAL M., VALERY R., WANT S.C., Mind over grammar : reasoning in aphasia and development, *Trends in cognitive Sciences*, 2001, vol. 5, n° 7, 296-301.

SLOUTZKY V.M., FISHER A.V., Effects of linguistic and perceptual information on categorization in young people, *in* J. MOORE & K. STENNING (eds), *Proceedings of the XXIII Annual Conference of the Cognitive Science Society*, 946-951, Mahwah, NJ : Erlbaum, 2001.

SPERRY R.W., Consciousness personal identity and the divided brain, *Neuropsychologia*, 1984, 22, 661-673.

TAYLOR J.G., Pure consciousness in meditation and the self, *Science and Consciousness Review*, 2003.

TEMKIN A., *Some ideas on information processing, thinking and genetics*, Tel-Aviv University Press, Tel-Aviv, 1999.

VARELA F., Neurophenomenolgy : a methodological remedy for the hard problem, *J. Consc. Studies*, Special issue on the hard problem, 1996.

ZWIRN H., *Les limites de la connaissance*, Paris, Odile Jacob, 2000.

Index des noms propres

T-V

W-Z

QUESTIONS DE MORALE

Denis COLLIN, professeur de philosophie, chargé de cours à l'Université de Rouen, et auteur de nombreux ouvrages en philosophie morale et politique, travaille sur les rapports entre morales publiques et théories politiques.

Perte des repères, crise des valeurs : de tous côtés, on réclame de la morale, ou, plus moderne, de l'éthique. Cette demande témoigne de réalités – le règne sans partage du marché, la crise des institutions chargées d'assurer la transmission des valeurs, etc. – évidentes de prime abord, fort complexes en leur fond, et relevant d'approches sérieuses et nuancées (telles que peuvent les fournir les sciences sociales).

Air connu, on n'y reviendra pas. Mais l'individu désemparé par tant de désordre et par des mutations si rapides est devenu le client désigné d'aimables sophistes et philodoxes, tout prêts à lui fournir au kilo de la philosophie de consolation (ce bon vieux Sénèque !) ou de la resucée un tant soit peu castratrice (ce cher Kant !), le tout fagoté de manière à permettre, en bonne logique consumériste, de rentabiliser son existence…

Peine perdue. On ne fera pas tourner la roue à l'envers. La morale est désormais irrémédiablement problématique : mais moins de solutions toutes faites n'oblige ni au faire-semblant, ni au nihilisme désespéré. La préoccupation morale a, peut-être pour la première fois, toutes ses chances de conquérir sa pleine autonomie, au prix d'un effort et d'un degré inédits de confrontation de chacun avec soi.

Cela implique au premier chef une aptitude à bien discerner et poser les questions morales, et le parcours fondamental et parfaitement sérié que propose ici Denis Collin, assorti de l'ouverture de nombreuses pistes, sera à la fois une base pour la réflexion des futurs praticiens de la philosophie, une référence précieuse pour ceux qui enseignent la discipline, et un appui irremplaçable pour tous ceux qui se sentent animés d'une préoccupation morale authentique, c'est-à-dire peu disposée aux concessions.

La matière et l'esprit

Denis COLLIN, professeur de philosophie, chargé de cours à l'Université de Rouen, et auteur de nombreux ouvrages en philosophie morale et politique, travaille sur les rapports entre morales publiques et théories politiques.

« La science ne pense pas » disent les uns, qui répètent sentencieusement les paroles inspirées du Maître. « Les questions métaphysiques sont dénuées de sens », répondent les autres. Guerre absurde que reproduit notre système d'enseignement, qui voue la philosophie aux séries littéraires et réduit à la portion congrue la réflexion critique proposée aux scientifiques.

La philosophie n'existerait pas si elle n'avait dès l'origine fait couple avec l'interrogation scientifique du réel ; elle ne saurait, sous peine de virer au pur « supplément d'âme » à destination des autruches qui ignorent tout ce qui se découvre et de la manière dont on le découvre, délaisser par exemple les questions fondamentales soulevées par la physique quantique ou les théories de l'hérédité.

Il s'agit de bien plus que d'intégrer ou de réintégrer à la philosophie l'élucidation des énoncés de la science : il y va de l'accomplissement même du programme de pensée ouvert depuis la Grèce antique. Point d'avenir sans reprise du dialogue de la philosophie et des sciences, et sans redécouverte de la pertinence de la position matérialiste. Celle-ci s'enracine chez Démocrite, n'a cessé depuis de constituer aussi, par-delà ses manifestations propres, le contrepoint critique et l'aboutissement sensé des efforts idéalistes pour penser le monde, et représente désormais la seule option ouverte à une pensée effective.

L'ÉPREUVE DE SOI

Cet ouvrage, dirigé par Claire MARIN, est issu d'une recherche collective de professeurs agrégés de philosophie, anciens auditeurs ou élèves de l'École Normale Supérieure de Fontenay Saint-Cloud : Mathias GOY, Antoine KERINVEL, Stéphane LEGRAND (Université de Lille), Claire MARIN (Université de Nice) et Cécile NICCO (Université de Paris IV Sorbonne).

L'actuel regain d'intérêt pour la philosophie témoigne de l'attente la plus légitime qui soit, eu égard aux prétentions traditionnelles et à l'aura de cette discipline, mais également la plus difficile à satisfaire : qu'elle mène celui qui épouse ses chemins à une véritable ré-appropriation de sa propre existence, à une re-création personnelle.

Impossible ici de se satisfaire d'un horizon de consolations aimables et de recettes de prospérité, non plus que de vertiges théorisants ou d'érudition monomaniaque. Face à un monde qui semble avoir d'avance consumé nos élans et consommé nos révoltes, les postures et commodités ne sont plus de mise. Un retour d'authenticité s'impose à l'engagement philosophique lui-même. En fait, la mise à l'épreuve de soi est passage obligé, dès lors que de mort de Dieu en chute des idoles de remplacement, nul ne peut plus prétendre faire surgir la valeur irréductible de l'humain d'ailleurs que l'homme…

D'où la pertinence et l'attrait de l'exploration, ici proposée, des voies traditionnelles et ressorts nouveaux d'une maïeutique propre à faire naître l'homme à lui-même, à travers la mise à nu et le retrait de tous les masques que nous imposent la vie en société et le respect de ses codes.

Armand Colin Éditeur
21, rue du Montparnasse, 75006 Paris
10104411 - (I) - (1,2) - BFT 80° - INT - ODS
Dépôt légal : avril 2005

Achevé d'imprimer sur les presses de
SNEL Grafics sa
rue Saint-Vincent 12 – B-4020 Liège
Tél +32(0)4 344 65 60 - Fax +32(0)4 341 48 41
mars 2005 — 34206

Imprimé en Belgique